은퇴의 기술

50세 이후 인생 재창출을 위한 셀프 가이드
은퇴의 기술

펴낸날 2012년 6월 20일 초판 1쇄
지은이 데이비드 보차드 · 패트리샤 도노호
옮긴이 배충효 · 이윤혜
만들어 펴낸이 정우진 강진영 김지영
꾸민이 Moon&Park(dacida@hanmail.net)
펴낸곳 121-856 서울 마포구 신수동 448-6 한국출판협동조합 내 도서출판 황소걸음
편집부 (02) 3272-8863
영업부 (02) 3272-8865
팩 스 (02) 717-7725
이메일 bullsbook@hanmail.net / bullsbook@naver.com
등 록 제22-243호(2000년 9월 18일)
ISBN 978-89-89370-78-9 03330

The Joy of Retirement: Finding Happiness, Freedom, and the Life You've Always Wanted.
Copyright © 2008 by David C. Borchard. Published by AMACOM, a division of the American Management Association, International, New York. All rights reserved.

Korean translation copyright © 2012 by Slow & Steady Publishing Co.

이 책의 한국어판 저작권은 PubHub 에이전시를 통한 저작권자와 독점 계약으로 도서출판 황소걸음에 있습니다. 저작권법에 의해 한국 내에서 보호를 받는 저작물이므로 무단 전재와 무단 복제를 금합니다.

정성을 다해 만든 책입니다. 읽고 주위에 권해주시길…
잘못된 책은 바꿔드립니다. 값은 뒤표지에 있습니다.

은퇴의 기술

지은이 | 데이비드 보차드·패트리샤 도노호   옮긴이 | 배충효·이윤혜

50세 이후
인생 재창출을 위한
셀프 가이드

황소걸음
Slow & Steady

| 감사의 글 |

　　　　나처럼 상담을 직업으로 해온 사람은 이 책을 쓰는 데 도움이 된 아이디어와 통찰력, 실제 경험에 대해 어떤 사람에게 감사해야 할지 정하기 어렵다. 그렇지만 『남자가 겪는 인생의 사계절(The Seasons of a Man's Life)』을 집필한 대니얼 레빈슨 박사를 언급하지 않을 수 없다. 레빈슨 박사는 1994년 작고하기까지 예일대학교 심리학과 교수로 재직했다. 나는 박사가 성인 발달단계에 관한 획기적인 책의 최종 원고에 수년간 연구한 결과를 첨가하는 과정에서 진행한 워크숍에 참석하는 행운을 얻었다. 성인 발달을 주제로 대학원 과정을 준비하던 나는 논문에 그 연구 결과를 포함하고자 레빈슨 박사와 개인적으로 연락할 수도 있었다. 박사의 연구는 상담가로서 내가 성인 발달에 전념하겠다고 결심하도록 만든 중요한 요인이다.

　　　　그와 관련하여 메릴랜드대학교의 명예교수인 낸시 슐로스베르크 박사에게도 감사한다. 박사는 메릴랜드대학에 재직하는 동안 성인심리학 분야의 권위자들과 함께 최고 수준의 전문적인 세미나를 주최했으며, 훌륭한 글도 많이 썼다. 슐로스베르크 박사와 레빈슨 박사가 성인 발달단계는 예측 가능하다는 레빈슨 박사의 개념에 관해 토론을 벌인 일을 나는 생생히 기억한다. 상담을 직업으로 하는 많은 사람들처럼 나 역시 슐로스베르크 박사의 연구에서 큰 혜택을 받았다. 슐로스베르크 박사는 성인심리학과 생애 변화 관리 분야에 큰 기여를 해왔다.

나의 친구이자 동료 프레더릭 허드슨 박사에게도 감사한다. 허드슨 박사의 책은 성인 발달 분야에 크게 기여했고(이 책의 참고 문헌을 참조하라), 그가 캘리포니아 샌타바버라의 허드슨연구소를 통해 진행한 라이프 론치 코스와 코치 트레이닝 프로그램 역시 많은 사람들에게 도움을 주었다. 나는 허드슨 박사가 진행하는 여러 프로그램에 참여했다. 내 생각에 박사는 성인 발달과 자기개발 분야의 거물이다. 같은 분야에서 일하는 동료로서 나는 허드슨 박사에게 많은 것을 배웠고, 그를 성인 발달 분야에서 나의 멘토이자 롤모델이라 생각한다.

비록 내가 개인적으로 에릭 에릭슨과 함께 연구하는 특권을 누리지는 못했지만, 성인 발달 이론이 자아 정체성 형성과 정신적·사회적 발달단계를 기반으로 전개되기에 이 책의 특정한 내용을 들어 그에게 감사를 표하기는 어렵다. 그보다 에릭슨의 이론은 생애 주기의 시기와 단계를 지나는 성인 행동심리학과 발달심리학을 이해하는 데 전반적으로 필요한 통찰력을 주었다.

이 책을 쓰는 과정에 도움을 준 워싱턴 D.C. 세계은행의 동료들에게 감사한다. 그들 덕분에 이 책의 주요한 개념적·경험적 토대가 되는 강의를 할 수 있었다. 이 프로젝트를 진행하는 과정에서 관심을 기울이며 정보와 제안, 의견, 피드백, 지식을 나눠준 동료 상담가들에게도 감사한다. 그와 관련해 수년 동안 전문 지식을 나눠주고 나를 지지해준 아서 라살 박사, 엘리자베스 L. 머게이트로이드 박사, 스테파니 케이 박사에게 특히 감사한다.

지난 수십 년 동안 내가 진행하는 워크숍과 개별적 상담 활동에 참석한 수많은 분들에게도 감사한다. 나는 그들과 함께 일하면서 배워왔고 지금도 배우고 있다. 이 책은 그들의 이야기를 담았기에 경험적이고 현실적이며 개별적이다. 물론 필요한 경우가 아니면 책에서 그들의 실명을 사용하지 않았고, 고객의 비밀을 보장하기 위해 세세한 사항을 약간 수정하기도 했다.

아내 팻 도노호의 수많은 직접적인 도움과 지지에 특히 감사한다. 7년 전쯤 시작할 때부터 최종 원고를 쓰기까지 팻은 이 프로젝트에서 아이디어를 내고, 현실적인지 판단하고, 지혜로운 조언을 해주었다. 팻은 이 주제로 발표와 워크숍을 할 때마다 동행하여 음양으로 나를 격려하고 통찰력 넘치는 피드백을 주었다. 팻은 이 책의 책임편집자이며, 글쓰기에서 나의 코치이기도 했다. 팻은 글 쓰는 재능이 있는데다 영어 선생, 잡지 편집자, 대학의 홍보 책임자로 일한 경험과 전문 지식도 갖추었다. 팻 덕분에 이 책의 내용이 풍성하고 깊어졌다. 글쓰기 과정을 통해, 이 프로젝트의 전반적인 과정을 통해 팻과 나의 관계 또한 풍성하고 깊어졌다. 팻은 장로교의 안수목사로서 노년기 삶에서 영적인 측면의 중요성을 탐구하고 중시하도록 내게 도움을 주었다.

이 책을 쓰는 과정에서 다양한 도움을 준 모든 이들에게 진심으로 감사한다.

데이비드 보차드

| 차례 |

감사의 글 4

프롤로그 나이 든다는 것은 진정한 당신이 되어간다는 것 8

1장 새로운 인생은 50세부터! 18
2장 인생의 전환기 : 마무리와 새 출발 49
3장 상상력과 인생 후반부 84
4장 인생 주제 분석 : 새로운 인생을 위한 테마 발굴하기 102
5장 새로운 나를 찾아라 : 오래된 역할 벗어던지기 142
6장 충만한 인생을 위하여 164
7장 흥미에 재능을 연결하라 198
8장 예전의 행동 방식과 인간관계에서 벗어나기 228
9장 귀향 : 살기 좋은 곳 찾기 277
10장 변하는 세상에서 젊게 살기 309

에필로그 스스로 인생을 써나가는 작가가 돼라 352
참고 문헌 364

| 프롤로그 |

나이 든다는 것은
진정한 당신이
되어간다는 것

노년의 인생에서
우리가 바라는 것

당신이 50세가 넘었다면 당신은 '노인senior'이라 불리는 데 어떻게 반응하는가? 내 고객 중에는 그 말에 몸서리치며 그런 꼬리표가 붙는 것을 단호히 거부하는 이들도 있다. 나는 노인이 되는 것을 좋게 생각한다. 당신은 기억하는가? 선배senior의 당당한 지위를 얻고 싶어서 참을 수 없던 고등학생 혹은 대학생 시절을. 선배가 되었을 때 당신은 아마도 '적절한 나이가 되었으니 나는 이제 성숙하고, 노련하고, 현명하다'고 생각했을 것이다. 심지어 손아랫사람을 깔봤을지도 모른다.

사람들은 회사에서 사장senior partner, 수석 고문senior advisor, 고위 간부senior executive가 되려고 열심히 일한다. 성직자들은 원로senior라는 말로 자신의 지위를 협력 목사 혹은 부목사와 구분 짓는다. 그런데 정작 55세 정도가 되면 인생에서 연장자라 할 수 있는 새로운 지위를 얻는 데 거부감을 보이는 이유가 뭘까? 한때 몹시 바라던 지위인데 말이다. 아마도 우리가 '노인senior'이란 단어에 '늙은' 존재라는 꼬리표를 붙이기 때문이 아닐까?

현대인의 수명을 생각하면 50세 이상인 사람에게 '늙은'이라는 꼬리표를 붙이는 것은 적합하지 않다. 나이는 인생에서 건강과 사고방식만큼 중요하지 않다. 스포츠계의 특별한 인물이자 역사상 최고의 투수 사첼 페이지가 말했다. "나이 든다는 것은 생각하기 나름이다. 당신이 나이에 신경 쓰지 않는다면 나이 든다는 것은 문제가 되지 않는다."

오늘날 노인들은 이전의 어느 때보다 활동적이고 건강하며 장수한다. 따라서 나는 지금 새로운 세상에서 50세 이상이 선망의 대상이 되는 방법을 생각해야 한다고 제안한다. 사실 아시아에서는 노인이 존경받는다. 우리도 살아오며 어렵게 체득한 연륜과 지혜를 누려보자.

나는 경력 관리 코치이자 카운슬러로서 30년 동안 수많은 고객을 만났다. 그들의 연령은 대개 20~50세지만, 최근 몇 년 사이 50세 이상인 사람들이 늘어났다. 그들은 새로운 삶을 꾸려가기 위해 도움을 받기 원했다. 어떤 이들은 계속 일하고 싶어하며, 그에 따른 능력을 갖추기 바랐다. 어떤 이들은 모든 시간을 취미 활동을 하며 보내려 했고, 본격적으로 봉사 활동을 하려는 이들도 있었다. 물론 무엇을 해야 할지 모르겠다는 사람들도 많았다.

나는 그들이 대부분 두 가지를 추구하고 있음을 발견했다. 첫째, 자기 삶을 꾸려갈 더 큰 자유와 자율성을 원했다. 많은 사람들이 보통 이렇게 말한다. "나는 고되게 살아왔습니다. 이제는 내가 해야 하는 일보다 원하는 일을 하고 싶습니다." 한 고객은 은퇴를 계획하는 과정에서 이렇게 말했다. "다시 사춘기를 맞이한 것 같습니다. 저는 거부감 없이 새로운 일을 시작할 준비가 되었습니다."

둘째, 사람들은 자신이 어떤 사람인지 분명히 알고 싶어했다. 다른 사람들이 원하는 어떤 사람, 직업에서 요구하는 어떤 사람,

회사가 요구하는 어떤 사람, 부모님을 행복하게 하는 어떤 사람, 삶과 일에 적합하고 성공하기 위해 필요하다고 배운 어떤 사람이 되고자 노력하며 반평생을 산다.

하지만 나이가 들면서 변화가 생긴다. 다른 사람들이 자신을 어떻게 보는지 신경 쓰기보다 '본연의 자신'이 되는 일에 관심을 기울인다. 나는 이를 '자아실현 성향'이라 부른다. 대다수 사람들은 50세 이상이 되어서야 이런 성향을 띤다. 나의 고객들은 다양한 방식으로 이런 소망을 표현했다. "내가 원하는 사람이 되고 내가 원하는 일을 하기 바란다"고 말하는 이도 있었고, "내가 될 자유"라고 말하는 이도 있었다. "회사원 ○○ 씨 혹은 전문가 ○○ 씨에서 내가 어떤 사람인지 알고, 진정한 내가 되기를 기대한다"고 말하는 이도 있었다. 종전의 자신을 내려놓고 당신이 어떤 사람인지 재발견하거나 밝히는 과정은 본격적인 연장자의 지위를 얻는 과정에서 누리는 혜택이다.

이 책에서
도움을 얻는 방법

자신과 인생을 재창출하고 싶다는 소망을 어떻게 이룰 수 있을까? 이는 내가 50세 이상 고객들에게 종종 듣는 질문이다. 수년 동안 나는 한 번에 고객 한 명과 함께 그 일을 해왔다. 하지만 사람들의 요구가 증가함에 따라 나는 여러 사람을 대상으로 이 과정을 진행해야 한다는 것을 깨달았다. 그래서 전부터 일해온 워싱턴 D.C.의 세계은행에 강좌를 개설하여 몇 년 동안 운영했다. 강좌는 매우 인기 있었다. 세계은행 외부의 개인도 종종 강좌에 참석할 수 있는지 묻곤 했다.

안타깝게도 그 강의에는 세계은행 직원만 참석할 수 있었다. 덧붙여 말하면 세계은행의 많은 임원들은 강의를 좋게 여기면서도 자신이 참석한 것이 다른 사람에게 그릇된 인상을 주지 않을까 염려했다. 고위 간부들은 다른 사람에게 자신이 조직에서 이탈하는 것처럼 보이기 원하지 않았지만, 고위 간부라는 직함이 빠진 다른 형태의 미래를 계획하고 싶어했고 그럴 필요도 있었다. 때로 다른 장소에서 강의를 진행했으나, 마찬가지로 한정된 사람들을 대상으로 했다. 결과적으로 이런 강의를 듣기 원하는 사람들 혹은 개별적으로 코치를 받기 원하는 모든 사람에게 기회가 돌아가지 않았다. 반면 강의에 참석하는 일은 '자신의 삶에 도움이 필요하다는 것'과 같은 의미라 생각하고 강의를 듣지 않는 사람들도 있었다.

이런 여러 가지 이유로 나는 이 책을 썼다. 나는 이 책이 은퇴 후 인생의 의미와 목적을 찾는 사람들에게 셀프 가이드 역할을 해주기 바란다. 나는 개인의 자유와 자아실현이라는 관점에서 노년을 더욱 즐겁게 보내기 원하는 사람들을 돕는 과정을 수십 년간 진행해왔다. 노년의 삶이 일에서 물러나 소일하면서 보내는 시간이라 생각한다면, 이 책은 당신을 위한 것이 아니다. 하지만 당신이 50세 이후의 삶을 '자유로 통하는 관문'으로 여기고 후반부의 삶을 최고로 만들어갈 일에 가슴 설레는 많은 이들 중 하나라면,

이 책은 당신을 위한 것이다.

이 책은 의미와 즐거움과 활기를 되찾은 노년의 생활 방식을 만드는 데 필요한 여유로운 마음과 큰 이상을 품을 수 있는 시각을 제시한다. 그리고 50세 이상인 수백 명이 자신을 재창출하고 은퇴 후 만족스런 생활 방식을 만들어가는 데 도움이 된 과정과 내용, 평가 도구를 담았다. 30년간 성인 대상 코치와 카운슬러로 일한 내 경험을 바탕으로 하기에 다양한 개인과 일하며 얻은 지식과 지혜도 많다.

나는 당신이 인생의 새로운 장을 써나가는 일에 체계적으로 접근하도록 계획했다. 변화 과정에 놓여 앞으로 어찌해야 할지 모르는 사람들은 단계적인 접근법을 좋게 생각한다는 사실을 내 경험을 통해 알기 때문이다. 그들은 숲으로 통하는 길을 보고 싶어한다. 따라서 나는 우리가 50세 이후 마주할 삶에서 주요한 여섯 가지 문제를 해결하는 데 도움이 되도록 다음 순서에 따라 이 책을 썼다.

1. 내가 진정으로 원하는 것은 무엇인가? (비전)
2. 나는 누구이며 어떤 사람이 되어가는가? (정체성)
3. 내게 정말 중요한 것은 무엇인가? (가치)
4. 더 하고자 한 것과 덜 하고자 한 것은 무엇인가? (재능 활용)
5. 장래에 나에게 중요한 역할을 할 사람은 누구인가? (관계)
6. 어떤 환경이 나(우리)의 필요와 소망에 가장 적합한가? (환경)

기회 vs. 장애

50세 이상인 사람들에게 희소식은 노년에는 인생의 다른 어떤 시기보다 자아실현 가능성이 높다는 것이다. 그 시기에 당신은 자율성과 자아실현을 위해 중요한 자유, 인생에 대한 관점, 완전하게 형성된 인성을 갖춘다.

청년기나 장년기를 지나는 동안 우리는 대부분 직장에서 중요한 문제를 처리하고, 가족을 부양하고, 잡다한 일을 하고, 청구서 비용을 내느라 너무 바빠서 자율성이나 자아실현과 관련된 추상적인 모든 일에 신경 쓸 겨를이 없다. 결과적으로 자아실현의 충동은 인생의 늦은 시기까지 우리에게 충분한 영향을 미치지 못하고, 이뤄야 할 우선순위에서 밀린다.

"그래서 이제 뭘 하지?"라는 질문에 답하고 자아실현을 위한 여정에는 다소 커다란 장애가 있다. 이 문제가 대단히 복잡할 수 있다는 얘기다. 당신의 마음 가장 깊은 곳의 소망, 가장 열렬한 관심, 가장 두드러진 재능을 명확히 알아야 하기 때문이다. 그러기 위해서는 주관적인 영역을 객관화하는 과정을 거쳐야 하는데, 이는 우리에게 어려운 일이다. 게다가 당신의 특징과 소망을 분명히 알았다고 해도 실현 가능성이 불분명한 세계에서 그것을 표현하는 최선의 방법을 찾기는 어려울 수 있다. 소망이나 관심, 재능을 아는 일은 정말로 만만찮을 수 있기 때문에 우리 가운데 많은 이들은 아쉽게도 그 일을 위해 필요한 자아 성찰과 탐구를 피하거나, 어디에 살까와 같이 지나치게 단순한 사안으로 관심의 범위를 좁힌다. 새로운 환경이나 새로운 집에서 사는 일에 일시적으로 흥미를 느낄 수는 있지만, 그처럼 인생에 대한 시야가 좁다면 당신이 놀라우리만치 특별한 자신을 발견하고 그런 존재가 될 가능성은 낮아질 것이다.

우리가 재설정하려는 삶이 불분명한 미래를 기반으로 한다는 사실, 그 일이 복잡하다는 사실 때문에 많은 사람들이 자아실현의 기회를 무시하고 더욱 익숙한 생활방식에 안주하려 한다. 자아실현이라는 관점에서 제대로 된 삶은 우연히 생기지 않는다. 대다수 사람들에게 이것은 시간, 철저한 자기반성, 기꺼이 다른 선택을 하고자 하는 마음이 필요한 과정이다. 이 책은 이런 일을 해나가는 과정에 셀프 가이드 형태로 적절한 도움을 줄 것이다. 이 과정은 성인 수백 명, 관련 분야의 전문가들과 함께 일하며 시도하고 시험하여 효과가 증명된 것이다. 이 책에는 자기평가와 이해를 위한 도구, 자료, 자아실현 계획을 세우기 위한 지침이 나온다. 또 자극, 희망, 독창적인 아이디어를 위해 다양한 사람들의 삶을 보여준다.

여기에서 짚고 넘어갈 사항이 있다. 이 책은 노년의 삶과 정체성을 재창조하는 문제에 관한 것이지, 퇴직 후 자금을 조달하는 문제에 관한 것이 아니다. 당신의 삶에 반드시 필요한 재정 문제를 계획하고 관리하는 데 유용한 책이 서점에 많다. 구글에서 '은퇴 계획'을 검색하면 그 주제에 관한 내용이 수만 건 나오는데, 대부분 재정 계획에 초점을 맞추고 있다.

그에 반해 당신의 '존재'를 재창출하는 내용을 담은 책은 훨씬 적다. 팔팔하던 장년기에 일하느라 바쁘게 지낸 사람은 일만큼이나 중요한 문제, 즉 나는 어떤 사람이 되고 있는가 혹은 회사의 직함이나 직업에서 페르소나, 인상적인 지위를 떠나면 어떤 사람이 될 것인가 하는 문제를 생각해볼 기회가 거의 없었기에 존재를 재창출하는 일을 특히 힘들어하는 경향이 있다.

50세 이후에 더욱 자율적으로 살기 원한다면 노년기의 재정 부분을 반드시 해결해야 한다. 아직 그 부분을 해결하지 못했다면 당신은 분명 재정적인 안녕을 확보하기 원할 것이다. 이는 당신과 당신의 재무 컨설턴트가 충분히 고민해야 할 문제로, 이 책에서는 다루지 않는다.

이 책은 은퇴하고 시간을 보내기 위해 여가와 쾌락을 즐기는 방법을 이야기하지도 않는다. 하찮은 오락만으로 일상을 채우기에는 당신에게 남은 시간이 아주 귀하다. 메트라이프 재단이 조사한 결과에 따르면, 1946~1964년에 태어난(베이비 붐 세대) 사람 중 60퍼센트 정도는 은퇴 후에도 일하겠다고 대답했다. 하지만 그들은 대부분 정규직으로 소득을 창출하기보다 자기 삶에서 의미와 목적을 느낄 수 있는 일을 원한다. 당신이 노년기에도 일할 계획이든, 더욱 보편적인 여가를 중심으로 하는 생활 방식을 받아들일 예정이든 이 시간은 제대로 '자아실현'을 할 수 있는 한 번뿐인 기회다. 이 책은 50세 이상 노년기에 여유로운 상황, 자신이 허용한 자유, 노년이 되어 얻는 기쁨을 충분히 활용하고자 하는 모든 이들을 위한 책이다.

당신의 진면목을 드러내기

노년기가 되면 우리는 대부분 전에 없이 「도마복음」(기독교 신약성서 외경의 하나로 서문에서 예수의 제자 중 한 명인 도마가 썼다고 주장하지만, 정통 기독교에서 이단으로 배척된 영지주의 문서 — 옮긴이)에 예수의 가르침이라고 나온 바를 실현할 수 있는 최적의 기회를 얻을 것이다. "만약 네 안에 있는 그것이 열매 맺는다면, 바로 그것이 너를 구원할 것이다. 만약 네가 네 속에 있는 그것을 열매 맺지 못한다면, 네 안에 가지지 못한 그것이 너를 죽일 것이다." 당신의 종교적인 성향이 어떠하든지, 이 구절은 자아실현과 당신의 잠재 능력을 충분히 누리는 것에 대한 자극이 될 수 있다. 나는 당신이 이 책에서도 자극을 받기 바란다.

새로운 인생은 50세부터!

"이 회사에서 일하는 동안 내가 어떤 사람이었는지 잘 알지만, 여기를 떠났을 때 내가 어떤 사람이 될지는 전혀 감이 잡히지 않는다."
— 은퇴를 준비하는 55세 남성 임원

"나는 지난 27년간 회사 일을 열심히 해왔으나, 이제는 인생의 다음 장에서 내가 진정으로 원하는 것이 무엇인지 알고 싶다."
— 은퇴를 준비하는 53세 여성 직장인

"내게 은퇴는 자유로 통하는 문이었다."
— 최근 은퇴한 65세 임원

인생 재창출에
도전해야 하는 이유

50세 이상이고 아직 직장을 떠나 변화된 생활을 하지 않는다면, 당신은 은퇴를 염두에 두고 있을 것이다. 이 책을 쓰는 나는 70세다. 살아온 세월로 따지면 그렇지만, 내 기능 연령(개인의 특수한 신체적·심리적 기능을 기준으로 한 나이—옮긴이)은 아직 50대라고 생각한다. 그리고 나는 '은퇴'라는 단어를 별로 좋아하지 않는다.

은퇴라는 단어의 정의를 살펴본 적이 있는가? 내가 가진 사전에는 이렇게 나와 있다. '직장, 현역, 공적인 삶에서 물러나는 것. 사회 활동에 모습을 보이지 않고 그만두는 것. 물러나거나 은둔한. 만나거나 알거나 보기 어려운.' 뜻이 이런데 누가 은퇴한 사람이 되기를 바라겠는가.

나는 다시 회사에 들어가서 하루 종일 일하고 싶지 않고, 그럴 생각도 없다. 오히려 하루 종일 일할 때보다 조화롭고 다채롭게 살기를 진심으로 바란다. 수년 동안 내게 상담 받은 고객 수백 명도 종종 그렇게 말했다. 당신은 어떤가? 인생의 다음 장에서 당신은 어떻게 시간을 보내고 싶은가?

프리랜스 카운슬러이자 경력 관리 코치인 나는 봉급생활자에서 연금생활자로 라이프스타일이 바뀌는 과정에 있는 사람들을 주로 만난다. 이들은 대부분 전통적인 의미의 은퇴보다 일과 생활이 바뛰는 것에 관심이 많다. 내 고객들은 웬만해서 전통적인 의미의 은퇴를 주된 화제로 삼지 않는다. 대신 살아가는 방식을 다시 설정하거나 수정하거나 계획하는 과정을 통해 청춘으로 돌아갈 방법을 궁리한다. 은퇴라는 말은 수동적인 의미가 있어서, 바라지도 않는데 나이 들었다는 이유로 갑자기 닥쳐온 일이라는 뉘앙스를 풍긴다. 대조적으로 '인생 재창출 life recreation'이라는 말은 자신이 주체가 되어 시작하는 행동이란 뉘앙스를 풍긴다. 즉 어쩔 수 없이 받아들여야 하는 상황이 아니라 자유의지와 자발적 의도로 본인이 행한다는 뜻이 포함된다. 더욱 능동적인 단어를 사용하기 위해 이제 은퇴라는 단어를 은퇴시켜야 할 때가 아닌가 싶다. 지금부터 우리가 신나는 인생의 새로운 시기를 표현할 때 이 용어를 쓰면 어떨까!

자, 새로 시작될 인생 때문에 흥분되는가? 당연히 그래야 한다! 하지만 신나는 삶이 거저 생기는 것은 아니다. 50세 이후 직면하는 큰 도전은 현재의 일과 삶, 배움의 기회를 활용하여 우리에게 걸맞은 만족스럽고 의미 있는 삶을 어떻게 재창조할 것인가 하는 문제다. 당신이 새로운 도전을 해야 하는 근거는 충분하다. 다음 세 가지 강력한 근거를 살펴보자.

1. 이 시기에 당신은 연금을 지급받는 라이프스타일로 더욱 큰 자유를 누릴 수 있다.
2. 이 나이가 되었다는 것은 이 땅에서 살아갈 시간이 적게 남았다는 뜻이기도 하다. 이렇듯 섬뜩한 진실을 마주할 때면 시간의 소중함을 새삼 깨닫는다.

3. 이 시기에 우리는 더욱 깊어진 자기 인식을 바탕으로 보다 풍요로운 삶을 영위할 수 있으며, 젊은 시절보다 만족스런 선택을 할 수 있다. 즉 우리는 어렵게 얻은 지혜를 통해 육체와 정신과 영혼을 더욱 풍요롭게 만드는 것이 무엇이고, 빈곤하게 만드는 것이 무엇인지 분별할 수 있다.

삶을 재창출하는 과정은 때때로 50세 이후에 시작된다. 이 나이쯤 될 때 우리는 인생의 의미, 자신의 정체성과 핵심 가치를 곰곰이 생각해볼 마음의 여유가 생기기 때문이다. 다음은 자신을 성찰하는 과정에서 일반적으로 떠오르는 몇 가지 질문이다(이런 질문에 당신도 동의하는지 확인해보라).

- [ ] 하루 종일 회사에 얽매이지 않아도 될 때 나는 무엇을 할까?
- [ ] 지금 나는 어떤 사람이고, 어떤 사람이 되어가는가?
- [ ] 지금의 직장을 떠나면 남는 것은 무엇인가?
- [ ] 직함이나 소속된 직장이 없을 때 나는 자신을 어떻게 부를까?
- [ ] 어느 곳에서나 살 수 있다면 나(우리)는 어디에 살고 싶은가?
- [ ] 인생에서 내게 남은 시간은 얼마인가?
- [ ] 나는 왜 여기에 있는가?
- [ ] 직장에 다닐 필요가 없을 때 나는 나이 든 카우치 포테이토(couch potato : 소파에 앉아 포테이토칩을 먹으며 오랜 시간 TV를 보는 사람—옮긴이)가 될까?
- [ ] 직장처럼 성과로 평가되지 않을 때 내가 성공했는지 알 수 있는 방법은 무엇일까?

☐ 내가 진심으로 좋아하는 것은 무엇인가?
☐ 나의 전성기는 지나갔는가?
☐ 내 인생의 다음 시기는 어떨까?

뒤에 나오는 장에서 이와 관련한 내용을 다룰 것이다. 우선 자신이 늙어간다는 사실만 인정하자. 50세 이후 우리는 흔히 말하는 '황혼기 elderhood' 혹은 '노년기 seniordom'에 접어든다. 우리는 인생의 새로운 시기에 쓸모 없어졌거나, 어떤 이유 때문에 유지할 수 없는 것을 떠나보내야 한다. 이를테면 치기 어린 혈기, 성공한 직장인의 자부심, 주름살 없는 얼굴의 아름다움 같은 것이다. 50세 이후는 성숙한 인간으로서 자신의 존재 이유와 자아 정체성에 관해 새롭게 생각하는 시기다. 또 충분히 활용하지 못한 재능과 관심을 개발하고, 보수 없이 새로운 일에 참여할 수 있는 시기다.

언제 변화를 시도할 것인가

인생의 변화가 찾아왔든, 스스로 변할 때가 왔든, 살아온 대로 변함없이 살고 있든 지금 어디로 가야 할지 모르겠는가? 불확실한 길로 성급하게 뛰어들고 싶은 사람은 없겠지만, 변화를 두려워하며 현재의 단조로운 생활에 갇혀 지내고 싶은 사람도 없을 것이다. 현재 인생의 침체기에 빠졌고 의욕이 별로 없는 생활을 한다면, 당신은 삶을 바꾸는 큰 도약을 통해 활기를 되찾거나 여러 분야에서 몇 가지 작은 변화를 시도해야 하는 상황에 놓인 것이다. 큰 도약이란 직장에서 은퇴하기, 이혼하기, 도전적인 사업에 뛰어들기, 전혀 다른 문화권으로 이주하기, 분야가 다른 직종으로 이직하기와 같은 것이다. 인생의 활기를 되찾기 위한 좀더 사소한 변화에는 명상 그룹에 참여하기, 비행 청소년을 선도하는 자원봉사에 참여하기, 보이스카우트나 걸스카우트 지도하기, 교회 성가대에 참여하기, 직장에서 새로운 프로젝트 시작하기, 자신이 속한 단체에서 새로운 활동 시작하기, 개인적으로 흥미를 느끼는 지역 대학 강좌에 등록하기와 같이 새로운 관심사에 참여하는 일이 있다.

물론 인생을 바꾸겠다는 결정이 어떤 결과를 가져올지는 아무도 모른다. 당신만이 그런 도약을 할 준비가 되었는지 판단할 수 있다. 다음에 이어지는 삶의 활력도 측정을 통해 당신은 지금이 큰 도약을 해야 할 시기인지, 다소 작은 변화를 시도해야 할 시기인지, 현재 상황에 얼마간 더 머물러야 할 시기인지 결정할 수 있다.

| 삶의 활력도 측정 |

다음에 나오는 평가 점수를 참고해서 현재 당신의 마음가짐을 측정해보라. 각 항목의 왼쪽 빈칸에 당신에게 부합하는 점수를 기록하라. 20가지 항목에 전부 답한 뒤, 각 항목의 점수를 더해 맨 아래 빈칸에 기입하라.

당신의 점수	내 생각과 똑같다				나는 때때로 이렇게 생각한다				나는 결코 이렇게 생각하지 않는다
	10	9	8	7	6	5	4	3	2	1

_____ 1. 내 삶이 앞으로 10년 뒤 끝난다면 나는 매우 만족스러울 것이다.

_____ 2. 나는 지금 괜찮은 직장 생활과 즐거운 여가 활동을 하고 있다.

_____ 3. 갑자기 큰 재산을 물려받아도 지금처럼 일하고 생활할 것이다.

_____ 4. 나는 일과 삶에 전과 같거나 전보다 큰 에너지와 열정을 느낀다.

_____ 5. 나는 매일 하는 활동에서 지루하거나 회의감이 든 적이 없다.

_____ 6. 나는 인생과 일을 지속적으로 값지고 보람 있게 만들 수 있는 자율성과 창의력이 있다.

_____ 7. 나는 에너지와 활력이 가득한 탱크에서 언제나 힘을 얻는다.

_____ 8. 나는 은퇴 준비가 전혀 되지 않았다. 아직 내가 하는 일에서 하고 싶은 것이 많기 때문이다.

_____ 9. 나의 애정 생활은 지금도 그렇고, 가까운 장래에도 한창이고 풍성하고 만족스러울 것이다.

_____ 10. 나는 내가 중요시하는 가치가 무엇인지 분명히 알며, 그것이 제대로 실현되고 있다고 생각한다.

_____ 11. 어떤 이유 때문에 내일 일자리를 잃는다 해도 나는 곧

새로운 상황에 적응할 자신이 있다.

_____ 12. 나는 자신에 대해 잘 알며 신체적·감정적·지적·영적으로 자신을 훌륭하게 돌보고 있다.

_____ 13. 현재 큰 어려움에 처했지만, 내가 이 어려움을 통해 배우고 성장하리라 생각한다.

_____ 14. 나를 잘 아는 사람들은 나를 매우 높이 평가한다.

_____ 15. 나는 지금이나 가까운 장래에 늘 낙관적인 사람일 것이다.

_____ 16. 나의 가정생활은 행복하며, 좋은 친구와 동료들과 잘 지낸다.

_____ 17. 나는 지금 사는 곳에 만족하며, 일 외에도 삶을 윤택하게 만드는 취미나 관심사가 있다.

_____ 18. 나는 성공에 대한 분명한 기준이 있으며, 그 기준에 따라 삶도 일도 잘 이끌어가고 있다.

_____ 19. 현재 삶과 일이 나의 잠재력을 개발하고 충분히 끌어내는 데 기여한다고 믿는다.

_____ 20. 나는 현재 삶과 일에 관심이 많으며, 내 능력을 최대한 발휘하고 있다.

20가지 항목의 총점 _____

| 평가 결과 이해하기 |

당신의 점수는	그 의미는
175점 이상 : 활력이 넘치는	당신은 현재의 자신에 만족하며, 삶에도 에너지가 넘친다. 지금 하는 일을 계속하라. 어떤 이유로든 변화가 필요한 상황이라면 주의하라. 당신은 현재 상황에 사소한 변화를 주거나, 현재와 유사한 상황으로 변화를 이끌 필요가 있다.
150~175점 : 활력이 정체된	당신은 질적으로 꽤 긍정적인 태도와 에너지 수준을 유지하며, 자신의 일과 삶을 중요히 여긴다. 여기에서 당신의 에너지가 전반적으로 상승하는지, 하강하는지, 정체하는지 생각해봐야 한다. 당신은 지금 하는 활동과 인간관계를 대부분 그대로 유지하고 싶을 것이다. 그 덕분에 당신이 최고의 모습을 드러낼 수 있기 때문이다. 하지만 삶의 활력도를 175점 이상으로 높이려면 지금 당신의 생활과 일, 배움, 여가 활동에 새로운 것이 필요하다.
100~150점 : 절반은 부족한	이 점수는 당신이 한 주를 간신히 버틸 만한 활력을 의미한다. 이 정도로는 당신의 삶과 일을 온전히 감당하기 어렵다. 따라서 일과 건강 상태, 사고방식, 취미, 인간관계 등 인생의 어떤 영역에 반드시 변화가 필요하다. 인생의 활력 탱크를 채우기 위해 시간과 노력을 투자하라.
100점 이하 : 점검이 필요한	당신은 변화가 필요하다. 점수가 0에 가까울수록 변화의 필요성도 절박해진다. 인생의 배터리를 충전할 수 있는 방법을 찾아라. 당신이 해야 할 일이 무엇인지, 변하고 싶은 것이 무엇인지, 떠나보내야 할 것이 무엇인지, 활기를 되찾기 위해서 마치거나 다시 논의해야 할 것이 무엇인지 결정하라. 이 책은 당신이 자신의 가능성을 탐색하고, 미래에 대한 전망을 새롭게 하며, 인생의 에너지 탱크를 채우는 데 유용한 자료가 될 것이다.

노년에 대한 인생관이
남은 생을 결정한다

20세기 초반에는 50세 정도면 늙은이였지만 오늘날에는 이야기가 다르다. 켄 디치월드Ken Dychtwald 박사는 『The Power Years(건강한 노화)』에서 다음과 같이 말했다. "50대가 되었다면 당신은 최소한 80대 중반까지 살기를 기대할 수 있다. 과학이 획기적으로 발전함에 따라 기대 수명은 계속 연장될 것으로 보인다." 이 말은 당신이 50대나 60대에 직장을 그만둔다면 뭉그적거리며 보내야 할 시간이 20~30년이나 남았다는 의미다. 통계에 따르면 당신은 다가올 노년에 건강하고 경제적으로도 안정될 가능성이 크다. 당신은 그 많은 시간에, 그 시간을 즐기고 사용할 수 있는 돈과 선택권을 가지고 무엇을 할 생각인가?

남은 생애가 얼마나 풍성하고 만족스러울지는 노년기를 바라보는 당신의 인생관과 밀접한 관련이 있다. 70세가 넘은 심리학자 헬렌 하크니스Helen Harkness는 『Don't Stop the Career Clock(일하기를 멈추지 마라)』에서 생활연령과 기능 연령의 차이를 명확하게 밝혔다. 생활연령은 달력에 따른 나이인 반면, 기능 연령은 신체적 건강과 감정적 정서, 창조적 정신을 바탕으로 측정하는 더욱 정확한 나이다.

하크니스 박사에 따르면 우리는 생활연령에 관해 널리 퍼진 부정적인 사회적·문화적 기대를 수용하면서 늙는다. 다시 말해 사람들은 흔히 인간이 50대에 쇠퇴하기 시작해서 60대와 70대에는 급속도로 퇴화하도록 만들어졌다는 믿음에 쉽게 동조한다. 하지만 반드시 그럴 필요는 없다! 50세 이후에는 쇠퇴하는 것이 당연하다고 누가 말하는가? 산업사회에는 그랬을 것이다. 당시는 대부분 65세에 은퇴했고, 신체적으로도 매우 쇠약해졌기에 얼마 지나지 않아 사망했다. 사회보장 체계가 안정적으로 자리 잡은 것도 그 때문이다. 하지만 21세기에 우리는 자신을 잘 관리하고 발전된 의학의 혜택을 누리며 더 오래 살기에, 50세 이후의 삶에 대해 전과 다르게 생각할 수 있다. 즉 몸과 마음이 건강하고, 목적이 있다면 왕성히 활동할 수 있다.

| 진짜 나이 측정하기 |

당신의 생활연령은 얼마인가? _____
당신의 기능 연령을 어느 정도라고 생각하는가? _____
(솔직히 답하라. 달력상의 나이, 당신이 바라는 나이, 당신이 그런 척하는 나이가 아니라 자신이 실제로 생각하는 나이는 얼마인가? 이성적으로 숫자를 계산하려 하지 말고 직감적으로 마음에 떠오르는 나이를 말하라. 여기에서 고려해야 할 사항으로 삶의 활력도, 미래에 대한 낙천성, 삶에 대한 호기심, 당신의 체력과 신체적인 민첩함을 들 수 있다.)

노인이 어떻다는 부정적 인식에 귀가 솔깃하느냐 안 하느냐는 선택의 문제다. 50세 이상이 되어 '인생의 전성기가 지났다'는 주변의 그릇된 인식을 받아들인다면 당신은 목표도 없고 늘 불평을 늘어놓는 카우치 포테이토가 될 가능성이 높다! 이와 달리 인생의 '황금기 golden years'에 가질 수 있는 잠재력을 온전히 깨닫는다면 당신은 앞으로 건강하고 활기차게 생활하고 생각하고 느끼고 활동할 가능성이 높다. 인터넷을 잠시만 검색해도 활력이 넘치는 생활을 하고, 남들이 보기에도 멋지게 사는 50세 이상 롤모델이 수없이 나온다. 이제 그런 사례를 몇 가지 제시하겠다.

- 은퇴한 화학자이며 엔지니어 아트 스탠더는 70세에 첼로 연주를 시작했다. 그는 현재 73세로 대부분 60세 이상으로 구성된 아마추어 클래식 음악가 모임 '식스티 플러스/마이너스Sixty Plus/minus'의 숙련된 멤버다. 그들은 실내악 연주를 위해 2주에 한 번 모인다.
- 루실 보르겐은 91세 생일에 62회 전국수상스키대회 여자부 슬라롬slalom과 트릭trick 경기에서 우승했다. 암과 소아마비를 이겨낸 루실은 그 연령대에서 유일한 참가자였다. 루실은 지역 예선에서 훌륭한 경기를 치러 결승에 진출했다.
- 손자가 16명인 도리스 '그래니Granny D' 하독은 94세에 뉴햄프셔에서 미국 상원의원에 입후보했다. 하독은 선거 자금 개혁을 촉구하기 위해 국토를 횡단하여 전국적으로 주목받았다.
- 진 글래스콕이 말을 타고 미국 본토 48개 주의 주도를 방문하는 3만 2000킬로미터가 넘는 여행을 완수한 것은 70세 때다.
- 뉴스캐스터 대니얼 쇼어는 80세가 넘어서도 뉴스를 진행하고, 자신의 경험을 바탕으로 그날의 사건을 분석한다(2010년 별세, 책 출간 2008년—옮긴이).
- 80세가 넘은 아널드 파머가 타이거 우즈처럼 골프를 칠 수는 없다. 하지만 그는 여전히 골프를 즐긴다. 예전처럼 잘 칠 수

는 없지만, 그는 현재 자신의 삶을 즐긴다. 그가 골프장에 나타나면 수천 명의 팬들 역시 즐거워한다.

우리는 50세 이후 온전히 성숙하는 경험을 맛볼 때 더욱 여유로워질 수 있다. 대다수 사람들은 청년기에 자신이 어떻게 보이는지, 어떤 모습으로 보이기 원하는지에 신경을 쓰고, 자신이 속한 직장과 집단에서 기대하는 여러 방식에 순응한다. 하지만 50세 이후 우리는 과거 자신의 모습을 버릴 수도 있고, 남들이 자신을 어떻게 생각할까 하는 걱정도 내려놓을 수 있다. 50세 이후 우리는 모든 것에서 벗어나 이전의 역할에서 자유로워질 권리를 얻는다. 50세 이후는 자신이 어떤 사람인지 더욱 깊이 있게 살피고, 아직 드러나지 않은 자신과 진정한 본성으로 향하는 문을 열 수 있는 시간이다. 현명한 내 친구는 말했다. "나이 든다는 것은 진정한 당신이 되어간다는 것을 의미할 뿐이다."

행복한 삶은
거저 얻어지지 않는다

노년의 행복한 삶이란 무엇인가? 광고는 '완벽한' 실버타운에 사는 것이라고 손쉬운 답을 내놓는다. 광고에서는 단순히 시설이 좋은 주거지로 옮겨가면 행복하게 살 수 있다고 선전한다. 완벽한 곳이란 그들이 광고하는 장소다. 오로지 골프와 클럽하우스에 열중하는 은퇴자에게는 이런 곳도 적절한 선택이 될 것이다.

하지만 관심의 범위가 골프를 넘어서는 사람들에게 주거지를 옮기는 것은 완전한 답이 될 수 없다. 그럼에도 불구하고 노후 자금과 주거지 문제는 은퇴를 계획하는 데 언제나 고려해야 할 상위 목록에 속하는 듯하다. 눈에 보이지 않는 것을 찾기보다 주거지 문제와 같이 눈에 보이는 선택을 하는 편이 손쉽기 때문일까? 거주지도 중요하지만 이는 노년에 자아실현을 하려는 사람들이 생각해봐야 할 유일한(혹은 가장 우선시하는) 문제가 아니다.

대다수 사람들이 인생의 후반부가 되기까지 자아실현이 자기계발의 우선순위가 될 만큼 그 절실함을 느끼지 못한다. 비교적 젊은 고객들은 내게 경력 관리에 관한 사항을 상담하고자 한다. 경력 관리란 보통 더 나은 직위, 더 많은 보수, 마음이 더 잘 맞는 상사 혹은 그들의 관심에 더 부합하는 직장을 얻는 것을 의미한다. 젊은 고객들이 자아실현에 관해 상담하기 원하는 경우는 드물다.

나는 지난 수십 년 동안 상담하면서 일반적으로 50세 이후 사람들, 특히 은퇴를 준비하는 사람들이 자아실현—비록 그들이 이를 다른 식으로 표현할지라도—에 가장 관심이 많다는 사실을 발견했다. 나이가 많은 고객들은 종종 자신이 열기왕성한 시기를 회사에 바쳤기 때문에, 이제는 자신을 위한 시간을 낼 때라고 말한다. 그리고 단순히 시간을 내는 데 그치는 것이 아니라 그 시간을 최대한 활용하기를 바란다.

자아실현의 가능성은 다른 어떤 시기보다 노년기에 높다. 자아실현에 꼭 필요한 자유, 재산, 인생 경험이 있기 때문이다. 의식적으로 인식하든 그렇지 않든, 자아실현 욕구는 노년기에 가장 중요한 동기가 된다. 은퇴 후 무엇을 하고 싶은지 물으면 많은 사람들이 여행, 컨설팅, 자원봉사, 가족이나 친구들과 함께 시간 보내기라고 답한다. 하지만 특별한 인간으로서 노년기에 자신의 온전한 잠재력을 깨닫는 일이 무엇보다 중요하다.

자아실현의 기회를 최대한 이용하려면 자신을 알아야 하고, 미래에 대한 생생한 비전이 있어야 하며, 그 비전을 위해 자신이 어떤 선택을 할 수 있는지 인식해야 한다. 그러려면 우선 앞으로 자신이 무엇을 하고 싶은지, 어떤 사람이 되고 싶은지 분명히 해두어야 한다.

"그래서 이제 뭘 하지?"라는 질문을 해결하는 과정에는 상당히 높은 장벽이 있다. 바꿔 말하면 이 일은 난해한 도전일 수 있다. 자신의 소망과 재능을 분명하게 찾아내는 일은 쉽지 않다. 더구나 자신의 소망과 재능을 분명히 찾는다 해도 불확실한 세상에서 그 꿈을 실현할 최선의 방법을 과연 찾을 수 있을지 막막할 수 있다. 많은 사람들은 그 일이 무척 힘들 것 같기 때문에 자기 앞에 어떤 선택이 놓여 있는지 탐구하고, 자기를 성찰하는 시간을 회피한다. 아니면 관심의 범위를 '어디에 살고 싶은가'처럼 매우 단순한 것으로 좁힌다. 새집이나 새로운 주거지가 일시적으로 관심을 끌 수 있을지 모르지만, 관심사를 아주 좁혀서 생각하거나 새로운 일에 성급하게 뛰어들면 앞으로 일, 생활, 배움에서 펼쳐질 다양한 가능성이 심각하게 위협받을 것이다.

많은 사람들은 미래를 두고 삶을 재설정한다는 것, 이 과정이 쉽지 않다는 사실 때문에 자아실현의 기회를 버리고 덜 의미 있는 무언가에 안주한다. 자아실현이라는 관점에서 행복한 삶은 거저 얻어지는 것이 아니다. 거기에는 시간, 내적 성찰, 인생을 바꾸겠다는 자발적인 의지가 필요하다.

드러난 자아 vs. 드러나지 않은 자아

우리는 각자 드러난 자아discovered self와 드러나지 않은 자아undiscovered self로 구성된 독특한 존재다. 이 때문에 우리는 항상 자신이 생각하는 그 이상의 존재다. 드러난 자아는 일상에서 어떤 형태로든 인식되지만, 드러나지 않은 자아는 아직 사용되지 않은 전혀 새로운 잠재성을 의미한다. 드러나지 않은 자아는 특히 풀타임으로 일해야 하는 의무와 더 이른 시기에 삶에 부여된 책임에서 벗어난 50세 이후 탐험되고 활용될 수 있는 새로운 세계다.

'드러난 자아'란 지금껏 자신에 대해 알고 이해해온 방식을 말한다. 하지만 자아 인식에는 한계가 있을 수밖에 없고, 그게 아니라면 사실상 결함이 있다는 것을 알아야 한다. 어떤 면에서 당신은 어항에 있는 물고기와 같다. 지금까지 당신은 어항에 한정된 시각이라는 제한적 범위에서 자신을 이해할 수 있었다. 자아 인식이란 각자 인생 경험을 통해서 얻은 가정과 판단, 시각 같은 것 때문에 자신을 잘못 이해하는 것을 말한다. 바꿔 말하면 자아란 완전히 생각이 만들어낸 것이다. 자아는 젊은 시절에 형성되어,

그 후 정체성을 형성하는 과정에서 자아를 새롭게 해석하면서 모습이 바뀐다. 그리고 자아를 해석하는 과정에서 오해와 오류가 발생하기 쉽다.

우리에게는 의미 있는 사건을 매우 긍정적인 혹은 부정적인 것으로 과장하는 놀라운 능력이 있다. 결국 그런 습관 때문에 우리는 어떤 사건에 대한 자신의 반응을 공고히 한다. 예컨대 나는 내가 덩치만 크고 미숙하고 사교성이 부족한 아이였다고 기억한다. 그런 내 모습은 모두 어느 날 우연히 동네 아이들과 스케이트를 탄 일 때문에 생겨났다. 우리는 동네의 연못에서 하키를 하고 있었다. 나는 새 스케이트를 타는 게 서툴러서 나보다 덩치는 작지만 말을 잘하는 여자아이의 진로를 계속 방해했다. 나는 대여섯 번 그 여자아이 앞으로 둔하게 끼어들었고, 나 때문에 계속 멈춰야 했던 그 아이는 결국 목청껏 소리를 질렀다. "너는 덩치 큰 아기냐?" 그 여자아이는 쿵쾅거리며 빙판에서 나갔다. 나는 부끄럽고 화가 나고 당황스러웠다. 이 일은 어린 시절 내 정체성을 형성하는 데 자신감을 심어준 경험은 아니다.

심지어 그 소리는 시간이 많이 지난 지금까지 마음에 남아, 여자들과 어떤 관계를 맺을 때면 나는 서투르고 부적합하며 머잖아 자신을 곤란에 빠뜨릴 거라고 일깨운다. 그 소리는 내가 어떤 행동을, 이를테면 춤을 추지 못하게 하는 걸림돌이 되어왔다.

또 나는 미네소타의 소도시 문화와 수많은 카우보이 영화 때문에 남자가 사랑과 애정을 표현하거나 창의적인 미적 욕구를 가지면 사내답지 못하다는 말을 들으며 자랐다. 그런 어리석은 믿음은 내가 섬세한 감정을 자유롭게 표현하거나, 나에게 있을지도 모를 예술적인 재능을 탐색하는 데 방해가 되었다.

당신은 인생 초반부(1~21세)의 어떤 경험이 자아상에 영향을 미쳤는지 기억할 수 있는가?

| 당신의 정체성을 형성한 경험 평가하기 |

긍정적인 방향으로	부정적인 방향으로

만족스런 인생을 위해 50세 이후 우리가 자신에 대해서 알고 있다고 생각하는 바를 재평가하는 것은 가치 있는 일이다. 당신은 이제 과거의 존재가 아니다. 뿐만 아니라 자신이 과거에 어떤 사람이라고 생각하던 모습조차 사실이 아닐 것이다. 그렇기 때문에 50세 이후 자신에 대한 인식을 정립하는 일은 가치가 있다. 이는 자아 인식의 과정을 이어가기 위해 반드시 필요하다.

드러나지 않은 자아 찾기

내가 대학원에 다닐 때 계량심리학 교수는 웩슬러 성인 지능검사 Weschler Adult Intelligence Scale, WAIS에 관해 강의하면서 자신이 수년 동안 수천 번 시행한 WAIS에서 최고 지능지수를 얻은 사람 이야기를 들려주었다. 대학교에서 환경미화원으로 일하는 여자가 있었는데, 그녀의 영리함이 한 교수의 관심을 끌었다. 그 교수는 우리 교수더러 그녀의 지능검사를 한번 해보라고 설득했다. 환경미화원 알렉시아는 아들만 여럿인 집안의 외동딸로, 그리스에서 태어났다. 그녀의 집안에서는 아들만 교육했고, 결국 남자들만 잠재능력을 활용하고 개발하여 일하며 살 수 있었다. 딸들은 다른 교육은 받지 못한 채 청소하고 요리하고 가족을 돌보는 요령만 배웠다. 자연히 알렉시아도 자신의 가능성을 집안에서 요구하는 정도로 한정하며 살았다. 적어도 알렉시아가 미국으로 이민을 와서 우리 계량심리학 교수를 만나기 전에는 그랬다.

그녀의 높은 지능지수에 놀란 우리 교수는 알렉시아에게 대학 과정을 시작하도록 독려했다. 처음에 알렉시아는 교수의 말에 따르기를 주저했다. 그녀는 자신을 중년의 청소부로 생각했기 때문이다. 알렉시아는 교수의 설득에 넘어가 한 강좌만 수강해보기로 했다. 알렉시아는 그 강좌에서 뛰어난 실력을 보였고, 추가로 다른 강좌를 수강했다. 지적인 자신을 발견하는 과정은 한 강좌를 성공적으로 이수하고, 다른 강좌를 듣는 식으로 서서히 진행되었다. 알렉시아는 마침내 학사 학위를 받았고, 대학원에 진학했다.

알렉시아는 자신을 대단히 지적인 여자로 인식했다.

알렉시아의 이야기는 내가 아는 사람의 이야기와 비슷하다. 그는 항만 근로자였다. 그가 하루는 한 지방대학을 지나며 호기심이 생겨 강좌 등록은 어떻게 하는지 알아보려고 학교에 들렀다. 그는 곧 영어 강좌에 등록했고, 놀랍게도 A학점을 받았다. 그는 다른 강의를 듣기로 결정했고, 이번에도 A학점을 받았다. 그는 자신의 놀라운 성취를 다시 시험해보고자 또 다른 강의를 들었다. 이런 일은 그가 준학사 학위를 받고, 학사 학위를 받고, 석사 학위를 받을 때까지 계속되었다. 지금 그는 성공한 심리학 박사가 되어 캘리포니아에서 큰 상담실을 운영하고 있다. 그가 익숙하고 편안한 자아 인식의 영역 밖으로 나오지 않았다면, 그는 아직도 항만 근로자로 일하고 있을 것이다. 자신의 지적이고 창조적인 능력을 아주 작은 부분만 활용하면서 말이다.

위의 이야기는 특별할 수도 있지만, 나는 두 사례가 우리가 흔히 범하는 실수를 보여준다고 생각한다. 많은 사람들이 자신의 능력과 잠재력을 모른 채 살아간다. 우리에게는 비록 알렉시아처럼 높은 지능이 없을지 모르지만, 자신의 가능성을 한정 짓는 생각 때문에 시야가 좁아지고 놀랄 만한 능력과 잠재력을 깨닫지 못한다. 50세 이후 자아를 탐색할 때 흥미로운 측면은 드러나지 않은 자아를 발견하는 일이다.

사람은 드러나지 않은 자아를 모르면 삶을 최대한 누리지 못한 채 살아간다. 낯선 자신을 아는 일은 흥미진진하지만, 이 과정이 전적으로 즐겁지는 않다. 직장에서 동료들에게 당신의 행동에 대한 피드백을 받을 기회가 있었다면 내 말이 무슨 의미인지 알 것이다. 어떤 피드백은 당신이 아는 바를 확인해줄 것이고, 어떤 피드백은 당신에게 충격을 줄 것이다. 우리가 자신의 알지 못하는 잘못과 결점을 받아들일 때처럼, 자신의 드러나지 않은 능력을 받아들일 때 어려움을 겪는 사람들이 있다. 드러나지 않은 자아에는 불순물과 순금이 들어 있다. 그러나 그것이 불순물이든 순금이든 파헤칠 가치는 있다.

자아실현은 자신의 한계와 잠재력, 특히 이전에 모르던 부분을 완전히 알아가는 힘든 여정이다. 당신은 어떻게 해야 드러나지 않은 자아를 찾을 수 있는지 묻고 싶을 것이다. 그 방법은 여러 가지가 있다. 비용이 많이 드는 심리 치료를 하는 방법도 있고, 돈이 들지 않는 자아 성찰을 하는 방법도 있다. 어쨌거나 드러나지 않은 자아를 찾는 과정에는 자발성과 노력, 시간, 무엇보다 자신의 내면을 살피고자 하는 의지가 필요하다.

이 과정에서 자신에게 잘 맞는 심리 치료사가 큰 도움이 될 수 있다. 나는 전문 상담사이기 때문에 특히 과거의 문제에서 벗어나 자유를 찾고자 하는 사람들에게 심리 치료를 적극 추천한다. 실제로 나는 심리 치료 덕분에 내게 한계를 지우던 과거의 속박에서 벗어날 수 있었다. 물론 이때 훌륭한 심리 치료사에게 상담을 받는 것이 얼마나 중요한지 잘 안다. 가능하면 평소 자신이 신뢰하는 사람 중에서 심리 치료를 통해 긍정적인 경험을 한 사람에게 물어보기 바란다. 그다음에는 딱 맞는 심리 치료사를 찾을 때까지 두세 명 혹은 그 이상의 심리 치료사와 면담해보라.

심리 치료가 잘 맞지 않으면 다른 방법도 있다. 사람들에게 자신에 대한 피드백을 받는 일이다. 피드백은 자아를 발견하는 과정에 도움이 되는데, 특히 시간과 정력을 쏟아 사려 깊고 정직하게 조언해주는 사람의 말을 경청하면 큰 도움을 받을 수 있다. 가족, 친구, 동료, 상사, 목사 등 조언을 구할 수 있는 사람은 많다. 한 사람이 당신의 일과 여가 활동, 대인 관계를 모두 알지 못하기 때문에 가능한 한 여러 사람에게 피드백을 받는 것이 좋다. 그들은 당신이 미처 알지 못했거나 알고 싶어하지 않던 당신의 강점과 약점을 분명히 알 것이다.

피드백 받을 때 염두에 두어야 할 사항이 있다. 우선 모든 사람이 편향되지 않고 공명정대한 피드백을 줄 수 없다는 사실을 알아야 한다. 다른 사람의 피드백을 받아들이는 데 미숙한 사람도 있다. 이를테면 나는 사람들에게 자신의 강점을 확신하도록 긍정적인 피드백을 주는 일에 매우 능숙하지만, 부정적인 피드백을 주는 일에는 어려움을 느낀다. 특히 그들이 부정적인 피드백을 받아들이기 힘들어할 것 같은 경우 어려움이 가중된다.

또 다른 문제는 사람들이 눈에 보이는 행동에 대해서만 피드백을 해줄 수 있다는 것이다. 당신의 행동에 대한 피드백을 받으면 당신의 능력을 깎아먹는 것을 제거하거나 바꾸는 데 도움이 되지만, 자아 인식에는 눈에 보이는 행동 이상의 가치가 존재한다는 사실을 기억해야 한다.

아직 실현되지 않고, 드러나지 않고, 탐색되지 않은 자아의 영역은 지금까지 세상에 보인 '당신you'의 모습에서 분명하게 드러나지 않는다. 당신의 가장 깊은 생각, 오랫동안 기울여온 관심, 실현되지 않은 능력을 드러내고 확인할 수 있는 사람은 당신뿐이다. 하지만 그 과정에도 도움은 필요하다.

자아를 발견할 수 있도록 도움을 주는 책과 웹사이트가 많다. 이들을 참고하면 도움이 될 것이다. 자아 발견에 유익한 검사 방법도 여러 가지 있다. 그중에서 마이어스 브릭스Myers Briggs 성격 유형 검사와 흥미검사가 유명한데, 전문적인 상담을 진행할 때 보통 두 가지 검사를 함께 시행한다. 사람들이 지금까지 많은 도움을 받은 또 다른 검사 방법은 패션 리빌러Passion Revealer인데, 홈페이지(http://passion.career-nsite.com)에서 이용할 수 있다. 나는 이 검사 방법을 자신의 특별한 관심과 재능, 능력을 가장 적절하게 표현하고 싶은 사람들을 위해 고안했다. 이 방법은 내가 상담하고 코치한 많은 고객들이 자신의 열정을 찾고 확인하는 데 도움을 주었다. 하지만 자아 발견을 위한 가장 좋은 방법은 자신에 대한 평가와 탐구를 병행하는 것이다.

자아 발견의 과정에서 라이프 코치(life coach : 인생의 전반적인 문제에 대해 조언과 코치를 해주는 사람—옮긴이)가 중요한 점검자 역할을 하는 사람들도 있다. 어떤 문제에 관해 상담 치료를 받고 열정을 회복했으며, 확실한 목표를 바라보고 앞으로 나아갈 준비가 되었다면 라이프 코치가 훨씬 도움이 될 것이다. 나는 목표를 세워가는 막바지에 코치의 상담을 받으라고 추천하고 싶다. 대다수 코치들은 면허를 받은 전문적인 상담사나 상담 치료사가 아니므로 목표를 세우는 시점에서는 큰 도움을 주지 못할 수 있기 때문이다. 이때 심리 치료사를 선택할 때와 마찬가지로 당신의 특성과 상황에 적합한 코치를 선택하는 것이 중요하다. 코치에게 비용을 지불할 여력이 되지 않으면 친구나 동료의 도움을 받을 수도 있다.

자아를 발견하는 과정에서는 분명한 말로 목표를 기록하는 단순한 일도 도움이 된다. 이때 목표를 절대 얼버무리지 마라! 목표가 유명한 예술가가 되는 것이라면 당신이 실제로 원하는 것보다 낮춰서 적지 않는 이상 그 목표를 이루지 못할 가능성이 높다. 이에 관해서는 책의 후반부에서 자세히 다룰 것이다. 책의 후반부에서 당신은 달성 가능하고 성취감을 주는 말로 목표를 적어볼 것이다. 지금은 많은 일들이 한 번에 한 걸음씩 내디딜 수 있다는 사실만 기억하라.

늦은 나이란 없다

당신은 50대, 60대 혹은 더 나이 든 사람은 오르가슴을 느끼거나 최고의 열정을 느끼는 활동을 하기에는 너무 늙었다고 생각하는가? 그렇다면 당신은 노년의 한계에 관한 근거 없는 통념에 사로잡힌 것이다. 눈에 띄는 곳마다 80대나 90대를 위한 정력제 광고가 넘쳐난다. 많은 연구 자료를 봐도 오늘날 노인의 수명이 연장되고 건강 상태가 증진되었음을 알 수 있다. 50세가 넘은 수많은 사람들이 나이 듦의 개념을 재정립하고 있다. 그런 사람 가운데 하나가 줄리아다. 그녀는 다른 사람에게 활기와 기쁨을 퍼뜨리는 목사다. 18년 전에 줄리아가 결혼식 주례를 서겠다고 동의해주었을 때 나와 아내 팻Pat은 매우 기뻤다. 당시 줄리아는 80대였다.

나는 줄리아의 성생활이 어땠는지 모르지만, 그녀가 일에 열정적이었다는 사실은 분명히 말할 수 있다. 줄리아는 65세에 목사로 임명되었다. 쾌활하고 몸집이 자그마한 그녀가 설교 시간에 종종 인용한 이야기가 있다. 줄리아가 '서부로' 여행을 떠났을 때, 고원지대를 지나는데 교통경찰이 속도위반이라며 차를 세웠다. 경찰은 그녀에게 시속 84마일(약 135킬로미터)로 운전했다고 통지했다.

"부인, 이곳의 제한속도가 얼마인지 아십니까?" 경찰이 비난조로 묻자, 줄리아는 위축되지 않고 유쾌하고 우아한 태도로 말했다. "글쎄요… 경찰 양반, 나는 내 나이대로 달렸을 뿐이오."

그 대답으로 줄리아는 나이와 엇비슷하게 비싼 범칙금 스티커를 받았다. 하지만 이 이야기는 줄리아가 살아가는 방식을 잘 보여준다. 줄리아는 내 아내를 포함한 많은 사람들의 롤모델이다. 줄리아가 활기차게 목회를 하고 열정적으로 살아가는 모습을 보고 팻은 비록 자신이 50세 가까운 나이가 되었지만, 목회에 대한 자신의 열정을 시험하는 일이 가능하다는 것을 깨달았다. 팻은 55세에 안수를 받았고, 지금은 장로교의 목사로 시무하고 있다.

어떤 사람들은 자신이 원하는 것이 무엇인지, 그것을 얻는 방법이 무엇인지 정확하게 아는 듯하다. 캘러웨이 와인의 전신인 캘러웨이 골프의 창립자 엘리 캘러웨이Ely Callaway도 그런 사람이다. 시인이며 작가 마야 안젤루Maya Angelou, 우주 비행사이며 상원 의원 존 글렌John Glenn, 영화배우이자 대통령 로널드 레이건Ronald Reagan, TV 뉴스캐스터 바바라 월터스Barbara Walters, 가수이자 화가 토니 베넷Tony Bennett, 작가 제임스 미치너James Mitchener도 노년에 열정을 충분히 발휘한 사람이다. 하지만 나머지 대다수 사람들은 어떤가. 우리에게 자신의 창의적인 비전을 뒷받침할 명예나 재산 혹은 다른 혜택이 없다면 어떻게 해야 할까? 상상력이나 자신감 혹은 열정을 잃어버렸다면? 우리가 비전을 분명히 하고 그것을 실현하기 위해서 할 수 있는 일은 무엇일까? 이 책은 그런 상황에 처한 사람들에게 도움이 될 것이다. 하지만 명예나 재산, 다른 물질적인 뒷받침을 받는 것도 중요하다. 이런 내용은 2장에서 자세히 다룰 것이다.

많은 꿈들이 자신감이나 능력 부족 때문에 열매를 맺지 못하고 끝난다. 많은 사람들이 자신의 특별한 재능을 제대로, 즐거이 활용할 수 있는 비전을 세우는 데 실패했기 때문에 반쪽 인생을 산다. 우리는 대개 온도조절기를 몸에 단 것처럼 적당한 에너지만 소모하며 살아갈 뿐, 자신의 열정을 최대 온도로 높이지 않는다.

우리는 도대체 무엇을 기다리는 것일까? 예상치 못한 뭔가 대단한 일에 쓸 때를 대비해 열정을 아껴두는 것일까? 간혹 무척 흥분된 상태를 못 견디는 사람도 있다. 끊임없이 오르가슴을 느낀다면 누가 좋아하겠는가? 하지만 희열을 전혀 느끼지 못하는 삶보다는 희열을 느끼는 삶이 낫지 않겠는가? 열정이 없는 삶보다는 열정적인 삶이 낫지 않을까? 나는 30년간 상담 전문가로 일한 경험을 바탕으로 50세 이후 인생에서도 거의 모든 사람들이 희열을 느끼며 살 수 있다고 생각하게 되었다. 우리에게는 일과 배움, 여가 활동에서 희열을 느낄 수 있는 능력이 잠재되어 있다.

역경을 뛰어넘어
새로운 삶 재창조하기

최근 나는 에너지가 넘치는 한 여성의 재무 설계 세미나에 참석했다. 재무 교육자인 클라리세는 돈을 다른 시선으로 볼 수 있게 해주었다. 돈에 무관심하던 나는 클라리세 덕분에 돈에 대한 사고방식을 재정립해야 할 필요성을 느꼈고, 돈을 가치 교환의 수단이자 여유로운 삶을 위한 자원이라는 개념으로 다시 보기 시작했다.

클라리세는 부富에 관해 사람들을 교육하겠다는 열정 덕분에 예기치 못하게 찾아온 가난을 극복할 수 있었다. 클라리세는 재력가와 결혼했다. 하지만 남편은 어느 날 갑자기 그녀와 어린 딸을 버리고 더 젊은 여자에게 가버렸다. 그때 클라리세에게는 돈도, 직장 생활 경험도 없었다. 클라리세는 충격과 분노를 느꼈고, 공황에 빠졌다. 완전한 무기력함도 느꼈다. 하지만 똑똑하고 결단력이 있는 클라리세는 그 상황에서 자신이 할 수 있는 선택을 했다. 자신이 재무에 대해 아는 것이 전혀 없음을 알아챈 클라리세는 재무 전문가가 되어 다른 사람들을 교육하고 도움을 주겠다고 결심했다. 그녀는 곧 런던파이낸스스쿨 London International School of Finance 에 입학했고, 재무학 석사 학위를 받았다. 이후 클라리세는 재무 컨설턴트와 교육자로서 경력을 쌓았다. 현재 그녀는 재력가일 뿐만 아니라, 세계 도처의 사람들에게 가치를 창출하는 돈의 진정한 가치를 알려주는 교육자로 활동하고 있다.

우리는 항상 변한다. 문제는 우리가 추구하는 발전 방향으로 나아가기 위해 얼마만큼 의식적인 선택을 하기 바라는가 하는 점이다. 예컨대 클라리세는 자신이 어떤 직업을 선택할지 심사숙고한 경험이나 인생을 재평가하게 만든 역경에 대해 이야기할 때 결코 '봉사ministry'라는 단어를 사용하지 않았다. 하지만 당신이 클라리세의 이야기를 듣는다면 그녀가 어떻게 자신의 '사명mission'을 다하게 되었는지 분명히 알 것이다.

***

아무도 역경을 환영하지 않지만, 사람들은 역경을 통해 자신의 잠재력을 깨닫기도 한다. 클라리세의 경우처럼 역경에 긍정적으로 반응할 때 삶을 바꿀 수 있다. 심리학 연례 모임에 참석하면 사랑하는 사람을 잃은 고통스런 경험을 딛고 삶에서 의미 있는 방향을 찾은 사람들의 영웅적인 이야기를 듣는다.

앨버트도 그런 사람 중 하나다. 그는 간호사로 일하던 아내가 악성종양으로 죽자마자 잘나가던 엔지니어 일을 그만두었다. 앨버트는 슬픔 속에서 지방대학의 간호사 양성 과정에 등록했다. 그는 사랑하는 아내를 추모하고 기억하고자 새로운 과정을 시작했다고 털어놨다. 앨버트의 슬픔은 '동정 어린' 마음을 유발했고, 새로운 인식과 목적이 생기도록 이끌었다. 앨버트의 말을 들은 나는 그가 매우 의미 있는 인생을 다시 시작했으며, 암 환자들에게 힘을 북돋울 사람이 될 거라는 사실을 분명히 느낄 수 있었다.

아주 유명한 기업의 임원이던 마사는 부사장 승진을 수락하려던 때, 가정에 큰 문제가 있다는 사실을 발견했다. 그녀는 일에 몰두하느라 10대인 아들과 남편에게서 멀어져 있었다. 마사는 부사장 자리를 받아들이고 남편을 잃든지, 결혼 생활을 지키기 위해 시간과 공을 들이든지 택해야 했다. 마사는 조기 퇴직했고, 회사에서 성공하기보다 자신이 원하는 일을 하기로 결정했다. 최근에 마사는 사회복지 분야에서 석사 학위를 따는 데 열을 올리고 있다. 그녀가 새로 찾은 소명, 즉 노인에게 심리 치료 서비스를 제공하는 일을 하기 위해서는 학위가 꼭 필요하기 때문이다. 이전에 마사는 살아가는 데 어려움을 겪으면서 전문적인 도움이 필요한 노인들을 목격한 경험이 있다. 마사는 결혼 생활에서 남편의 일탈을 알게 된 고통의 시간을 자신이 소중히 여기는 결혼과 가정을 지키는 것뿐만 아니라, 새롭고 더욱 의미 있는 일을 찾는 기회로 활용했다.

나는 지금 진정한 자신을 찾고 새로운 인생을 창조하기 위해 일부러 역경을 만들어내라고 제안하는 것이 아니다. 우리는 인생에서 여러 차례 고난을 겪는다. 고난이 왔을 때 선택할 수 있는 것은 하나밖에 없다. '고난을 어떻게 극복할까'이다. 어떤 사람은 슬픔에 굴복하고 삶에서 이탈하지만, 어떤 사람은 고통을 계기로 마음을 열고 더욱 진지하고 의미 있게 살려고 노력한다.

이 책을 쓸 때 나는 미 행정부에서 고급 코치 과정을 막 마친 뒤였다. 나는 거기에서 대단한 여자를 만났다. 그녀는 1년 반 전에 사랑하는 남편을 암으로 잃었다. 남편이 죽기 전에 그녀는 일을 중시하는 고위직 공무원이었다. 직업은 그대로지만, 지금 그녀는 완전히 다른 사람이 되었다. 남편이 죽기 전에 그녀는 기관의 임무와 자신의 직무에 전념했다. 하지만 지금 그녀는 수하 직원들이 성장하고 발전하고 최고가 되도록 돕는 일에 헌신하며, 그 일을 자신의 새로운 사명으로 받아들인다. 그녀는 이제 은퇴해도 그만이지만, 새로운 목표 때문에 은퇴를 미루고 있다. 그녀는 정부가 더욱 인간적이며 개인이 성장하고 발전하는 곳이 되도록 만들고자 고위직에 도전해볼 작정이다.

나는 당신이 역경을 디딤돌 삼아 당신 안에 잠재된 힘을 깨닫고, 새로운 의지를 발견하고, 의미 있는 새로운 삶을 재창조하기를 진심으로 소망한다. 고난의 시기가 왔을 때는 스스로 다시 태어날 필요가 있다. 역경을 견뎌내기 위해서는, 커다란 성공을 거두었을 때도, 변화가 필요하다. 이것이 다음 장의 주제다.

열정으로 은퇴를 맞이하라

일반적으로 은퇴란 직장이나 직업을 잃고, 익숙한 생활 방식에서 멀어지며, 젊은 시절의 자신에게 작별을 고하는 것을 의미하지만, 그 시기는 자아 발견, 인생 재창출, 창의성 발견 등 흥분되는 시간이 될 수도 있다. 하루 종일 일하던 삶에서 벗어난 당신은 자신의 진짜 열정을 깨닫고, 숨겨진 능력을 끌어내며, 더욱 자유롭고 즐겁고 깊이 만족할 만한 생활을 해볼 수 있는 기회를 잡은 것이다.

노년기에 누리는 이런 기쁨에는 어떤 것들이 있을까? 첫째, 다행히 우리는 예전처럼 회사가 바라는 것을 위해 그토록 오랜 시간 동안, 그토록 열심히 일할 필요가 없다. 둘째, 우리에게는 그동안 경험한 것과 자아 인식을 활용할 수 있는 더 많은 시간과 에너지가 있다. 셋째, 우리는 자기 인생과 일, 여가 활동을 통제할 수 있다. 넷째, 우리는 인간적 성장과 전문성 개발을 주도할 수 있다.

지금쯤 당신에게는 새롭고 의미 있는 무언가를 창조하기 위해 필요한 재원과 경험이 쌓였을 것이다. 어쩌면 지금이 당신이 꿈꿔 온 집을 지어야 할 때인지 모른다. 혹은 집의 규모를 줄여서 집을 보수하는 데 드는 시간을 줄이고, 정말 흥미 있는 일에 더 많은 시간을 보내야 할 때일 수도 있다. 프랑스 요리를 배우거나, 조종사 자격증을 따거나, 사교댄스 교실을 시작해야 할 때일 수도 있다. 어쩌면 지금이 책을 읽고 묵상하거나 조용한 곳을 찾아 자신의 영혼을 돌보는 시간이 필요한 때일 수도 있다. 혹은 지금이 당신이 목사나 작가 혹은 예술가가 되어야 할 때인지도 모른다.

50세 이후 당신은 숨겨진 열정을 발견하고 개발해야 한다. 열정을 갖기에 혹은 진정한 당신이 되기에 늦은 때란 결코 없다.

인생의 전환기
마무리와 새 출발

"새로운 일이 하루의 성공을 이끌고, 겨울은 봄에 자리를 내주며, 새해가 묵은해를 대신한다. 하지만 여기에는 대립이 없다. 그저 연속될 뿐이다. 변화가 계속되는 한 우리의 삶은 성공적이라 말할 수 있다."
— 윌리엄 브리지스(William Bridges),
『HOW TO LIVE 갈림길에서 삶을 묻다(The Way Of Transition)』

"당시에는 그렇게 생각하지 않았지만 애플사에서 해고당한 일이 결과적으로 내게는 인생에서 최고로 잘된 일이다. 성공해야 한다는 중압감에서 벗어나, 확실한 것이 하나도 없는 초심자의 가벼운 마음으로 돌아갈 수 있었다. 그때 얻은 자유로움 덕분에 내 인생에서 가장 창조적인 시기로 진입할 수 있었다."
— 스티브 잡스, 애플 창업자

인생의 전환기

인생에서 중요한 변화는 설레는 모험인 동시에 스트레스가 되는 일이다. 그리고 상황에 따라 변화의 정도는 판이하다. 거의 모든 사람들이 인생에서 다양한 변화를 경험한다. 큰 변화를 겪기도 하고 작은 변화를 겪기도 한다. 인생에서 처음으로 겪은 중요한 변화를 기억하는 사람은 별로 없다. 중요한 변화란 우리가 따뜻하고 편안한 자궁에서 세상 밖으로 나온 일이다. 운이 좋은 사람이라면 새로운 세상에 태어난 자신을 사랑해주고 진심으로 환영해주는 부모를 만났을 것이다.

그런 점에서 어떤 이들은 다른 사람들보다 운이 좋다. 사람들은 어려서 속한 세상이 어디인가에 따라 다른 관점으로 삶을 시작한다. 대다수 사람들이 인생에서 두 번째로 맞이하는 큰 변화는 청소년기에 찾아오는 지독한 정체성의 위기다. 사람들은 청소년기에 '나는 누구인가' '나는 어떤 사람이 되어가는가' 같은 질문과 씨름한다. 물론 '나는 어떤 사람이 아닌가' '내가 되기 싫은 사람 혹은 존재는 무엇인가' 같은 문제도 고민한다. 어떤 사람들은 형제자매의 죽음, 사망이나 이혼으로 한쪽 부모를 잃는 등 더욱 충격적인 변화를 겪기도 한다. 성인이 되어서도 변화가 줄줄이 이어진다. 사랑을 시작하고 끝내며, 직업에서 성공하기도 하고 실패하기도 한다. 어떤 소망은 이뤄지고 어떤 소망은 버려진다. 이런 변화는 때로 화려하지만 때로는 고통스럽다.

　우리는 대부분 나이가 들면서 중년의 위기를 겪는다. 그리고 중년의 위기가 해소되는 시점에 또 다른 변화를 경험한다. 은퇴다. 하루 종일 일하는 생활을 접고 은퇴 이후의 삶으로 전환하는 과정은 중대한 변화라고 할 수 있다. 이때 우리에게 예상한 결과와 성과는 물론 예상치 못한 변화도 많이 생긴다. 그 후 우리는 마침내 인생의 마지막 전환점, 즉 하늘만 아는 저세상으로 떠나야 하는 시간을 맞이한다.

　이 시점에서 우리는 '변화 change'와 '전환 transition'이라는 단어의 뜻을 명확히 할 필요가 있다. 이 책에서 사용되었듯이 변화는 어떤 사건을, 전환은 어떤 과정을 의미한다. 인생에서 큰 변화는 우리의 외부 세상을 바꾸지만, 연쇄적으로 우리 내부의 반응을 일으키기도 한다. 전환이란 크게 변화된 삶에 적응하려는 우리의 마음 상태를 일컫기도 한다. 대다수 사람들은 실직이나 이직, 퇴직 같은 일이 자신의 현실적 삶에 얼마나 큰 변화를 주는지 잘 알지만, 새로운 존재인 자신을 받아들이는 데 필요한 심리적 변화에는 무지한 편이다. 인생의 큰 변화를 겪을 때 우리는 심리적으로 엄청난 스트레스를 받는다. 우리는 인생의 전환기에 새로운 외부 상황에 억지로 적응해야 할 뿐만 아니라, 자신의 정체성도 그에 맞춰 바꿔야 하기 때문이다.

　이를테면 배우자를 잃는 것은 순간적인 일이지만, 배우자의 부재를 받아들이는 과정은 순간적이지 않다. 그 과정에서 우리는 슬픔을 경험하고, 외로움에 적응하며, 다시 혼자 살아가고, 새로운 인생을 재창조한다. 인생에서 겪는 큰 변화는 우리가 자궁을 떠나는 것과 마찬가지로 충격적인 일이다. 이런 변화를 우리가 의식한 상태에서 겪는다는 게 다를 뿐이다. 인생의 전환기에 대해 많이 알수록 우리는 인생에서 겪는 큰 변화에 심리적으로 더 잘 적응할 수 있다.

불확실성 속의 항해 : 인생의 전환기를 위한 지도

전환에는 단순하면서도 심오한 측면이 있다. 즉 전환은 끝과 함께 시작되고 시작과 함께 끝난다. 전환은 당신이 아는 과거를 버리고 알지 못하는 미래를 향해 가는 것을 의미한다. 하지만 인생의 큰 전환기에는 중간 시기가 존재하는데, 이미 존재하는 과거와 새롭게 열릴 미래 사이의 공백기를 말한다. 이 공백기는 불안한 시기가 될 수도 있지만 새롭게 태어날 자신을 흥미롭게 기다리는, 마치 인큐베이터 속의 시간과 같은 시기가 될 수도 있다. 이 시간이 얼마나 될지는 아무도 알 수 없기 때문에 우리는 익숙하고 편안한 상황에 머무르기 원하며, 자신이 누구인지 또 어떤 사람으로 변해 가는지 제대로 알려고 하지 않는다.

과거에 충만하고 만족스런 경험이 있는 사람은 인생의 공백기를 보내기가 더욱 힘들다. 개인적으로 분명한 정체성과 기쁨을 느끼게 해준 과거의 무언가를 포기하기란 쉽지 않다. 소중하던 과거에 작별을 고하는 일은 어떤 면에서 순간적인 죽음 mini-death을 경험하는 것과 같다. 우리는 결코 이전의 존재가 될 수 없으며, 동시에 우리가 어떤 사람이 될지는 불확실하게 남는다. 은퇴기로 전환할 때 전성기가 끝났다는 두려움이 따라오고, 다시는 젊어질 수 없다는 생각이 커지면서 감정이 예민해진다.

물론 모든 사람들이 공백기에 스트레스를 받는 것은 아니다. 은퇴하기 전에 앞으로 무엇을 할지, 어떤 사람이 될지 계획한다면 불확실성을 어느 정도 피할 수 있다. 내 친구 스티브가 바로 그렇게 행동한 사람이다. 스티브는 35년간 계속한 공무원 생활을 그만두기 훨씬 전부터 은퇴에 대한 비전을 세웠다. 스티브는 일하던 자신은 과거로 여기고, 앞으로 골프와 테니스, 체스, 여행, 마음을 넓히는 독서와 공부를 하면서 인생을 즐기겠다고 다짐했다. 더불어 나이 드신 부모님을 돌보는 일에도 신경 쓰겠다고 마음먹었다. 지금 스티브는 인생의 전환기에도 별로 걱정하지 않고 새로운 인생을 누리고 있다. 그는 요즘 "은퇴 후 삶이 적성에 딱 맞다"고 농담하기도 한다.

이와 대조적으로 밥은 은퇴하기 전에 플로리다로 가서 편안하게 연금을 받으며 살겠다고 생각했다. 새로운 인생에 대한 비전은 그게 전부였고, 은퇴 후 밥의 삶은 그다지 즐겁지 않았다. 이는 밥이 인생의 전환기에 과거의 삶과 작별하고 의미 있는 미래를 준비할 시간을 보내지 못했기 때문이다.

당신이 자아실현을 핵심으로 하는 새로운 인생을 원한다면, 인생의 공백기를 충분히 활용해야 한다. 인생의 공백기에 우리는 과거의 삶을 떠나보내고, 새로운 현실에 성급하게 뛰어들지 않고 불확실한 미래에 대한 불안감을 견뎌내며, 자아 성찰의 시간을 보낼 줄 알아야 한다. 그림 2-1은 인생이 '체계적인 삶(life structure : 안정적이고 질서 정연한 기간)'에서 '전환기(transition : 변화와 불확실성의 혼란스러운 기간)'로 돌고 도는 과정을 표현한 것이다. '인생의 회복 과정The Cycle of Renewal' 모형은 프레더릭 허드슨Frederic M. Hudson과 파멜라 맥린Pamela D. MacLean의 『Life Launch: A passionate Guide to the Rest of Your Life(인생 시작 : 인생 후반부에 대한 열정적 지침)』에서 빌려온 것이다.

그림 2-1   인생의 회복 과정

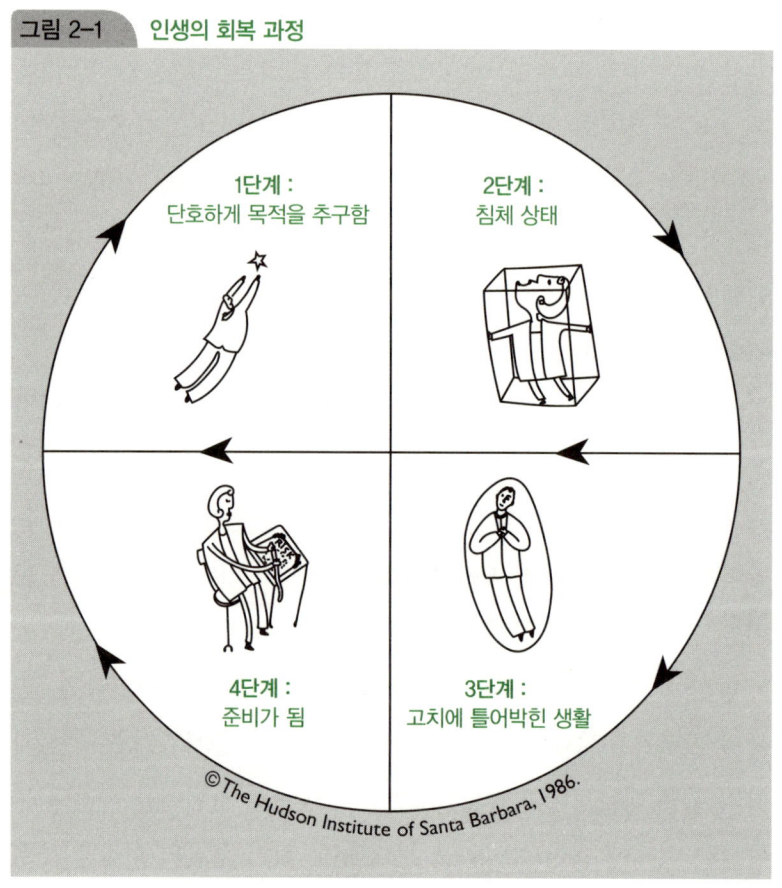

1단계 : 단호하게 목적을 추구함
2단계 : 침체 상태
3단계 : 고치에 틀어박힌 생활
4단계 : 준비가 됨

©The Hudson Institute of Santa Barbara, 1986.

인생 이야기 :
변화, 도전 그리고 전환

허드슨의 모형을 보면 우리의 인생은 질서, 재정비, 혼란, 회복의 단계가 반복되는 것을 알 수 있다. 그림 2-1에 묘사된 과정을 실제 사례를 들어 알아보자. 대학에서 인문학을 전공한 낸은 해군사관학교에 지원했다. 해군 장교가 되는 길은 지도자로서 경험을 쌓고, 새롭고 흥미로운 모험도 하며, 날개를 펴고 세상을 바라볼 수 있는 훌륭한 방법인 듯했다. 낸은 4년간 미국 해군 장교로서 즐겁게 복무했다. 낸은 이 기간 동안 해군 비행기 조종사를 만나 결혼도 했다. 결혼이라는 인생의 중대사를 치른 직후, 낸은 해군 장교를 그만두고 복무 기간 동안 모은 돈으로 경영학 석사 학위MBA를 따기로 결심했다. 낸은 민간 기업에서 일하고 싶었기 때문에 해군 복무 기간을 경영자가 되기 위한 좋은 기회로 생각했다. 하지만 비행하는 일과 군인의 삶에 만족한 남편은 계속 해군에서 복무하기로 했다.

 낸은 MBA를 받은 덕분에 큰 투자은행에 입사했다. 낸은 얼마 지나지 않아 경영자로 승승장구했고, 이전에는 상상도 못 한 연봉을 받았다. 하지만 이런 삶에는 중대한 결함이 있었다. 첫째, 그녀는 일에 시간과 정력을 쏟아 부어야 했기 때문에 회사 밖의 삶을 위해 쓸 시간과 정력이 별로 남아 있지 않았다. 둘째, 낸은 쌍둥이 딸의 엄마지만 회사 일정 때문에 엄마 역할을 많은 부분 유모나 어린이집에 맡겨야 했다. 셋째, 낸의 결혼 생활은 엉망이었다. 가장 큰 이유는 낸이 부부 관계보다 일에 훨씬 많이 노력했기 때문이다. 남편이 집을 오랫동안 떠나 있어야 하는 군인인 탓도 있었다. 마지막으로, 낸은 직장에서 성공 가도를 달리고 금전적인 보상도 많이 받았지만 마음 한편에는 이 일이 만족스럽지 않다는 생각이 있었다. 결국 낸은 이 일이 자신의 열정을 바칠 수 있는 일이 아님을 깨달았다.

이 모든 요소가 낸을 무겁게 짓눌렀지만, 그녀의 삶이 통째로 허물어진 것은 다른 이유 때문이다. 남편이 연장 근무 시간에 들른 기항지(선박이 잠시 머무르는 항구―옮긴이)에서 다른 여자들과 불륜을 저지른 사실을 안 것이다. 남편의 비밀이 드러나자, 낸은 변화를 시도할 때가 왔다고 판단했다. 하지만 '이제 무엇을 해야 하지?' '어떻게 하면 삶을 의미 있게 바꿀 수 있을까?' 하는 고민에 빠졌다. 낸은 이런 의문을 풀고자 전문가의 상담을 받았다. 낸은 상담가 덕분에 자신의 소망을 발견했고, 인생의 다음 장에서 자신이 무엇을 하기 원하는지 명확히 알았다. 낸은 고도의 긴장감 속에서 일해야 하는 직업과 바람둥이 남편을 버리고, 가르치는 일을 하기로 결정했다. 낸은 경영 지식과 리더십 역량을 살려 지방 대학에서 정규직 강사 일을 맡았다.

하지만 이런 변화를 겪는 동안 낸은 감정적으로 지쳤다. 결혼 생활과 잘나가던 직장 생활을 모두 떠나보내는 일은 고통스러웠다. 긍정적인 면이라면 새로 얻은 일자리가 낸에게 잘 맞고, 여름 방학 때 쉬면서 아이들과 함께 시간을 보낼 수 있다는 것 정도였다. 예전에 낸은 회사가 보장하는 높은 보수와 지위를 누리면서 바쁘게 살아가는 방식에 현혹되었다. 그때 낸은 이제 변화를 줄 시점이 되었다는 것을 가슴으로 느꼈지만, 머리로는 많은 것을 투자한 삶을 떠나보내기 어렵다는 계산을 했다.

우리가 잘 알듯이 무엇보다 시간이 약이 되는 법이다. 낸은 그 후 몇 년 동안 가르치는 일에 충분히 익숙해졌다. 낸은 자신이 학생들에게 동기를 부여하고, 나이에 관계없이 모든 학생들에게 도움이 되는 강의를 한다는 사실에 큰 자부심을 느꼈다. 낸은 학생들과 개인적으로 시간을 보내기도 하고, 교내의 여러 행사에서 중요한 역할을 담당하기도 했다. 낸은 이런 생활이 투자은행에서 일하는 것보다 자신의 열정에 가까운 삶이라는 사실을 깨달았다. 낸은 딸들과 더 많은 시간을 보낼 수 있음에 감사했고, 새로운 사람들과 함께하는 일을 즐겼다. 낸의 리더십이 빛을 발하기 시작했고, 결국 그녀는 학과장으로 선출되었다. 낸은 학과장으로서 행정 업무를 훌륭히 수행했고, 대학의 부총장 자리까지 올랐다.

새로운 임무를 맡은 낸은 여러 교육정책을 적극적으로 시행했다. 낸은 최신 정보 통신 기술을 교육과정에 도입하고, 교수진을 위해서 폭넓은 연수 프로그램을 진행하며, 학생들에게는 값싼 컴퓨터를 제공하고, 세계 유수의 여행지를 방문하는 교육 연수 프로그램을 도입하는 등 많은 노력을 기울였다. 낸은 탁월한 리더십으로 두각을 드러냈고 총장에 추대되었다. 총장에 오른 낸은 학생들에게 우호적인 학사 운영으로 호평을 받았다. 그녀는 매주 금요일 오후에 학교 분수대에서 학생들과 격의 없이 대화하고, 학교 식당에서 학생들과 점심 식사를 했으며, 대학의 다양한 사람들을 집으로 초대하기도 했다.

전환을 위한 시간 보내기

총장으로 수년 동안 일하던 낸은 60대 초반에 내·외부적으로 은퇴에 대한 압력을 받았다. 낸이 많은 사랑을 받는 총장이었지만, 재단 이사회는 더 젊은 사람에게 기회를 주고자 낸이 은퇴하기를 권고했다. 재단 이사회는 한 사람이 총장 자리에 10년 이상 머무르는 것을 좋게 여기지 않았는데, 낸은 16년이나 총장직을 맡고 있었다. 낸에게 은퇴는 어떤 면에서 매력적인 일로 보였다. 낸은 성인이 된 딸들과 손자들 집을 더 자주 방문하고, 새로운 사람들을 더 많이 만나고, 새로운 곳으로 더 많이 여행하고 싶었다. 은퇴한 뒤에는 시간이 없어서 하지 못하던 일도 할 수 있다. 이를테면 테니스를 시작하고, 전문 단체에서 임원직을 맡거나, 리더십 강의를 할 수도 있다. 하지만 낸은 잘 짜인 생활에서 벗어나는 것이 두려웠다. 총장 자리에 있으면 권한과 권력을 가지고 중요한 사람들과 빡빡한 회의 일정을 소화할 수 있다. 자유로워지는 만큼 불확실성은 커질 은퇴 후 인생을 생각하며 낸은 자신의 전성기가 지나간 것은 아닌지 의심하지 않을 수 없었다.

낸은 은퇴 후 선택할 수 있는 흥미롭고 새로운 일을 찾는 데 도움을 받고자 다시 직업 상담 전문가를 만나보기로 했다. 예전에 인생의 전환기를 맞았을 때 그 방법이 유용했기 때문이다. 전문가는 낸과 대화를 나누었고, 은퇴를 서서히 받아들이라고 조언했다. 그는 낸에게 할 일로 가득하던 삶을 떠나보낼 마음의 준비를 하라고 일러주었다. 자아 성찰할 시간이 필요하다는 것이었다. 그가 안식년이 필요하다고 한 또 다른 이유는 낸이 다가올 미래에 어떤 선택을 할 수 있을지 생각하고 자신이 어떤 사람이 되고 싶은

지, 무엇을 하고 싶은지 비전을 세우도록 하기 위해서다. 낸은 그의 제안이 마음에 들었고, 새로운 인생을 시작하기에 앞서 1년을 자기 재평가의 시간으로 삼기로 했다. 따라서 낸이 불과 몇 주 만에 돌아와 무엇을 할지 결정했고, 서둘러 그 일을 시작해야 한다고 말했을 때 그는 깜짝 놀랐다.

낸이 조급해한 이유는 딸들의 압박 때문이다. 딸들은 평소와 다르게 결정을 잘 내리지 못하고 불확실한 상황에 놓인 엄마의 모습을 보기가 매우 불편했다. 게다가 당시 낸은 지역사회와 전문직, 그 밖의 다양한 영역에서 일자리를 제안 받았다. 이중에서 어떤 일은 흥미롭게 느껴지기도 했지만, 낸은 성급하게 새로운 일에 뛰어드는 것은 아닌가 하는 두려움이 생겼다. 한편으로는 자신이 원하는 것이 무엇이고 어떤 사람이 되고 싶은지 확실히 알기를 원했고, 다른 한편으로는 현역에서 너무 오래 떠나 있으면 자신의 가치가 떨어질까 염려스러웠다.

상담 전문가는 이런 압력을 견디도록 돕고자 다시 낸에게 조언했다. 그는 낸과 함께 인생의 전환기를 꼼꼼히 살펴보고, 딸들에게 낸이 의미 있는 일을 하는 중이라는 것을 알리라고 일러주었다. 이런 과정은 심리적인 것이기 때문에 드러나지 않는다. 낸은 인생의 전환기를 잘 통과하기 위해서 친구와 동료들로 구성된 지원 그룹을 만들었다. 이들은 낸이 혼란스럽고, 침울하고, 뭔가 정해진 일을 할 수 없을 때 큰 도움이 되었다.

낸은 전환기에 감정의 기복이 심했다. 새롭고 더욱 자유로운 생활을 할 거라는 설렘으로 신났다가도, 자신의 인생에서 전성기는 지나갔고 다시는 특별한 지위에 오르거나 리더로서 각광받지 못할 거란 생각에 우울했다. 낸은 전환기의 불확실성을 극복해가는 와중에 조용한 시골길을 오래도록 걷는 것이 건강에 좋고, 자신의 관심사와 미래를 고민하기에도 좋다는 사실을 발견했다. 낸은 지원 그룹을 활용했다. 낸은 그들에게 어렵지만 자기가 고민해볼 만한 문제를 알려달라고 요청했고, 당면한 문제에 대한 조언도 구했으며, 이야기할 사람이나 탐구해볼 만한 일을 추천해달라고 했다.

인생의 공백기 동안 몇 달간 방황하고 고민하자, 매력적인 비전이 서서히 모습을 드러내기 시작했다. 경영 컨설팅 사무소를 차리는 일도 진지하게 고민해봤지만, 낸은 과거의 삶과 다른 무언가를 하기로 했다. 예술사에 관심이 있는 낸은 근처 예술 아카데미에서 강좌를 듣고, 시립 미술관에서 안내원으로 자원봉사 하며 새로 배운 지식을 활용했다. 낸은 수채화도 시작했는데, 이 일에 천부적인 재능이 있음을 알았다. 건강을 위해 요가를 하고, 테니스 동호회에 가입했다. 낸은 어느새 기막힌 서브와 날카로운 백핸드를 구사한다. 낸은 손자들과 보내는 시간을 즐기지만, 딸들에게 손자를 돌봐주지는 못한다고 분명히 말했다. 낸은 그동안 많은 친구들을 사귀었다. 그들과 여행하고 문화 활동을 즐기며, 사교 모임에도 참석한다.

하지만 낸의 새로운 삶에는 채워지지 않는 두 부분이 있었다. 우선 낸은 자신의 리더십을 다시 활용하고 싶었다. 다양한 조직에서 이사직을 제안해왔고, 시의회 의원으로 나가보라는 제안도 받았다. 낸은 여러 가능성을 살핀 뒤 특별 올림픽(Special Olympics : 1968년 창설된 심신장애자 국제 스포츠 대회로, 4년마다 개최된다—옮긴이)의 지부 대변인이 되어 그 바람을 이뤘다. 그다음 소원은 손자들과 더욱 재미있고 가치 있는 시간을 보내고, 손자들이 낸을 기억할 만한 추억을 남기는 것이었다. 낸은 이를 위해 손자들이 할머니와 여행을 떠날 만큼 자라면 함께 먼 지역으로 여행하기로 마음먹었다.

크고 작은 전환

낸의 이야기는 대다수 사람들이 인생이라는 여정에서 경험하는 변화와 전환에 관한 내용으로 채워졌다. 어떤 사람들은 변화를 즐기고 변화에 끌린다. 어떤 사람들은 어쩔 수 없이 변화를 받아들인다. 어떤 사람들은 변화를 완강하게 거부하고 저항한다. 수동적으로 변화를 피하는 사람들도 있는데, 이들은 나중에 가서는 마치 바람에 흩날리는 나뭇잎과 같이 시간의 흐름 속에서 허우적거린다. 과거를 미화하며 지나간 인생에 목매는 사람도 있고, 앞으로 가능한 일이 무엇인지 진취적인 비전을 세우는 사람도 있다.

낸은 인생의 여정에서 전환기를 여러 번 맞이했다. 젊은 시절에는 변화를 모험으로 생각하여 다이빙대에서 뛰어내리는 사람처럼 무언가를 향해 뛰어들었다. 사관후보생이 되어 훈련을 받고 해군 장교로 임관한 것이 그 적절한 예다. 하지만 누구나 근무 환경 속으로 들어가면 젊은 시절의 자발성은 사라지고, 조직이 부여한 체제에 순응하게 마련이다. 해군 장교가 된 후 낸의 삶의 뼈대가 된 것은 해군 조직이다. 해군을 떠날 때 낸은 전환기를 맞이했지만, 그때는 비교적 쉽게 인생의 전환이 가능했다. 낸이 계획과 비전을 세우고 상당한 준비를 해두었기 때문이다.

　우리가 어디로 향하는지 알 때 과거와 작별하는 일은 별로 어렵지 않다. 비록 확실한 방향성 때문에 불확실함 속에서 생겨나는 모험의 묘미를 즐길 기회는 없어지지만 말이다. 어떤 삶에서 다른 삶으로 성급하게 뛰어들면 인생의 전환기에 찾을 수 있는 마음속의 황금을 발견할 기회를 놓친다. 낸이 그때 더 오래 성찰하고 탐구하는 시간을 보냈다면 자신이 직장 생활과 잘 맞지 않으리란 사실을 일찍 깨달았을지 모른다. 하지만 당시 낸은 나이가 어렸고, '멋진 인생'에 대한 선입관이 강했다.

전환기와 순간적인 죽음

윌리엄 브리지스는 인생 전환에는 두 가지가 있다고 이야기한다. 첫째 유형은 '반응 전환 reaction transition'으로, 직장을 잃거나 사랑하는 사람이 죽는 것과 같이 우리가 통제할 수 없는 변화에 대처하는 과정을 일컫는다. 둘째 유형은 '발달 전환 developmental transition'으로, 과거 자신의 모습이나 일하면서 누린 명성이 사라지는 것을 점차 깨닫는 과정을 의미한다.

　낸이 회사의 중역으로 있을 때, 그녀는 발달 전환을 겪었다. 낸은 당시 일과 돈에 대한 소망은 이뤘지만, 개인적인 삶은 충만하지 못했다. 낸은 나중에라도 무슨 이유 때문이든 직업을 바꿨을 것이다. 하지만 남편의 불륜이 드러나자 상황이 돌변했다. 이때 낸은 발달 전환의 정점에서 반응 전환과도 씨름해야 하는 이중고를 겪었다. 성실한 아내, 헌신적인 엄마, 회사에서 성공한 임원이라는 낸의 정체성에 물음표가 붙었다. 낸은 갑작스레 커다란 삶의 위기에 빠졌다. 낸은 자신이 잃어버린 것들을 슬퍼한 다음 새로운 목적과 정체성을 찾아야 했다. 이때 시간만큼 약이 되는 것도 없다. 하지만 시간이 간다고 인생의 전환기를 잘 극복할 수 있는 것은 아니다. 이를 인식한 낸은 전문가에게 조언을 구했다. 새롭고 더욱 만족스런 직업을 구하는 데, 자존감을 회복하는 데 도움을 얻기 위해서다.

삶에서 중요한 부분을 차지하던 일에 큰 변화가 생기면 그에 대한 반응으로 감정 소모가 심할 수 있다. 갑작스럽고 예기치 못한 변화가 일어나는 경우에는 더욱 그러하다. 비록 이런 과정이 고통스럽지만, 변화의 시기가 오히려 자아를 실현하고 인생을 재창출하는 계기가 될 수도 있다. 그렇게 만들기 위해서 우리는 '상실의 과정loss process'을 기꺼이 받아들여야 한다. 이때 사라진 것이 무엇인지 충분히 이해하고, 그것을 슬퍼할 용기가 필요하다. 이런 인생의 전환기는 마치 순간적인 죽음을 맞이하는 것과 같다. 우리는 그때 영원히 사라진 삶의 어떤 부분을 애도하기 때문이다. 우리는 슬퍼하는 과정을 거쳐야 열린 마음을 가질 수 있고, 미래의 가능성을 살필 수 있으며, 삶의 활기를 찾아 자아실현에 이를 수 있다.

낸은 이 시기를 과거의 자신에 대한 집착을 내려놓고, 불확실성 속에 방황도 해보고, 인생의 다음 장에서 무엇을 할지 결정하는 시간으로 활용했다. 우울한 기간 동안 낸은 자신이 어떤 사람인지 깊이 인식하고, 만족스러운 삶을 위해 무엇이 필요한지 고민하면서 새로운 직업을 계속 탐색했다. 낸은 이 시기를 보내고 몇 년 동안 그 고통스런 시간을 더 나은 인생과 직업을 찾는 계기로 활용했다는 사실에 감사했다. 고통스런 사건을 계기로 만족스럽지 못한 삶을 버리고 더욱 만족스럽게 사는 경우가 왜 그렇게 많을까?

나이 드는 자신을 직시하기

은퇴라는 딱지를 붙인 인생의 큰 사건을 준비할 때, 우리는 종종 반응 전환과 발달 전환의 중압감을 함께 극복해야 한다. 우리는 때때로 자신이 예전의 그 사람이 아니라는 사실, 즉 '노인이 되었다!'는 사실과 대면해야 한다. 어느 날 문득 거울을 보며 '이 흰머리와 주름은 뭐지?'라며 깜짝 놀랄지 모른다.

다른 방식으로 나이를 실감할 수도 있다. 하루 종일 정원에서 일하면 전과 다르게 몸이 결리고 쑤신다. 내가 이 글을 쓰던 시기에 막 61세가 된 아내가 마침 새 여권 사진을 가지고 와서 10년 전 여권 사진과 비교했다. "세상에나, 이것 좀 봐. 내가 할머니가 다 됐네!" 노화는 서서히, 예상 가능하게 진행되는데도 우리는 젊음을 잃고 노인이 되었다는 사실에 직면하면 허탈감에 빠진다. 대다수 사람들이 그렇듯 우리는 적어도 얼마 동안 그 사실을 부정하려고 애쓴다. 하지만 결국 나이 들었다는 사실을 인정하고, 인생의 마지막 장이 시작되었음을 깨닫는다.

그 순간 죽음이 우리가 젊었을 때처럼 추상적인 개념으로 다가오는 것이 아니라 당면한 현실이라는 사실을 알게 된다. 게다가 우리는 지금 불가피하게 은퇴해야 하고, 새로운 삶을 위해 목표를 다시 세워야 한다. 뿐만 아니라 우리는 이전의 직장이나 조직에서 붙여준 직함이 아닌 자신의 새로운 정체성을 발견해야 한다.

낸은 은퇴가 불가피하다는 것을 알았을 때 반응 전환과 발달 전환을 모두 겪어야 했다. 은퇴해야 할 시기가 되었을 때 낸은 대체로 은퇴 준비가 잘되어 있었지만, 의심이 드는 부분도 있었다. 낸은 인생의 새로운 장을 시작할 때가 되었음을 알면서도 자신의 전문직을 버리기 힘들었다. 그런 자리에서 한번 물러나면 복귀하기가 쉽지 않기 때문이다. 마치 다이빙대에서 한번 뛰어내리면 돌이킬 수 없는 것과 같다. 낸은 재단 이사회가 강력히 은퇴를 권고하자 상처를 받았다. 낸은 그때까지 대학을 위해 열심히 일했고, 학생들과 교수진, 지역사회에서 존경받는 인물로 입지를 굳혔다. 하지만 그녀의 인생에도 가을이 찾아왔다. 낸은 여전히 제안할 것이 많고, 하고 싶은 일도 많았다. 새롭게 살고도 싶었다. 낸은 그동안 자신이 이룬 일과 과거 자신의 모습에 만족했지만, 시간의 흐름을 돌이킬 수는 없었다. 낸은 자아를 재창출할 시간을 맞이한 것이다.

지금 당신이 정체되었다고 느낀다면 인생의 작은 전환이 필요한지, 큰 전환이 필요한지 따져보는 일이 중요하다. 현직에 머무르는 동안에는 이런 결정이 어려울 수 있다. 은퇴라 부르는 인생의 큰 변화를 겪을 때는 더욱 어려울 수 있다. 전환의 시기를 판단하기 어려운 것은 사람들이 보통 두 가지 세계를 계속 꾸려가야 하기 때문이다. 첫째는 우리가 꿈꾸고, 느끼고, 인식하며, 배우는 내면의 세계다. 둘째는 우리가 실제로 살아가고, 일하고, 주차하는 외부의 세계다.

자아실현을 위해서는 자신의 재능과 가치관을 파악하고, 마음속 깊이 간직한 관심사를 찾아 진정한 자신을 발견해야 한다. 이런 자기 인식을 가장 잘 활용할 일을 찾는다는 것은 자신에게 어떤 선택이 가능한지 안다는 의미다. 자신에 대해서 이해하고, 앞으로 펼쳐질 일과 인생, 배움과 여가의 기회에 대해 고민할 때 우리는 만족스럽고 의미 있는 자아실현의 여정을 떠날 수 있을 것이다. 이 과정은 낸이 경험했고 우리 모두 경험해야 하는 과정이며, 은퇴 후 의미 있게 살기 위한 도전이다.

인생의 변화와 전환을 위한 준비

어떤 이유 때문이든 변화를 추구하는 사람이 있는 반면, 변화를 싫어하고 회피하는 사람도 있다. 하지만 좋든 싫든 변화는 불가피하다. 예컨대 1억 5000만 년 동안 지구를 다스리던 공룡도 결국 사라졌다. 때로 변화는 갑작스런 사고처럼 순식간에 일어나고, 나이 드는 것과 같이 모르는 사이에 서서히 일어나기도 한다. 느리게 일어나는 변화는 자녀들이 유아에서 독립적인 성인으로 변해가는 것처럼 그 과정을 경이롭게 바라보는 수밖에 없다. 반면 인생에 큰 변화가 갑자기 일어날 때 우리는 상실을 슬퍼하고, 스스로 다독일 시간을 보낸 뒤 새롭게 살아가는 식으로 대처해야 한다.

은퇴는 인생의 큰 변화 중 하나다. 수십 년간 내가 상담한 대다수 고객은 은퇴한 뒤에 생길 자유로움을 잔뜩 기대했다. 반면 많은 사람들은 은퇴를 죽음으로 가는 서막이라 여기고 걱정하면서 인생의 새로운 시기로 진입하는 것을 심란해한다. 그렇게 걱정부터 하기 때문에 사람들은 실제로 은퇴하거나 적어도 은퇴를 준비하는 데 주저한다.

다음 검사를 통해서 인생의 큰 변화를 받아들일 준비가 얼마나 되었는지, 인생의 전환기에 자신은 얼마나 스트레스를 받을지 평가해보자. 평가 문항을 통해서 자신이 변화에 기대하는 유형인지, 당황하는 유형인지 알 수 있을 것이다. 당신이 변화를 싫어하는 편에 서 있는지, 변화를 좋아하는 편에 서 있는지 판단해보자.

당신이 전환에 얼마나 준비가 되었는지 평가하기 :
변화를 기피 vs. 변화를 선호

평가 방법

1. 다음의 각 질문에서 점수 위의 어떤 진술이 당신에게 가장 적합한지 결정하고, 당신에 대한 평가와 일치하는 점수에 동그라미를 쳐라. 예컨대 질문 1에서 당신이 지난 16년 동안 직업이 안정되었다면 15~20이 기입된 점수 5에 동그라미 하라.
2. 10개 문항에 모두 답한 뒤 점수를 합해 마지막의 빈칸에 기록하라.

1. 지금까지 당신은 몇 년 동안 안정된 직장에 머물렀는가?

	>35	30-35	25-30	20-25	15-20	10-15	5-10	2-5	1-2	<1
점수	1	2	3	4	5	6	7	8	9	10

2. 당신과 중요한 관계를 맺는 사람들은 변화를 얼마나 지지하는가?

	전혀 지지하지 않는다				적당히 지지한다			전적으로 지지한다		
점수	1	2	3	4	5	6	7	8	9	10

3. 당신은 인생의 큰 변화를 얼마나 우호적으로 받아들이는가?

	싫어한다	그리 좋아하지 않는다			대처할 수 있다			문제없다		좋아한다
점수	1	2	3	4	5	6	7	8	9	10

4. 당신은 자신의 미래에 얼마나 낙관적인가?

	매우 비관적				어느 정도 낙관적			매우 낙관적		
점수	1	2	3	4	5	6	7	8	9	10

5. 당신은 자신의 과거 삶에서 변화를 어떻게 기억하는가?

	끔찍하다		매우 나쁘다		괜찮다			유쾌하다		즐겁다
점수	1	2	3	4	5	6	7	8	9	10

6. 인생에서 변화를 맞이할 때 당신은 선택권이 많은 편인가?

	전혀 없다		거의 없다		약간 있다			상당히 많다		아주 많다
점수	1	2	3	4	5	6	7	8	9	10

7. 직업 정체성이나 조직 내 지위와 관련된 당신의 자부심과 자존감은 어느 정도인가?

점수	전부다		상당하다		어느 정도 있다			거의 없다	전혀 없다	
	1	2	3	4	5	6	7	8	9	10

8. 당신은 다가올 변화가 삶에 어느 정도 영향을 미치리라고 생각하는가?

점수	완전한 변화				적당한 변화			최소한의 변화		
	1	2	3	4	5	6	7	8	9	10

9. 당신은 새로운 삶의 모든 면(재정적인 부분은 물론 생활 방식까지)을 준비하기 위해 얼마나 생각하고, 탐구하고, 계획하는가? 혹은 거기에 몰두할 예정인가?

점수	전혀 없다	거의 없다		약간 있다		많다		대단히 많다		
	1	2	3	4	5	6	7	8	9	10

10. 당신은 자신의 미래를 어느 정도 통제할 수 있다고 생각하는가?

점수	전혀 없다	거의 없다		약간 있다		많다		대단히 많다		
	1	2	3	4	5	6	7	8	9	10

10개 항목의 총점 : _____

결과 평가하기

총점이 75~100점이라면   당신은 삶의 전환에 따른 스트레스를 효과적으로 다루고 있다. 삶에서 어떤 상황 변화에 직면해도 받아들이고 활용할 준비가 되었으며, 심리적으로 안정되고 주위 사람들에게 지원받을 수 있는 것으로 여겨진다.

총점이 50~75점이라면   당신은 삶에서 직면하는 어떤 상황 변화에도 심리적으로 적절히 대처할 준비가 되었고, 지지도 받을 수 있는 것으로 보인다. 하지만 좀더 노력해야 할 부분이 몇 가지 있다. 이는 삶의 전환에 따른 스트레스에 더욱 잘 대처하고, 큰 상황 변화에 직면했을 때 성공적인 결과를 얻기 위해서다. '삶의 전환과 연관된 스트레스에 대처하기 위한 가이드라인'을 살펴보면 당신이 해야 할 일에 대한 단서를 찾을 수 있을 것이다.

총점이 50점 이하라면   당신은 삶의 전환과 관련된 스트레스 때문에 감정적으로 어려운 시기를 보내고 있다. 삶의 전환기를 잘 다루는 기술을 향상하기 위해 다음의 가이드라인을 살펴보라.

| 삶의 전환과 연관된 스트레스에 대처하기 위한 가이드라인 |

- **인생에 장章이라는 개념을 활용하라**   인생을 책의 연속되는 장으로 생각하라. 지나간 장은 당신의 개인사를 보여주며, 앞으로 나올 장은 공백으로 그 위에 당신의 이야기가 기록될 것이다. 당신은 수동적인 관찰자보다 창조적인 저자가 되기를 원할 것이다. 그렇다면 하루하루 삶에 더욱 열정을 쏟고, 책에 새로운 이야기를 기록하라. 당신이 앞으로 기록할 인생의 다

음 장이 5년이라고 생각해보라. 인생의 다음 장을 깊이 있는 자기 인식, 노련한 경험, 넓어진 혁신적 사고, 전보다 깊어진 인식을 가지고 시작하라. 이때 당신의 인생 이야기는 완벽하게 쓸 수도 없고, 완벽하게 써나갈 필요도 없다. 하루하루 인생 이야기가 펼쳐질 때 당신은 그 이야기를 편집하고 수정할 수 있다. 여기에서 당신은 미래를 어떤 고정된 모습으로 가두지 않고, 깊이 있는 자기 인식을 토대로 흥미로운 미래의 모습을 상상해보고 싶을 것이다.

- **인생의 다음 장을 위한 매력적인 비전을 세워라** 비전은 에너지가 생기게 만드는 힘이 있다. 강력한 비전이 있으면 몸에 기운이 솟을 뿐만 아니라, 자신의 잠재력을 온전히 실현할 수 있는 항해 지도를 얻는다. 당신의 미래를 재창출해야 할 때 일관성 있는 비전이 없으면 최고의 결과를 얻을 가능성이 줄어든다. 더 나쁜 경우 당신에게 힘을 실어주는 비전이 없으면 과거의 기억과 미래에 대한 걱정에 갇혀 꼼짝 못할 수도 있다. 세계은행에서 일하는 사람들은 복도에 걸어 다니는 허깨비가 있다고 말한다. 허깨비란 수년 전 세계은행에서 은퇴했지만, 과거에서 벗어나지 못하고 좋던 시절을 회상하려고 아무나 붙잡고 이야기하려는 사람들을 일컫는 말이다. 이 책의 3장은 비전을 세우는 것에 관한 내용으로, 당신이 기운을 북돋우는 미래를 그리도록 도울 것이다.

- **적극적으로 운동하라** 건강과 활력을 찾는 데 운동만큼 좋은 약은 없다. 특히 인생의 전환기에 뒤따르는 스트레스나 걱정을 다루는 데 운동이 좋다. 운동으로 인해 분비된 엔도르핀

은 초콜릿 한 박스를 먹을 때나 술에 취해서 기분이 좋을 때 분비되는 엔도르핀보다 훨씬 오래 지속되고 건강에도 유익하다. 문제는 우리가 스트레스를 받고 불안할 때는 운동화의 끈을 매거나 러닝 머신에서 뛰기보다 초콜릿이나 술에 손을 뻗을 가능성이 훨씬 크다는 것이다. 전환기의 무기력감을 극복하는 가장 좋은 약은 규칙적인 운동이다. 어떤 운동을 할지 결정하고, 그 운동을 위한 계획을 세워라. 그리고 비가 오든, 화창하든, 따분하든 그 운동을 하라. 당신이 운동을 하고 있다면 스트레스 받고 불안한 시기에 운동 시간을 엄격히 지켜라. 운동에 익숙하지 않다면 바로 지금이 체육관에 등록하고 규칙적인 운동을 위해 지도받을 때다. 이틀에 한 번 30분간 활기차게 걷는 것처럼 단순한 신체 활동이 삶에 활기를 주고, 스트레스를 줄이는 방법이 될 수 있다.

- **자신을 위한 응원군을 만들어라** 과묵한 사람들은 독립적인 경향이 있다. 어려운 일이 생기면 그 어려움에 가속이 붙는다. '강한' 사람, 세상 물정 모르는 사람, 샌님, 겁쟁이는 물론 상류층의 세련된 사람들도 이 사실을 기억할 필요가 있다. 스트레스 받는 시기에 혼자 있는 것은 정말 멍청한 짓이다. 우리는 스트레스나 걱정 속에서 살아갈 때 이성은 감정에 압도되고, 비판적인 사고를 하지 못하고 충동적으로 변하기 때문이다. 백지장도 맞들면 낫다는 말이 있다. 우리가 인생의 큰 변화에 스트레스 받고 이성적인 사고를 하기 힘들 때는 더욱 이 말이 맞다. 자아실현을 위해 새로운 자유와 기회를 충분히 활용하는 데 관심이 있다면 자신만의 응원군을 만들어라.

○ **해보기**

> **자신만의 응원군을 만들기 위한 제안**
> 이런 응원군에는 누가 들어가야 할까? 먼저 당신의 이야기를 경청하고 사려 깊게 피드백 해줄 수 있는 사람이 들어가야 한다. 아무리 좋은 의도가 있다 해도 조언자는 멀리하라. 조언자의 조언은 당신의 특별한 상황에 실질적인 도움이 되기보다 조언자 본인에게 잘 맞는 내용이다. 뿐만 아니라 선의로 조언한 것을 당신이 받아들이지 않으면 그들은 실망할 것이다. 응원군을 이끌어갈 만한 사람을 정하고, 반드시 그 사람과 정기적으로 대화하라. 사람이 없으면 당신 스스로 좋은 코치가 돼라. 최선의 결과를 얻기 위해서 응원군에 적어도 서너 사람을 확보하라. 그러면 폭넓은 시각을 얻고, 어느 한 사람에게 과도한 부담을 지우는 일을 피할 수 있다. 협조적인 배우자나 파트너도 도움이 될 수 있다. 하지만 앞으로 당신이 하는 일과 변하는 모습이 배우자나 파트너의 삶에도 큰 영향을 미친다는 것을 염두에 두라. 이런 이유 때문에 모든 파트너들이 인생의 큰 변화에 대한 당신의 생각에 항상 즐거워하거나 협조적이지는 않을 것이다. 배우자가 당신의 변화를 긍정적으로 생각하고 협조적이라도 자신을 위한 응원군에 현명하고 지혜로운 다른 사람들을 포함하는 것이 좋다. 자신을 위한 응원군에 재정 설계사나 은퇴 후에도 유쾌하게 살아가는 두세 사람, 창의적인 아이디어가 있는 사람, 상담 전문가나 개인 코치, 유머가 있는 사람(유머는 창의적인 생각을 하고 스트레스를 일으키는 중압감에서 벗어나야 할 때 특히 유익하다)이 포함되면 금상첨화다.

- **스스로 회복할 시간을 가져라** 내 고객들은 종종 새 일자리 구하기나 새로운 사람 사귀기 혹은 새로운 지역으로 이사하기 등 가장 먼저 눈앞에 닥친 일을 빨리 해치워야 한다는 압박감을 받는다고 고백한다. 그들은 어쩌면 이번이 가장 좋은 기회는 아닐까 혹은 이번이 마지막 기회가 아닐까 하는 두려움으로 곧장 이번 기회에 뛰어드는 것이 낫다고 느낀다. 가장 먼저 눈에 띄는 일을 할 때 생기는 문제는 이번이 가장 좋은 기회가 아닐 수도 있다는 사실이다. 그래서 나는 고객들에게

자신이 무엇을 원하는지 알기 위해 자신만의 성공 기준을 정하라고 권유한다. 어떤 일이 자신을 행복하게 만드는지 모르면서 자아실현을 하기 어렵다. 이 부분은 뒤에서 자세히 다룰 것이므로 지금은 은퇴 이후 생기는 자유를 충분히 활용하려면 자기 인식과 다양한 선택이 필요하다는 것만 기억하라. 깊이 있는 자기 인식을 하고 다양한 선택의 가능성을 탐색하는 회복의 시간을 보내면 자기실현의 가능성은 50 이하에서 50 이상 100으로 향한다.

- **당신의 선택 능력을 활용하라** 적절한 선택을 하면 자율적이라 느끼고 자신감을 얻는다. 인생의 전환기에 사람들은 대부분 불확실성의 시기를 반드시 통과해야 한다. 불확실성의 시기에는 결정을 내리기 어렵고, 뒤에서 논의할 여러 가지 이유 때문에 어리석어지기도 한다. 그렇다면 어떤 생활 방식이 끝나고 다른 생활 방식이 시작되는 공백기 동안 당신의 선택 능력을 유지할 수 있는 방법은 무엇인가? 우선 얼마간 자아성찰과 여러 가지 가능성을 탐구해보기 전에는 인생에서 중요한 선택을 내리지 말아야 한다. 사소한 수백 가지 일은 선택하고 결정해도 된다. 그런 일은 '오늘 내가 최우선으로 해야 할 일은 무엇인가' '1일 계획에 들어가야 할 일은 무엇인가'처럼 사소한 것들이다. 예컨대 자동차의 타이어가 문제라면 언제 타이어를 교환할지 결정하고 그대로 하라. 코네티컷에 사는 여동생에게 전화해야 할 시간이라면 그렇게 하라. 손녀딸과 하루를 보내는 일이 즐거울 것 같다면 그렇게 하라. 그러면 정말 즐거울지 어떨지 알 수 있다. 매일 벌어지는 상황 가운데 결정

해야 할 것이 수천 가지다. 수도세를 내는 것과 같이 반드시 해야 할 일이 있고, 숲 속을 산책하는 일과 같이 즐거움을 위한 일이 있으며, 관심 있는 기관에서 일하거나 자원봉사 할 가능성을 확인하고 살피는 것과 같이 유익한 일이 있다. 삶의 사소한 일을 분명히 처리하면 심리적으로 동요하는 불안한 시기 동안 최소한 삶의 어떤 부분을 당신이 관리·통제할 수 있다는 느낌이 생긴다. 그와 같은 통제력을 행사하는 것으로 당신은 표류하고 있으며 무능력하다는 느낌을 덜 것이다.

- **배우자나 파트너가 있다면 함께 계획하라** 인생의 중요한 선택을 할 때 사랑하는 사람을 함께 고려하기보다 자신만의 삶을 계획하는 것이 쉬울 수 있다. 지금 당신이 인생에 영향을 미치는 어떤 선택을 한다면, 그 선택은 분명 당신의 미래를 결정한다. 당신의 선택은 좋든 싫든 배우자나 파트너에게도 영향을 미친다. 이 때문에 어떤 선택을 할 때는 배우자나 파트너와 함께 그 일에 대해 조사하고, 생각하고, 탐구하고 결정해야 한다. 나는 배우자나 파트너가 함께 삶을 설계해야 하는 이유를 내 부모님, 특히 아버지를 통해서 절실히 느꼈다. 아버지는 인생의 변화를 어머니와 함께 계획하지 못했다. 아버지는 예전에 사업을 해서 성공했다. 문제는 아버지가 일 때문에 너무 바빠서 여가를 즐기거나 가족과 함께할 시간이 거의 없었다는 것이다. 아버지는 일주일에 7일, 하루 24시간 내내 일만 하며 보냈다. 전업주부인 어머니는 과부처럼 살아야 했다. 60대 중반이 된 아버지는 회사를 매각했다. 어머니는 이제야 꿈꿔온 일들을 함께할 수 있으리라 생각했다. 어머니는 아버지와 함

께 여행하고, 친지를 방문하고, 가끔 영화를 보고, 집에서 평온한 시간을 보내고 싶었지만, 그 소망은 실현되지 못했다. 아버지는 어머니와 의논도 하지 않고 전문가 단체에 가입하고, 삼촌의 회사에서 파트타임으로 일하기로 결정했다. 아버지는 은퇴를 계획하는 데 어머니를 고려하지 않았다. 결과는 뻔했다. 어머니는 권리를 박탈당했다고 느꼈으며 화가 났다. 배우자나 파트너와 행복하기를 원한다면 함께 계획하라. 이때 당신과 사랑하는 사람의 가치, 소망, 목표를 모두 고려하는 것을 잊지 마라.

- **삶의 전환 과정을 이해하라** 인생의 큰 변화에 따른 상태에 적응할 때 심리적으로 어떨지 알면 도움이 된다. 많은 고객들이 앞에서 소개한 전환 로드맵이 인생의 큰 변화에 심리적으로 적응하는 데 유용한 참고 자료가 되었다고 말했다. 당신도 전환기의 혼란에 따른 불안에 대처해야 할 때 참고 자료로 이용하고자 그 페이지에 책갈피를 꽂아두려 할 것이다. '인생의 회복 과정' 그림(54쪽)에서 한끝에서 시작해 전환기를 지나 새로운 시작으로 향하던 화살표의 움직임을 기억하라. 당신은 이제 의심과 불안에 떠는 날을 지나, 새로운 자유와 가능성에 대한 생각으로 생기가 넘치는 시간을 보낼 것이다. 전환기에 의심이 들고 불안한 것은 정상적이다. 이 모든 것이 내려놓고 회복하고 재창출하는 전환 과정의 일부다.

변화와 전환
그리고 천국

50세 이후는 삶에 변화와 전환이 많은 시기다. 자녀가 있든 없든 결혼을 했든 안 했든 인생의 변화를 피할 수 있는 사람은 거의 없고, 이때 우리는 전환에 적응해야 한다. 우리는 사랑하는 사람을 떠나보내고, 부모님이나 사랑하는 사람의 죽음을 겪고, 건강에 심각한 문제가 생기고, 직장을 잃기도 하고, 천재天災나 인재人災 혹은 기술혁명 같은 패러다임의 전환 등 인생의 모든 풍파를 겪는다.

부모님은 연세가 들면서 더욱 의존적으로 변한다. 부모님이 영원히 우리와 함께할 수 없다는 현실을 받아들여야 한다. 부모님이 돌아가시면 우리가 가족 중 고령자가 된다. 나이 들어 언제 세상을 떠날지 알 수 없는 상황이 되는 것이다. 말이 난 김에 덧붙이면 나는 죽음보다 세상을 떠난다는 말을 좋아한다. 세상을 떠난다는 말은 또 다른 영역으로 전환하는 것을 의미한다. 대조적으로 '죽음death'은 끝이며 최후라는 의미로 느껴진다. 두 단어는 물리적으로 차이가 없지만 심리적으로는 큰 차이가 있다. 내가 유형의 실체로 존재하는 데는 분명 끝이 있다. 하지만 나는 이곳의 존재 너머에 또 다른 차원이 있다고 생각한다. '냉철한' 과학자들은 이런 주장을 받아들이지 않지만, 대다수 종교는 사후 세계와 영적인 존재를 이야기한다. 냉철한 과학자들조차 어떤 어려움을 겪은 뒤에는 현미경이나 허블 천체망원경으로도 관측할 수 없는 것들을 받아들인다.

우리를 나약하게 만드는 죽음과 '마지막'에 대한 두려움으로 방해받지 않는 인생관을 확립하기 위해 삶에 끝이 있다는 사실을 인정해야 한다. 이와 관련해 나는 소중한 친구 페이스 클락 Faith Clark 박사를 떠올린다. 페이스는 생기가 넘치는 여성이며, 롤모델이자 영적 지도자다. 페이스는 동맥 혈관 벽이 확장되는 마르판증후군을 앓았다. 하루는 내게 이 사실을 이야기하며 병 때문에 어느 날 어느 시간이 자신의 마지막이 될지 모른다고 했다. 그래서 페이스는 순간순간 최선을 다해 살았다. 이 사실을 내게 알리고 얼마 지나지 않아 페이스는 세상을 떠났다. 인생의 마지막 날 페이스는 세미나에서 강의를 했다. 페이스는 짧은 생애를 사고의 폭을 넓히는 방법, 전뇌 학습을 하는 방법에 대해 연구하며 사람들에게 도움을 주었다. 페이스는 자신의 연구에 큰 관심을 기울인 기업가들을 상대로 한 세미나를 마치고 바로 세상을 떠났다. 페이스는 세상을 떠나기 전에 자신이 떠나리란 사실을 남편에게 알렸다.

심리학 박사이고 개인적 친분이 있는 페이스의 남편은 그녀가 갑자기 떠난 뒤 며칠 동안 나와 함께 보냈다. 페이스가 세상을 떠난 날 늦은 저녁, 그가 침대 모서리에 앉아 사랑하는 사람 없이 살아가기를 원치 않는다며 슬퍼하는데 이상한 일이 일어났다고 한다. 뒤에서 누가 세게 걷어차는 바람에 그는 침대에서 흔들렸다. 깜짝 놀란 그는 누가 자신을 걷어찼는지 확인하려 했지만, 그곳에는 아무도 없었다. 그때 그는 그것이 아내의 사랑스런 발 차기라고 확신했다. 페이스는 그가 엉덩이를 털고 일어나 잘 살아가라고 말해주고 싶었을 것이다. 그는 고통스러웠지만 살아가기로 결심했다. '발 차기'로 인해 아내의 사랑이 자신과 함께할 것임을 깨달았고, 페이스가 그랬던 것처럼 기쁘게 살아갈 수 있었다.

　자녀들이 성인이 되고 우리가 세상을 떠나기까지 경험해야 할 다른 변화와 전환도 많다. 이때 내적인 변화와 외적인 변화가 같이 일어난다. 우리는 외적으로 성인이 된 후 줄곧 삶의 중심이 된 직장 생활을 그만두는 변화를 겪는다. 은퇴하면 어쩔 수 없이 다양한 사안을 검토하고, 변하는 현실을 직시해야 한다. 어떤 사람들은 조직 생활에서 벗어나는 것을 매우 고통스럽게 생각하는 반면, 어떤 사람들은 그것에 큰 기대를 품는다.

　62세인 나의 고객은 세계은행에서 오랫동안 일하다가 은퇴의 압력을 받고 퇴직했다. 그에게 은퇴한 뒤의 삶에서 돈은 큰 문제가 아니었다. 연금으로 넉넉하게 살아갈 수 있었기 때문이다. 직장 생활이 끝난 지금 그에게 가장 큰 문제는 '이제 무엇을 할 것인가' 하는 점이다. 은퇴라는 외적인 변화가 내적인 변화로 이어진다. 정체성이 바뀌고 오랫동안 익숙하게 지내온 일상이 바뀐다. 세계은행에서 일하는 동안 그는 경제학자였다. 하지만 그곳을 떠난 다음 자신이 어떤 사람일지, 무엇을 할지 몰랐다. 그는 스스로 전혀 다른 인생을 만들어가야 했지만, 그렇게 하기도 전에 인생의 큰 전환에 따르는 감정적인 문제에 직면했다. 일에 헌신적인 사람들, 너무 바빠서 은퇴를 준비하지 못한 채 살아온 사람들에게 은퇴를 받아들이는 일은 아주 큰 스트레스다.

변하는 자신 :
바뀌는 정체성

50세 이후 직면하는 인생의 큰 전환 중에서 회사를 그만두고 어떻게 살 것인가 하는 문제보다 훨씬 복잡한 문제가 있다. 우리는 사회화 과정과 문화적 기대에 따라 배어든 사고방식으로 장년기를 보냈다. 즉 그런 사고방식에 깊이 종속되었고, 그런 고정관념에 따라 성 역할을 수용했다. 예컨대 내 세대의 남자들에게 '남자답게' 군다는 것은 존 웨인John Wayne처럼 행동하는 것이었다. '남자는 울지 않는다'는 말에서 알 수 있는 것처럼 강인함을 가치 있게 여기고, 과묵하고 점잖게 자신의 일을 행하며, 여자의 뜻에 관계없이 '숙녀'를 도와야 했다. 반면에 여자들은 예쁘고 섹시하고 헌신적이고 복종적이며, 나긋나긋하고 상냥하고 친절하고 자애롭기를 요구받았다. 내 세대의 여자들은 시트콤 '비버Beaver는 해결사'(1957년 미국에서 인기를 얻은 TV 시리즈—옮긴이)에서 바바라 빌링슬리Barbara Billingsley가 연기한 준 클리버와 같은 모습을 보여야 했다.

   우리가 수용한 이런 성 역할은 자의식과 정체성의 일부가 되고, 심지어 사람들이 관계를 맺는 데도 암묵적인 토대가 된다. 결혼 생활에는 더 큰 영향을 미친다. 그런데 50세가 넘으면서 남자는 여성적으로, 여자는 남성적으로 변한다. 이런 변화를 우리는 각자 어떻게 받아들일까? 또 자신의 정체성 변화를 어떻게 수용해야 하며, 사랑하는 사람이 이전과 다른 사람으로 변해가는 것에 어떻게 대처해야 할까? 이런 변화에 적응하지 못하면 대가를 치를 것이다. 이 경우 한 사람이 상대방의 자아를 위해 성장과 발전을 포기하거나, 변화에 적응하지 못하는 폐쇄적인 관계를 떠나야 할지도 모른다. 그런데도 50세가 넘은 대다수 사람들은 변화에 필사적으로 저항하며, 고정된 생활 방식을 바꾸지 않으려고 무익한 노력을 한다.

노년기에 관한 희소식

좋든 싫든, 저항하든 받아들이든 변화는 일어난다. 그러기에 우리는 변화를 염려하거나 회피하지 말고, 나이 드는 것(나이 들지만 '늙을' 필요는 없다)에 대한 창의적인 사고와 포용적인 시각을 받아들여야 한다. 나이 듦에는 부정적인 부분이 있지만 긍정적인 부분도 있다. 주름살 제거 수술이나 복부 지방 흡입 수술은 잊어라. 당신의 겉모습이 예전과 같지 않다는 사실을 인정하라. 성형수술을 많이 하면 당신의 모습은 팽팽히 당긴 오자미처럼 보인다. 이제는 얼굴과 몸에 담긴 연륜을 아름답게 봐야 할 시간이 아닐까?

우리는 왜 오래된 와인은 귀하게 여기면서 와인을 마시는 사람이 나이 드는 것은 업신여길까? 우아하게 나이 듦을 받아들이는 더 나은 방법은 나이 들어서 자연히 쇠퇴하는 것을 받아들이는 한편, 나이 들어서 할 수 있는 것이 무엇인지 마음속으로 그려보는 일이다. 다음은 노년기의 성장 잠재력과 노년기에 잃는 것을 비교하여 표로 정리한 것이다.

| 노년기의 성장 잠재력과 노년기에 잃는 것 |

노년기의 성장 잠재력	노년기에 잃는 것
영성	젊은 모습
창의성	정력
자아실현	가족과 친구들의 죽음에 따른 상실감
초월적인 사랑	지구력
배움에 대한 열의	순진함
지혜	자녀와 자신의 의존 관계
성실	청년기와 장년기의 가치관
자비	일에 따른 관계
후진 양성 욕구 (다음 세대를 위한 투자)	끝없이 펼쳐질 미래에 대한 기대
심미안	젊은 날의 포부와 꿈
감사하는 마음	직업적인 야망
유머	직업에 맞춰 만들어진 생활
용서할 수 있는 넓은 마음	우리는 불사신이라는 믿음
창조에 대한 경이감	인생이 영원할 거라는 어렴풋한 생각

당신이 결혼했든 독신이든 이혼했든 사별했든 노년기에 성장할 수 있는 잠재적 기회 가운데 하나는 솔메이트가 되거나, 사랑하는 사람의 곁에 머무르며 격려해주는 것이다. 우리는 자의식의 확장을 경험하고, 배우자나 파트너, 가족, 친구, 길동무까지 응원해주는 사람으로 성장할 수 있다. 우리가 정신적으로 성장하고 잠재력을 온전히 발휘할 가능성이 최고로 높은 시기는 50세 이후다. 그러기 위해서는 한정적인 이전의 기대와 역할을 떨쳐버려야 한다.

이와 관련하여 새롭고 더욱 만족스런 진로를 찾도록 내가 도움을 준 여성 고객이 떠오른다. 당시 그녀는 40대 후반이었고, 임원의 비서로 아주 성공적인 직장 생활을 하고 있었다. 하지만 그녀는 항상 일에서 더 많은 것을 이루고 싶다고 생각했다. 카운슬링 과정을 통해 그녀가 대학을 졸업하고 관리직으로 일하기를 바란다는 사실이 드러났다. 문제는 최근 공군 장교에서 퇴직한 남편이 그녀와 전혀 다른 생각을 한다는 것이었다. 남편은 그녀가 직장을 그만두고 가족과 여행에 모든 시간을 쓰기 바랐다. 하루는 그녀가 일에 대한 자신의 바람과 남편의 압력에 혼란스러워하며 내 사무실로 왔다. 나는 그녀에게 자신의 소망을 따랐을 경우와 남편의 희망에 따랐을 경우 몇 년 뒤 어떻게 될지 상상해보라고 조언했다. 일을 선택하는 것이 자신이 성장하는 길임은 분명하지만, 그녀는 남편을 잃고 싶지 않았다. 나는 그녀에게 남편의 희망에 따르면 결과가 어떨지, 그 선택이 그녀와 남편에게 어떤 의미일지, 그들의 관계에 어떤 의미일지 물었다. 그녀는 그 길을 택하면 자신이 신경질적이고 후회 속에 사는 여자가 될 것이고, 그들의 관계에도 좋지 않을 것임을 깨달았다.

그녀는 자신의 바람을 따르기로 선택했다. 수년 뒤 그녀가 내 사무실이 들러 자신이 대학을 졸업했으며, 현재 의료보험 관련 회사에서 매니저로 일하고 있다고 알려주었다. 그녀는 삶과 직장의 변화에 즐거워했고 자신에게 만족했으며, 직장에서도 좋은 성과를 내고 있었다. 나는 그녀에게 남편은 이 모든 일에 어떻게 반응하는지 물었다. "남편은 저를 매우 자랑스럽게 여기고 가장 큰 지원자가 되었어요."

상상력과 인생 후반부

"나는 사교댄스를 가르칠 작업실을 장만할 계획이고, 올림픽에 참가할 댄스 팀을 훈련하기 원한다."

— 회사의 행정직에서 조기 은퇴한 54세 여성

"나는 은퇴 후 조종사 자격증을 따고 경비행기를 샀다. 나는 지금 의료 용품을 오지로 운반하고, 의사가 필요한 사람들을 병원으로 이송하는 부시 파일럿(bush pilot : 캐나다 북부나 알래스카 촐림 지대를 비행하는 비행사—옮긴이)이다."

— 은퇴한 62세 임원

"나는 결코 은퇴할 마음이 없다. 내 분야에서 나는 경험 많은 전문가다. 나는 이제 어떤 회사를 위해서 하루 종일 일하지 않을 뿐이다."

— 재정 고문에서 최근 은퇴한 60세가 넘은 남성

비전과
활동의 장

이 글을 쓰는 지금, 아내와 나는 캘리포니아 남부에 사는 딸의 집에 방문했다가 웨스트버지니아주의 포토맥강 주변에 있는 집으로 돌아오는 비행기를 타고 있다. 딸아이의 가족은 1년 내내 태양과 온기를 누리고자 (우리의 허락 없이) 캘리포니아 남부로 이사했다. 딸의 가족을 방문하는 동안 우리는 캘러웨이 와인 양조장을 견학했다. 1960년대 벌링턴Burlington사의 CEO 캘러웨이 역시 그곳을 방문했다고 했다. 그때 그에게는 비전이 생겼다. 그는 은퇴했으리라 예상되는 나이에 포도 농장의 주인으로 그곳에 있는 자신의 모습을 그렸다. 캘러웨이가 방문했을 때 그 지역은 관목이 우거진 모래언덕에 지나지 않았다. 하지만 캘러웨이는 이 황량한 지역에서 가능성을 보았다. 수년이 지나 그곳은 포도 덩굴이 우거진 그림 같은 풍경, 포도 알알이 맛있는 와인이 되는 포도 농장으로 바뀌었다.

우리 가운데 캘러웨이처럼 자금력을 갖춘 사람은 별로 없다. 당신은 그만한 돈이 있다면 나도 포도 농장을 매입하거나, 부자들만 할 수 있는 일을 충동적으로 벌였을 거라고 생각할지도 모른다. 허황된 꿈이라고 묵살하기 전에 생각해보라. 부는 정말로 어디에 머무를까? 부는 과연 지갑 속에 있을까, 상속이나 행운 때문에 생길까? 부가 꿈을 이루는 핵심 요소라면, 엄청난 재산을 물려받았지만 그에 걸맞을 정도로 행복하지 않은 사람들의 이야기는 어떻게 설명할까? 대조적으로 굉장한 아이디어 외에는 아무것도 없던 사람들이 그 아이디어로 성공적인 벤처 사업을 하는 것은 어떻게 설명할까? 새롭고 흥미로운 삶을 만들어내는 아이디어는 부자들에게만 있는 것이 아니다. 예컨대 커널 샌더스Colonel Sanders는 무일푼으로 시작했지만, 맛있는 치킨 요리로 벤처 회사를 차리겠다는 멋진 아이디어가 있었다. 그의 벤처 회사는 나중에 세계적인 켄터키프라이드치킨KFC이 되었다.

우리 안에는 아이디어와 비전을 뿜어내는 상상력이라는 거대한 샘이 존재한다. 캘러웨이에게 두둑한 돈주머니만 있고 상상력이 없었다면 그는 다른 방식으로 가난해졌을지 모른다. 상상력에는 힘이 있다. 당신은 상상력을 토대로 미래에 관한 비전을 세울 수 있다. 이는 '이상적인 실버타운' 마케팅 담당자가 선전하는 틀에 박힌 라이프스타일을 선택하는 것보다 훨씬 창의적인 일이다. 하루 종일 일하던 생활 방식에서 벗어나는 일은 어느 때보다 확실히 자아를 실현하고, 90세까지 젊은 마음을 유지할 수 있는 삶을 위한 최고의 기회가 될 것이다.

당신은 70세나 80세 혹은 90세에 무엇을 하고, 어떤 사람이 되기를 원하는가? 당신은 미래를 될 대로 되라는 식으로 놔두거나, 나이 듦에 대한 구닥다리 고정관념을 따르거나, 실버타운을 선전하는 광고주의 약속을 믿는 편이 낫다고 생각하는가? 아니면 당신의 재능과 관심을 펼치고자 지금 행동하는 편이 낫다고 생각하는가? 오늘의 선택이 앞으로 당신이 어떤 사람이 될지, 내일 당신이 어떤 일을 하고 있을지 결정한다. 선택하지 않는 것은 당신의 미래를 우연에 맡기기로 하는 것과 마찬가지다. 또 당신의 가능성을 실현하지 못하는 선택을 하는 것은 그저 그렇게 살기로 선택하는 것과 마찬가지다.

'가장 많은 장난감을 가진 채 죽은 사람이 승자다'라고 쓰인 범퍼 스티커(자동차 범퍼에 붙인 광고 스티커—옮긴이)가 있다. 익살스럽지만 그 말은 진실이 아니다. 대신 나는 이렇게 제안한다. '즐거움 속에서 자아실현을 한 채 죽은 사람이 승자다.' 앞의 것보다 위트가 부족하지만, 뒤의 것이 훨씬 현실적이고 건전하다. 50세 이후의 삶에서 어떤 가치를 선택할지는 당신에게 달렸다.

실현된 비전과 실현되지 않은 비전

제이는 예전에 미 해군 고위급 장교로서 군함을 통솔했다. 나와 그가 모두 50세가 되던 해에 우리는 창의적 문제 해결을 위한 워크숍에서 만났다. 내게 인상적인 것은 그의 창의성과 해군을 떠나 그가 무엇을 했는가, 어떤 사람이 되었는가 하는 점이다. 그는 노년의 삶에 다양한 비전이 있었다. 그중 하나는 음악적 열망을 실현하는 것이고, 다른 하나는 아이들이 클래식에 관심을 기울이도록 만드는 것이었다. 제이는 워크숍에 첼로를 가져와서 별이 총총한 산 정상의 오두막집 테라스에서 연주했다. 은퇴 후 본격적으로 시작했다는데 그의 연주는 훌륭했다. 제이는 워싱턴의 케네디센터에서 어린이 오케스트라를 지도하며 다른 이들과 음악적 재능을 나누는 비전을 세웠다고 말했다.

제이는 이런 활동을 하며 힘을 얻는 것이 분명하다. 반짝이는 눈동자, 힘찬 발걸음, 활기차게 이야기하는 것을 보면 알 수 있다. 제이를 보면 그가 자신이 누구이며, 어떤 삶을 원하는지 안다는 것을 느낄 수 있다. 제이는 음악에 대한 열정으로 해군 장교의 삶과 전혀 다른 생활 방식을 찾았다. 나는 제이에게 그토록 창의적이고 음악을 좋아하며 개성이 넘치는 사람이 어떻게 해군으로서 그토록 성공적으로 복무할 수 있었는지 물었다. 이런 재능은 보통 군대 문화에서 높이 평가받지 못하기 때문이다. 제이는 어색하게 미소 지으며 군인으로 일하는 동안 창의적인 성향을 숨겼지만, 은퇴와 동시에 자신의 본성을 발휘하고 있다고 말했다.

당신도 자신이 품고 있던 잠재력과 관심을 표출할 때가 왔다고 생각하는가? 어쩌면 마음 한구석에 너무 오래 묵혀두어 당신이 그 사실을 잊어버렸을 수도 있다. 당신은 아직 자신의 잠재력과 관심을 제대로 깨닫지 못했을 수도 있다. 이제 자아를 억누르던 모든 것에서 벗어나 은퇴 후 어떤 생활을 할지 탐색해보면 어떨까?

내 오랜 친구 테리는 제이와 달리 꿈을 이루지 못했다. 해병대 장교로 퇴역한 뒤 무엇을 할지 살피던 테리는 고등학교 생활지도 교사가 되는 데 관심을 보였다. 테리는 카리스마 있는 리더로서 부하들을 통솔하는 재능이 뛰어났다. 테리는 부하들이 전에는 한 번도 경험해보지 못한 훈련을 소화할 수 있도록 이끌었다. 테리는 부하들을 신뢰하고 사랑했으며, 부하들은 테리를 위해서 뭐든지 했다. 그는 따뜻한 리더십으로 다른 사람들을 존중하고, 그들과 관계를 맺는 뛰어난 능력 덕분에 목숨을 건졌다. 베트남에서 야전 사령관으로 근무하는 동안 그의 부대는 격렬한 전투를 치렀고, 테리는 심각한 부상으로 들판에 쓰러졌다. 테리가 위험한 상황에 처한 것을 보고 한 대원이 망설임 없이 그의 몸 위에 엎드렸다. 그 대원이 테리 대신 총을 맞았고, 테리는 살 수 있었다.

미국으로 돌아와 몇 달 회복기를 보낸 테리는 청소년을 위해 자신의 재능을 사용하겠다고 생각했다. 하지만 그는 안타깝게도 비전을 실현하지 못했다. 그는 자신이 너무 늙어 생활지도 교사로 새로운 일을 시작하는 데 필요한 석사 학위를 따지 못할 것이라고 생각했다. 테리는 많은 시간을 겨울잠에 빠진 사람처럼 보냈고, 때로 집과 가족에게 필요한 가구를 만드는 게 전부였다.

집과 가족에게 필요한 가구를 만드는 일이 잘못됐다는 말이 아니다. 테리는 솜씨가 좋은 사람이다. 문제는 이것이 부차적인 관심사였다는 점이다. 내가 만난 사람 중에는 목공 일이 최우선적인 열정의 대상이고, 이런 꿈을 좇아 성공한 경우도 있다. 테리에게는 전에 경험해보지 못한 일을 해내도록 다른 사람들을 이끄는 재능이 있다. 이런 일을 할 때 테리는 물 만난 물고기 같았다. 그가 잘하는 다른 일도 많지만, 다른 일을 할 때 그는 마치 낮은 기어를 넣고 달리는 고성능 자동차 같았다.

테리는 카리스마 넘치는 리더십으로 생활지도 교사가 되고자 하는 꿈을 이루지 못했다. 돌이켜보면 테리가 특별한 재능을 계발할 수 있도록 내가 더욱 단호한 태도를 취해야 했다. 차라리 테리가 그 일을 시도하고 실패하는 모습을 보는 편이 최선을 다하지 않는 모습을 보는 것보다 나았을 것이다. 이제 내가 할 수 있는 일은 테리가 자신의 잠재력을 실현하지 못하게 막는 잘못된 생각에서 빠져나왔기를 바라는 것밖에 없다.

두려움, 근거 없는 추측, 사회·문화적으로 뒤떨어진 고정관념이 노년의 꿈과 비전을 빼앗아갈 수 있다. 이런 것들은 의식적으로나 무의식적으로 많은 사람에게 감염되어 그들의 특별한 재능이 꽃피우지 못하게 만드는 나쁜 세균과 같다. 하지만 이런 나쁜 세균에는 처방전조차 필요 없는 해독제가 있다. 수시로 당신의 소망이 실현되는 상상을 하는 것이다. 상상하기가 쉽지 않다면 다른 사람들과 당신의 꿈에 관해 이야기하라. 이때 독창적인 생각을 불편해하거나 창의적이기를 꺼리지 않는 사람과 이야기를 나눠야 한다는 사실만 기억하라.

50세 이후의 궁극적 질문

- 내가 이곳에 있는 이유는?
- 내게 시간이 얼마나 남았는가?
- 현재 나의 삶에 얼마나 만족하는가? 나이가 더 들어서는 얼마나 만족할까?
- 다음은 무엇인가?

- 이생 뒤에는 무엇이 있는가?
- 내가 이 세상을 떠났을 때 사랑하는 사람들은 어떨까?
- 내 삶을 더욱 의미 있게 만드는 방법은 무엇일까?

이런 질문을 곰곰이 생각해본 적이 있는가? 그렇다면 50세 이후의 인생에 접어든 것을 환영한다. 50세 이후가 되면 위와 같은 걱정들이 생긴다. 이런 질문을 하며 고민한 적이 한 번도 없다면 당신은 아직 인생의 후반기에 접어들지 않았거나, 인생의 후반기가 되었지만 최소한 지금까지는 이런 걱정을 피하는 것이리라. 어쩌면 당신에게 인생의 새로운 단계가 시작되었음을 깨닫게 해준 것이 내면의 대화가 아니라 시각적 이미지일지도 모른다. 예컨대 당신은 어느 날 거울에 비친 나이 든 사람을 보고 소스라치게 놀란 적이 있는가? 거울에 비친 자신의 모습을 발견한 당신은 이제 예전의 얼굴도, 예전의 자신도 사라졌음을 깨달았을 것이다. 나이 듦을 완고하게 부정하던 사람도 어느 시점에는 죽음이 추상적인 관념이 아니라 자신이 처한 현실임을 깨닫는다. 서서히 깨닫건 급작스레 깨닫건 우리는 조만간 죽음을 피할 수 없다는 것을 깨닫고, 자신에게 남은 귀중한 시간에 무엇을 할지 생각한다.

죽음과 삶의 질이라는 골치 아픈 문제를 어떻게 하면 효과적으로 다룰 수 있을까? 우리는 그런 문제가 너무 추상적이라거나 대면하기 두렵다는 이유로 머리에서 지워버리고, 대신 상점을 헤집고 다니거나 맥주잔을 들고 스포츠 중계를 시청하지 않는가? 아니면 주름살 제거 수술을 받거나 출생증명서의 날짜를 수정하는가? 나이 드는 현실과 삶의 끝을 마음에서 지워버리기 위한 노력이 효과가 있기는 하지만, 그것은 일시적일 뿐이다. 우리는 현실을 부정하거나 회피하는 대신 정직한 자기 성찰을 통해 의미 있고 새로운 미래를 창조할 가능성이 훨씬 크다.

노년기에는 인생의 의미라는 문제를 붙들고 씨름할 이유가 충분하다. 첫째, 우리는 나이 드는 것을 결코 돌이키지 못하며 늦출 수도 없기 때문이다. 흘러간 강물을 돌이킬 수 없는 것처럼 노화는 가차 없이 진행되는데, 나이가 들면 거기에 속도가 붙는 것처럼 느껴진다. 둘째, 그렇게 하는 것이 옳기 때문이다. 나는 자신의 인생관을 기꺼이 성찰하고 개인적인 소망을 명확히 하는 사람들이 삶의 활기를 회복하는 모습을 지켜보았다. 나는 이런 '골치 아픈' 질문에 답을 찾아내야 활력을 되찾을 수 있다고 믿는다. 우리에게 남은 날이 유한하며, 하루 24시간이 지나면 그 남은 날이 줄어든다는 사실을 인정하는 것은 우리의 관심을 현재로 향하고 자아실현에 매진하도록 만든다.

우리에게 남은 시간이 계속해서 줄어드는 소모품이라는 사실을 직시하기가 괴로울 수 있다. 하지만 마음을 열고 냉정한 현실에 직면하면 당신은 삶에서 가진 것과 할 수 있는 것들에 더욱 감사할 것이다. 감사하며 살기 위한 열쇠는 지금 이 순간을 인식하고, 현재 누리는 경험에 의식적으로 감사하는 것이다. 이런 가정을 확증해준 사람이 말기 암 환자들과 상담하는 내 지인이다. 심리학자인 그의 말에 따르면 다수의 말기 암 환자들은 암을 선물로 생각한다고 한다. 암으로 인해 남아 있는 모든 순간에 감사하게 되었기 때문이다. 이들도 암 선고를 받기 전에는 우리와 같이 일상적인 것들에 대한 걱정에 사로잡혀 현재를 제대로 살아가지 못했다.

나는 마음챙김mindfulness에서 정신적인 위안을 찾을 수 있음을 깨달았다. 이런 생각은 많은 영적 지도자들의 가르침과도 일맥상통하는데, 그분들은 우리에게 조용한 명상과 의식적 성찰이 평화로운 일심(一心 : 불교 용어로 우주의 근본 자리 혹은 우주심宇宙心이라고도 하며, 만물을 일으키는 근본 마음을 일컫는다—옮긴이)에 이르는 핵심적 요소라고 말한다. 이와 반대로 죽음에 대한 두려움을 회피하기 위해 젊음을 되찾으려 하거나, 원치 않는 감정에 무뎌지려는 노력은 전혀 무익했다. 헛된 노력은 나이 듦과 죽음에 대한 두려움을 넘어서기보다 오히려 두려움을 가중한다. 억압된 두려움이 마음을 납덩이처럼 짓누르는 결과를 가져오는 것이다. 우리를 억압하던 것은 없어지지 않고 무의식으로 밀려날 뿐이다. 그리고 무의식에서 바람직하지 않은 부작용을 일으킬 수 있다. 이런 면에서 억압된 두려움은 마음대로 요동치는 근심의 형태로 우리에게 돌아오는 듯하다. 회피하는 태도는 눈 가리고 아웅 하는 것인 반면, 자신을 성찰하는 행위는 진정한 삶의 회복을 약속한다.

자신만의 특별한 열정 발견하기

마음의 능력은 대단해서 우리가 누구인지, 어떤 잠재력이 있는지, 무엇에 열정을 느끼는지 알려준다. 열정을 바탕으로 미래의 낙관적 비전을 세우는 사람은 근심하고 걱정할 틈이 없다. 이런 면에서 자아실현은 우리의 궁극적인 목적이 될 수 있다. 1장에서 언급한 것처럼 내가 말하는 자아실현이란 우리의 모든 능력을 실현하고, 가장 뛰어난 재능을 의미 있게 사용하고자 하는 본능을 뜻한다.

논의를 더 진행하기에 앞서 내가 '열정passion'이라는 단어를 어떤 의미로 사용하는지 규정할 필요가 있다. 내가 말하는 열정은 10대의 치기나 종교적 광기가 아니라 애거사 크리스티가 깜짝 놀랄 미스터리를 쓰고, 게리 라슨이 유쾌한 만화 '파 사이드The Far Side'를 그리고, 디지 길레스피가 누구와도 다른 트럼펫을 연주하게 만든 열정이다. 그것은 월트 디즈니가 디즈니사를 설립하고, 자크 쿠스토가 심해를 탐험하고, 스티브 잡스가 애플의 매킨토시를 만들고, 클라라 바턴이 미국 적십자사를 창설하도록 활력을 불어넣은 비전이다. 그것은 당신과 내 안에 존재하며, 대다수 사람들을 적당히 만족스러운 상태를 넘어 훨씬 더 매력적이고 활기차게 만드는 잠재력이다.

하지만 대다수 사람들은 자신의 열정이 무엇인지, 어떻게 열정을 추구할지 찾아내기가 쉽지 않다. 많은 사람들이 젊은 시절에는 생계유지를 위해서, 먹고살고 남보다 앞서기 위해서, 가족을 부양하기 위해서 순간순간 선택했다. 이런 일들도 그 자체로 중요한 목표이고 의무지만, 우리가 자아실현과 열정을 온전히 추구할 때 나오는 번뜩임을 주지는 못한다.

세계적으로 유명한 스위스의 정신의학자 카를 융의 이론에 따르면 50세 이전에 자신의 열정을 찾기란 힘들다. 열정은 부분적으로 무의식적인 '자아self' 속 깊이 감춰져 있기 때문이다. 인간의 발달 과정상 인생의 전반기에 온전한 자아를 인식하기는 어렵다. 우리는 50세 무렵에야 비로소 내면의 자아를 더욱 분명하게 인식하고, 특별한 자신을 발견하기 위해서 어떤 변화라도 수용하겠다는 의지를 보인다. 융이 '개체화 individuation'라 이름 붙인 이런 과정은 인생의 후반기에 매우 중요해진다.

자신만의 특별한 열정을 발견하는 것은 특히 중년기와 노년기에 우리가 충분히 도전해볼 만한 목표다. 50세가 넘어 피상적인 삶과 그 이상을 추구하는 사람에게 자아실현은 정말 중요한 목표가 될 것이다.

경로 의존성에서 벗어나기

최근 어떤 워크숍에서 한 경제학자가 인간의 제도는 변하기 어렵다는 것을 경제학 전문 용어로 '경로 의존성 pathway dependency'이라 한다고 말하는 것을 들었다. 나는 그 말이 우리가 성장해온 편안한 방식을 포기하고 습관과 인습을 뛰어넘는 생각과 행동을 하기가 얼마나 어려운지 잘 표현한다고 생각한다. 우리는 대부분 각자의 관례와 강제적인 외부 자극의 틀 안에서 살아가야 한다는 압력을 받는다. 은퇴는 이런 틀에서 벗어날 멋진 기회다. 우리는 정해진 틀에서 벗어나 상상력의 힘을 활용해 일과 여가, 배움, 인간관계, 전반적인 인생 등 모든 면에서 새로운 삶을 개척할 수 있다.

당신은 상상력이 부족하다고 생각할 수 있다. 50세 이후에도 몸의 기능이 정상이라면, 당신은 창조적인 상상력을 발휘할 수 있는 토대를 갖춘 셈이다. 희소식은 당신의 상상력이 반쯤 잠든 상태였다 해도 다시 깨어날 수 있다는 것이다. 상상력을 깨우기 위해 뇌에는 약간의 운동이 필요하다. 당신은 상상력으로 새로운 삶의 방향을 설정하고, 날마다 더욱 열정적으로 살 수 있기에 이런 노력은 가치가 있다. 미래에 대한 창조적인 아이디어를 내는 데 도움이 될 만한 몇 가지 운동이 있다. 각각의 질문에 독창적인 답을 할 수 있는지 확인해보라. 답이 말이 되는지 안 되는지 신경 쓰지 말고 그냥 즐기면서(유머는 창조성에 도움이 된다) 당신의 상상력을 자극해보라.

- 고래가 말할 수 있다면 어떤 언어로 대화할까? 영어라면 어떤 억양이나 사투리를 쓸까? 고래의 소리가 바다 표면과 50패덤(fathom : 주로 바다의 깊이를 재는 단위—옮긴이)에서 어떻게 들릴까? 암컷과 수컷의 소리는 어떻게 다를까? 수컷이 암컷에게 할 수 있는 최고의 찬사와 암컷이 수컷에게 할 수 있는 최고의 찬사는 무엇일까? (예컨대 고래는 웨일스 억양을 쓸 것이고[고래 whale와 웨일스Wales의 소리가 비슷한 데서 나온 말장난—옮긴이], 최고의 찬사는 아마도 "고래 몸통이시네요"일 것이다.)
- 풍선에 바람을 넣는 9가지 특별한 방법은? (예컨대 자동차의 배기통에 풍선 주둥이 대기, 풍선을 베이킹 소다로 채우고 식초 넣기.)
- 먹는 것 외에 올리브로 할 수 있는 15가지는 무엇일까? (예컨대 눈사람의 눈을 만들기, 갈아서 악취 제거제로 사용하기.)

- 개에게 꼬리가 있는 12가지 이유를 생각해보라. (예컨대 당신을 좋아한다고 흔들기 위해, 볼일을 보겠다고 표시하기 위해, 지루해졌을 때 꼬리잡기 놀이를 하기 위해.)
- 당신이 1980년대의 한 시점으로 돌아가서 18세 아이들과 이야기할 수 있다면, 당신은 어떤 지식을 주어 그들이 앞으로 살아갈 세상에서 최대한 활용할 수 있도록 할까? (예컨대 중국어를 배워라, 컴퓨터 회사를 세워라.)
- 당신이 21세로 돌아간다면 앞으로 더 잘 살기 위해 조언해주고 싶은 5가지는 무엇인가? (예컨대 갈등 해결 트레이닝을 받고 감정을 효과적으로 표현하고 다루는 방법을 배워라, 창의적으로 생각하고 예상치 못한 몇몇 사소한 위험과 예상한 큰 위험을 수용하라.)
- 30세에 5000만 달러짜리 복권에 당첨됐다면 당신은 삶의 질을 향상하기 위해 어떤 7가지 일을 했을까? 그랬다면 삶의 어떤 면에서 지금과 달라졌을까? 당신이 복권에 당첨됐다면 오늘날 당신의 삶은 더욱 나아졌을까, 나빠졌을까, 똑같을까?
- 시간, 돈, 건강, 재산에 아무런 제약이 없다면 세상을 떠나기 전에 가장 하고 싶은 6가지 일은 무엇인가?
- 당신이 100세에도 매우 건강하다면 어떻게 보이고, 무엇을 하고 있을까? (예컨대 100세가 넘은 사람들의 지혜를 사회에 보태기, 100년 동안 관찰한 인간사의 변화를 기록하기, 손자·증손자들과 당구 치기.)

상상력으로
삶 재창출하기

거액의 복권에 당첨되는 것과 갑자기 매우 창조적인 사람으로 변하는 것 가운데 하나를 선택할 수 있다면, 당신은 어느 쪽을 선택할까? 사치스럽게 즐기는 삶을 바란다면 전자를 선택할 것이고, 자아실현을 더 큰 기쁨으로 생각한다면 후자를 선택할 것이다. 자아실현을 선택한 사람들에게 희소식이 있다. 창의성은 우리가 노력해서 얻기보다 자신에게 있는 능력이라는 사실이다. 물론 태어날 때부터 창의성이 뛰어난 사람도 있고, 자신의 창의성을 온전히 개발하는 기회를 잡은 사람도 있다.

창의적인 사람을 생각하면 누가 떠오르는가? 예술가, 마케팅 담당자, 소설가, 비디오게임 개발자 같은 사람들인가? 당신은 그런 사람들을 떠올리겠지만, 창의적으로 살기 위해 예술가가 될 필요는 없다. 예를 들어 내 여동생 캐럴은 예술가는 아니지만 매우 창의적으로 살아간다.

캐럴은 회사의 중역인 남편이 맡은 일에 따라 이곳저곳으로 옮겨 다녀야 했다. 그럴 때면 캐럴은 빠르게 새로운 사람들을 사귀었고, 즐거우면서도 보람되고 사회에 유익한 일을 찾아냈다. 하지만 캐럴은 자신이 창의적인 사람이라고 말하지 않는다. 대신 자신을 유연하고, 임기응변에 능하며, 긍정적이고, 어느 정도 자유로운 사람이라 생각한다. 이런 것들이 창의성의 중요한 특징이다. 내 생각에 캐럴은 유리한 환경을 연거푸 떠나야 하는 상황에서도 자신을 재창출할 줄 아는 사람이다. 캐럴은 인생의 여러 변화에 창의적으로 대응했다. 창의적으로 살아가는 면에서 캐럴의 자원은 우리와 별반 다르지 않았다. 내가 캐럴에게 배운 몇 가지 교훈은 당신에게도 도움이 될 것이다.

- 긍정적으로 지내라. 미래의 모습은 당신이 기대한 대로 나타난다.
- 당신이 하는 일에서 웃음과 즐거움을 위한 시간을 내라.
- 가족과 친구, 집을 사랑하고 좋은 책을 많이 읽어라.
- 좋은 친구는 어디에나 있다. 다만 그들과 만나야 한다.
- 당신이 어떤 사람이고, 어떤 사람이 아닌지 한정 짓지 마라. 유연하고, 스스럼없고, 호기심이 많고, 잘 웃고, 열정적이면 당신은 흥미로운 사람일 확률이 높다.
- 힘든 일이 생길 때면 충분히 생각하고, 의견을 구하고, 지혜로운 사람들의 도움을 받고, 매우 신중한 결정을 내리고, 최선의 결과가 나올 거라고(당시에는 무엇이 최선인지 모르는 경우라도) 믿어라.
- 강한 신념을 가져라. 하지만 인생이 생각한 대로 펼쳐지지 않을 때도 신을 탓하지 마라. 우리는 보고, 배우고, 성장하기 위해 존재한다.
- 지금 직업이나 하는 일에서 즐거움을 찾을 수 없다면, 그 일을 그만두고 무언가 더욱 의미 있는 일을 찾아라.
- 완벽하다는 것은 언제나 비현실적일뿐더러, 당신의 시간과 열정을 가장 효율적으로 활용하는 방법도 아니다. 때로는 적당한 것이 좋을 수 있다.

- 관심 있는 일에 뛰어드는 큰 프로젝트를 벌이는 데 두려워하지 마라. 당신은 그 상황에 맞는 능력을 갖출 것이고, 주변에는 당신을 도와줄 사람이 늘 있는 법이다.

우리는 자신의 삶을 개척할 수 있는 엄청난 잠재력을 갖춘, 그리하여 다른 사람의 삶까지 바꿀 수 있는 창의적인 존재다. 이는 우리가 다양한 방식으로 사람들을 대하고 그들에게 반응할 때 가능하다. 재미 삼아 오늘 하루 당신의 창의력을 쓰겠다고 결심해보자. 당신은 오늘 사람들을 어떻게 대할까? 하루 동안 사람들에게 어떤 행동을 하면 좋을까? 내일, 모레, 글피도 시험 삼아 흥미로운 행동을 떠올려보라. 이런 행위로 당신은 자신을 재창출하고, 그 과정에서 기쁨을 누릴 수 있다.

이와 마찬가지로 '경로 의존성'에 갇혀 있지 말고 인생의 다음 장에 펼쳐질 흥미로운 일도 상상해보자. 창의적으로 상상력을 발휘하는 것은 멋진 일이다. 실행해보지 않고도 흥미로운 아이디어를 탐색할 수 있기 때문이다. 상상력의 진가는 그뿐만 아니다. 우리는 상상력을 통해 앞으로 자신이 무엇을 추구하고 싶은지, 그 일이 얼마나 만족스러울지 평가해볼 수 있다. 이렇게 하는 것이 무턱대고 새로운 일에 뛰어드는 것보다 효율적이다. 인생의 다음 단계를 위한 아이디어 목록을 만들면 당신은 그중에서 무척 끌리는 일을 발견하고 그 일에 뛰어들 수도 있다. 당신은 앞으로 신나는 세상을 즐기며 살 수 있다. 하지만 그 세상은 당신의 창의적인 생각 속에 있다는 것을 잊지 말자.

다음 장에서는 자신에 대한 여러 가지 평가를 수행해볼 것이다. 이 과정은 자아실현을 위한 여정의 다음 단계다. 우리는 이 과정을 통해 인생의 새로운 계절에 어울리는 테마를 정하고 비전을 세우는 데 도움을 받을 것이다. 뿐만 아니라 당신은 테마별 평가 항목을 통해서 특별한 아이디어를 얻을 것이며, 이는 미래의 다양한 가능성을 생각해보는 데 도움을 줄 것이다. 인생의 새로운 계절은 당신이 상상하는 만큼 흥미로울 것이다. 당신의 상상력은 새로운 인생을 재창출하는 가장 소중한 원동력이다. 상상력을 최대한 활용할 때 자신의 시간과 재산, 건강과 재능, 그 밖의 자원을 온전히 활용하는 새로운 인생을 누릴 것이다.

인생 주제 분석
새로운 인생을 위한 테마 발굴하기

"내 인생의 주제 분석 결과를 보고 그동안 내가 직업적으로 지나치게 안전을 추구했다는 사실을 깨달았다. 이제는 분명히 알겠다. 나는 '새로운 일 탐험가' 유형이고, 앞으로는 위험을 감수하고 사업가적 기질을 더욱 발휘하기 바란다."

— 분석 결과의 의미를 고민하는 50세 전문직 남성

"인생 주제 분석은 미래에 관한 내 생각을 바꿨다. 나는 은퇴 후 컨설턴트로서 회사에 복귀할 계획이었다. 하지만 지금이 새롭고 흥미로운 시간제 일을 찾고, 즐길 수 있는 취미 생활을 하면서 더욱 균형 잡힌 삶을 유지해야 할 때임을 알았다."

— 인생 주제 분석 결과 은퇴 계획을 수정한 62세 남성

"인생 주제 분석 덕분에 우리 부부가 계속 함께하려면 은퇴에 관한 의견을 나누고 조율해야 함을 분명히 알았다."

— '은퇴 계획하기' 워크숍에서 평가를 받은 부부

새로운 인생을 위한 핵심 주제 발굴하기

앞 장에서는 창의적인 사고를 통해 미래를 재창출할 것을 강조했다. 이제 자신의 필요와 관심사에 맞는 미래를 설계하도록 돕는 평가를 수행해보자.

새로운 인생을 재창조하는 데 도움이 되는 4단계가 있다.

- 1단계. 바라는 미래를 그려보기 인생의 새로운 여정은 자기 인식에서 시작된다. 자기 인식이란 어떤 일이 당신을 기운 나게 하는지, 당신의 꿈은 무엇인지 그려보는 것이다.
- 2단계. 머릿속 그림을 글로 표현하기 말로 표현할 수 없는 일을 이루기란 어려운 법이다.
- 3단계. 열정이 무엇인지 아는 즉시 당신의 열정을 선언하기 내가 무엇을 할지, 어떤 사람이 될지 알고 말할 수 있다.
- 4단계. 원하는 삶과 바라는 모습이 되기 위해 인생 계획이나 인생 지도 만들기 일과 인생 전체에 대해 전략을 세우고, 창의적으로 생각하며, 계획을 세우는 과정에서 자기 인생 지도의 윤곽이 드러날 것이다. 인생 지도는 철저한 분석이나 구체적인 계획을 세울 때보다 창의적인 비전을 세우는 과정에서 직관적으로 발견할 가능성이 크다.

4단계는 9장에서 더 자세히 설명할 것이다. 이 장에서는 인생 재창출 과정의 1~3단계를 다루는 데 도움이 되는 인생 주제 분석 평가를 해보자. 인생 재창출의 3단계 과정은 다음 장부터 상세하게 다룰 것이다.

| 인생 주제 분석* : 인생의 다음 장을 위한 주제 찾기 |

평가 방법

20가지 평가 항목을 읽고 다음의 평가 척도를 이용하여 당신 삶의 단계를 가장 잘 나타낸다고 생각하는 곳에 표시하라.

평가 척도

전혀 다르다		어느 정도 다르다		부분적으로 같다		많이 같다		완전히 같다
0 1	2	3	4	5	6	7	8	9 10

다음의 예시처럼 당신이 선택한 20가지 항목의 평가 점수를 빈칸에 기입하라.

인생의 다음 장에서 당신의 계획은 무엇인가?

1. 나는 계속 일하고 싶지만, 직업을 바꾸거나 개인 사업을 시작하려고 궁리 중이다.

2. 나는 정규직 직장에서 일하며 수년 동안 제대로 돈을 벌고자 한다.

A	B	C	D
	8		
1			

---

* 이 평가 방법은 저작권을 보호받는 것으로, 데이비드 보차드의 서면 동의 없이는 어떤 방식으로도 복제하거나 사용할 수 없다.

20가지 항목에 대한 답을 마치면 4가지 항목(A, B, C, D) 각각의 점수를 합하라.

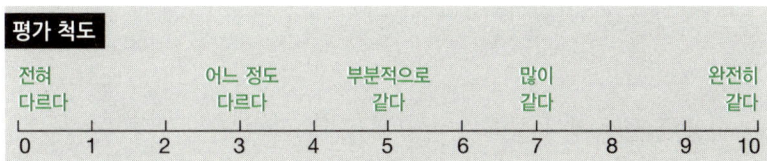

인생의 다음 장에서 당신의 계획은 무엇인가?

1. 나는 계속 일하고 싶지만, 직업을 바꾸거나 개인 사업을 시작하려고 궁리 중이다.

2. 나는 정규직 직장에서 일하며 수년 동안 제대로 돈을 벌고자 한다.

3. 나는 스트레스가 없고, 편안하고, 여가로 가득한 삶을 즐기기 위해 곧 일을 그만둘 것 같다.

4. 나는 은퇴 후 자유로운 라이프스타일을 준비하고, 새로운 일에 도전할 생각이다.

5. 은퇴 전에 직장에서 이루고자 하는 일이 여전히 많다.

인생의 다음 장에서 당신의 계획은 무엇인가?

6. 나는 인생의 이번 단계에서 일과 관련하여 새로운 모험을 즐길 것이다.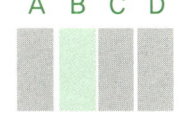

7. 나는 빨리 은퇴해서 여가 활동을 즐기며 더욱 자유롭게 살고 싶다.

8. 나는 모험을 즐기는 사람으로, 생각의 폭을 넓히는 새로운 도전을 할 준비가 되어 있다.

평가 척도										
전혀 다르다			어느 정도 다르다		부분적으로 같다		많이 같다			완전히 같다
0	1	2	3	4	5	6	7	8	9	10

A B C D

9. 직장과 업무에서 성과가 앞으로도 내 삶의 가장 큰 동기부여가 될 것이다.

10. 나는 내 일을 즐기지 않고, 더욱 힘든 직장 혹은 업무 환경으로 옮겨가기도 원치 않는다.

11. 나는 일에 좌지우지되는 삶에 지쳤고, 편안한 은퇴 생활에 안착할 준비가 되어 있다.

12. 나는 은퇴하고 미개척 분야로 관심을 확대하며, 열정을 추구할 계획이다.

13. 어떤 일에도 전념할 필요가 없고, 자유 시간이 충분하다는 것은 내게 매력적이다.

14. 나의 직무 능력은 지금이 최고이고, 앞으로도 수년 동안 일을 계속할 것이다.

15. 나는 새로운 영역을 탐험하고, 바라던 여가 활동을 할 수 있는 자유를 얻고 싶다.

인생의 다음 장에서 당신의 계획은 무엇인가?

A B C D

16. 나는 내 재능과 관심에 더욱 적합한 근무 환경으로 옮기기를 원한다.

17. 돈이 문제가 되지 않았다면 나는 여가를 즐기기 위해 오래전에 일을 그만뒀을 것이다.

18. 나는 일을 그만두고 인생의 새로운 모험에 참여하고 싶은 충동이 강하다.

19. 나는 일하고 돈 벌기를 즐기며, 일이 중심이 되지 않는 삶은 상상할 수 없다.

20. 더욱 만족스러운 직업을 찾거나 일을 시작하지 못하면 후회할 게 분명하다.

A, B, C, D항목의 총점 _____

▎**당신의 분석 결과를 그래프로 만들기**

그림 4-1에서 A, B, C, D와 일치하는 축에 각 항목의 총점을 표시하라. 점수를 표시한 다음 당신의 선호도를 시각적으로 확인하기 위해 표시한 점수를 서로 연결하라. 당신 인생의 다음 장에 어떤 주제가 가장 유망할지 통찰력을 얻으려면 가장 높은 점수와 가장 낮은 점수가 표시된 사분면에 주목하라.

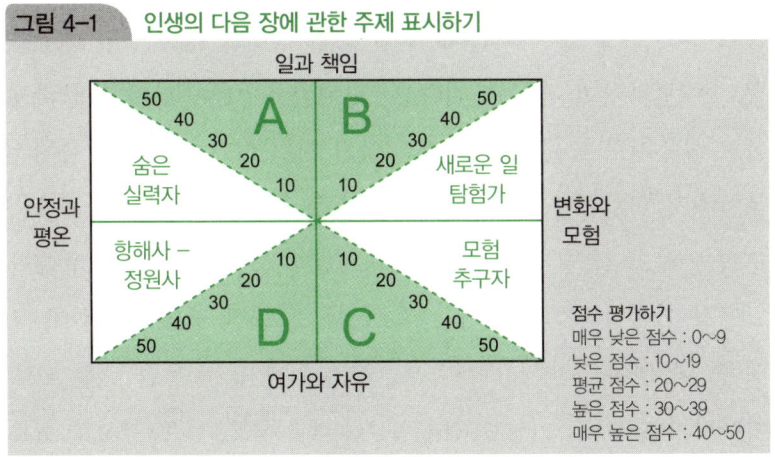

그림 4-1　인생의 다음 장에 관한 주제 표시하기

당신이 선택한 라이프스타일을 시각화하기

인생 주제 분석은 은퇴를 계획하는 사람이 반드시 고려해야 하는 네 가지 기본적인 문제를 시각적으로 보여준다. 이런 문제 중 하나가 앞으로 (시간이 있다면) 일에 얼마나 투자할지, 여가 생활을 위해 얼마나 할애할지에 관한 문제다. 하지만 그보다 덜 확실한 문제도 있다. 우리는 어느 시대보다 오래, 건강하게, 활동적으로 살고 싶어하기 때문에 안정적이고 예측 가능한 삶을 원하는지, 변하고 모험하는 삶을 원하는지 결정해야 한다. 그림 4-2에서 볼 수 있듯이 이런 특징은 사분면의 양 끝에 위치한다. 바꿔 말하면 우리는 이런 특징을 바탕으로 노년기의 삶을 크게 네 가지로 분류할 수 있다. 네 가지 모델은 각각 중요시하는 생활 방식에 걸맞은 이름이다.

이 모델이 동적인 과정을 보여준다는 사실에 주목하라. 시간이 지나면서 동기가 바뀌기 때문에 선호하는 생활 방식도 달라지게 마련이다. 예를 들어 지난 수십 년 동안 정력을 다해 일만 해왔다면, 당신은 이제 휴식을 취하고 '항해사-정원사'로서 편안하게 살고 싶을지도 모른다. 하지만 얼마간 이런 시간을 누린 다음에는 불안해지기 시작할 테고, 당신의 마음을 붙들 만한 일이나 새로운 모험을 하고 싶어질 것이다. 그런 고민을 하다가 문득 근처 대학교에서 인류학 강의를 들을 수도 있다. 은퇴한 경제학자인 내 고객 중 한 명이 그런 사례다. 인류학 강의를 듣는 동안 그는 고대 아나사지(Anasazi : 기원후 100년경부터 미국 애리조나, 뉴멕시코, 콜로라도, 유타 접경 지역에서 발달한 인디언 문화—옮긴이) 유적 탐사에 해당 분야의 유명 교수와 함께 참여할 기회가 생겼다. 이 활동이 그 교수와 공동 연구하는 계기가 되었고, 다음에는 함께 논문도 썼다. 그는 논문에서 자신의 경제학 전문 지식을 활용, 한때 위대한 사회를 건설한 아나사지 문명의 사회·정치·인구학적 분석에 살을 붙였다. 그는 논문 집필을 계기로 연구에 박차를 가했고, 대학에서 강의도 맡았다.

이 이야기는 실화로, 인생의 진로가 다양하게 바뀔 수 있음을 잘 보여준다. 그는 처음에 '숨은 실력자'의 생활 방식을, 그다음에는 여가를 즐기는 '항해사-정원사'의 생활 방식을, 마지막에는 '모험 추구자'의 생활 방식을 추구했다. 우리는 이 이야기에 '새로운 일 탐험가'의 특징도 추가할 수 있을 것이다.

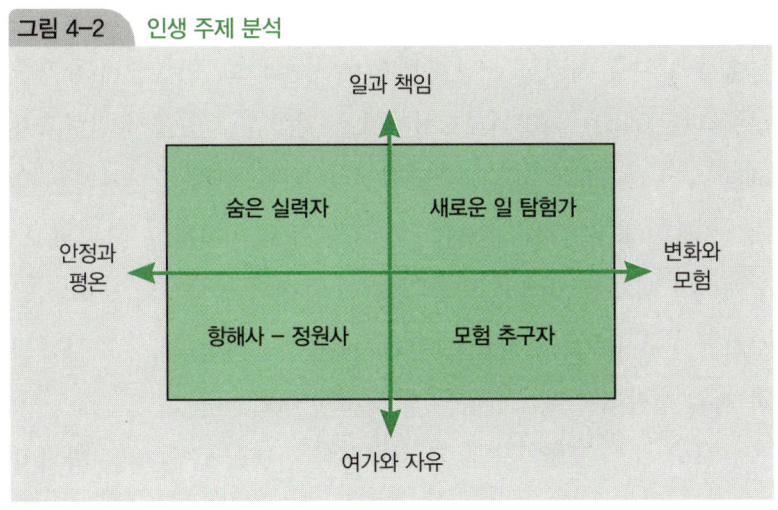

그림 4-2 인생 주제 분석

> **해보기**
>
> **50세 이후 삶의 우선순위 확인하기**
> 인생의 다음 장에서 비전을 확실히 정하기 위해 인생 주제 분석에서 가장 높은 점수를 얻은 영역에 관한 아래의 설명을 읽어보라.
> 하나 이상의 주제에서 높은 점수를 받았다면 그 주제의 어떤 점이 당신에게 가장 호소력이 있는지 각각의 영역을 살펴보라. 그리고 당신의 미래를 설계할 때 포함하고 싶은 것을 모두 표시하라. 높은 점수가 나온 주제를 살펴보고, 이 책에서 제안한 내용을 바탕으로 상상력을 발휘해 더 많은 우선순위 항목을 적어보자.

숨은 실력자

이 영역에서 높은 점수를 받았다면 당신은 직업과 관련된 면을 인생의 강한 동기로 간주하며, 아직 은퇴할 준비가 되지 않았음을 보여준다. 당신은 일을 즐기며, 가까운 미래에도 그 일이나 그와 유사한 일을 하고 싶어할 것이다. 숨은 실력자로 분류되는 사람은 능숙하게 일을 처리하는 단계에 이른 사람으로, 이들에게 동기를 부여하는 요소는 다양하다. 여기에는 권한과 지위를 유지하고자 하는 욕구, 지식과 경험을 활용하려는 욕구, 업적을 남기려는 욕구, 후배를 가르치려는 욕구, 전문 분야에서 기여하고 싶은 욕구, 고객이나 회사에 기여하고 싶은 욕구, 오래된 직업상의 목표를 달성하려는 욕구, 회사에서 고위직으로 승진하려는 욕구, 전문직에서 계속 영향력을 행사하려는 욕구 등이 포함된다.

당신이 숨은 실력자 유형에 속한다면 인생의 다음 장을 활기차게 만들기 위해 다음 사항을 고려해보자.

- 유망한 젊은 직원이나 동료의 멘토가 돼라.
- 당신이 어떤 업적을 남기기 원하는지 결정하고, 그것을 이루기 위한 계획을 세워라.
- 현재 속한 조직에서 고문이 되거나, 당신의 전문 영역에서 컨설턴트가 돼라.
- 당신이 속한 회사에서 고위직 혹은 연장자의 역할을 맡거나, 당신의 지혜와 경험을 활용할 기회가 더 많은 회사로 옮겨라.
- 관심 있는 일과 부합하는 프로젝트를 제안하고, 그 프로젝트의 리더를 맡아라.
- 특별한 관심이 있는 업무나 프로젝트에서 중요한 역할을 맡거나, 활력을 불어넣을 필요가 있는 프로젝트를 담당하면서 자신을 알려라.
- 업무와 관련이 있거나 관심 있는 분야와 관련된 전문가 단체에서 리더가 돼라.
- 연금을 받되, 당신이 속한 회사 혹은 컨설팅 역량이 되는 유사한 회사에서 계속 일하라.
- 컨설팅 회사를 차려라. 프리랜서로 일하든, 맘에 맞는 사람들과 일하든 상관없다. 종전의 컨설팅 업체와 제휴해도 좋다.
- 회사가 과도기에 처했을 때 자신의 분야에서 리더로서 자리를 확고히 하고 역량을 보여라.
- 경영자나 전문 지식이 필요한 회사에 인력을 공급하는 업체를 이용하라(당신의 전문 분야에서 임시직이 나오지 않았는지 소개하는 중개업체는 인터넷 검색을 통해 찾을 수 있다).

숨은 실력자의 사례

스티븐, 컨설턴트가 되다 스티븐은 자신이 하는 일을 즐기고 직업에 만족했다. 하지만 반복적인 일상과 스트레스로 직장 생활에 변화가 필요하다고 느꼈다. 스티븐은 자율적으로 일하고, 일정도 조절할 수 있는 삶을 갈망했다. 자신의 상황에 대해 오래 생각하고, 어떤 선택이 가능할지 믿을 만한 사람들과 의논한 끝에 은퇴하기로 결정했다. 하지만 은퇴한 뒤에도 계속 일하기로 했다. 스티븐의 결정은 옳았다. 그의 컨설팅 사업이 번창했기 때문이다.

스티븐은 어느 날 갑자기 수십 년간 다니던 직장에서 나와 컨설턴트 일을 시작하는 것이 처음에는 낯설었다고 회고한다. 그는 지금 초창기에 사업을 직업소개소 이상으로 키우지 못한 것을 후회하고 있다. 비즈니스 환경이 바뀌어 계약 건수가 이전에 비해 엄청나게 줄었기 때문이다. 스티븐은 요즘 단골 고객을 늘리는 데 주력하는데, 일이 흥미롭지만 만만치는 않다. 스티븐은 새로 컨설팅 사업을 시작하려는 사람들에게 사회적·직업적 인맥을 넓히고, 그들을 정기적으로 만나라고 조언한다. 그런 인맥 없이는 컨설팅 일이 외롭고 고립되었다는 것을 느끼는 일이 될 수도 있음을 잘 알기 때문이다.

은퇴 : 준비가 되었든지 그렇지 않든지 마이클은 직장에서 오래 일한 덕분에 조기 퇴직하더라도 연금만 잘 관리하면 꽤 여유롭게 살아갈 수 있는 처지였다. 퇴직을 해야 할지 갈등하던 마이클은 직업 관리 코치의 도움을 받기로 했다. 자신이 하는 일을 매우 즐기고, 정년퇴직까지는 아직도 몇 년이 남았기 때문이다. 하지만 현

재 일은 그에게 큰 스트레스를 주었다. 근심의 원인은 회사 단위의 연구 프로젝트를 수행해야 하는 업무 특성과 관련이 있었다. 그는 종종 자신의 업무 성과와 이해관계가 깊은 고위직 임원들과 갈등을 겪었다. 마이클은 정신과 치료를 받을 만큼 스트레스가 심해서 회사를 그만둘까 진지하게 생각했다. 하지만 퇴직을 망설이게 만드는 중요한 걸림돌이 하나 있었다. 조기 퇴직하면 앞으로 무엇을 하고 살지 정하기가 너무나 힘들다는 사실이다.

그는 이런 결정에 도움을 얻고자 인생 주제 분석을 포함한 여러 가지 평가를 받았다. 평가 결과는 마이클이 숨은 실력자와 항해사-정원사 유형에 똑같은 분포로 속해 있음을 보여주었다. 이를 통해 마이클은 자신이 지금 도전적이고 의미 있는 일을 하며, 자신의 장점을 잘 활용하고 있다는 사실을 깨달았다. 마이클은 자신의 부장과 퇴직하는 것부터 컨설팅 회사를 차리는 방법, 파트타임으로 일하는 방법까지 다양한 가능성에 대해 의논했다.

마이클은 자신이 즐겁게 일하고, 회사에 기여한다고 느끼는 동안 회사에서 일하기로 결정했다. 업무 스트레스를 해결하기 위해서 휴가 때는 가족과 온전히 시간을 보내고, 여가 활동을 즐기면서 더욱 균형 잡힌 삶을 누리기로 했다. 이런 선택을 하는 과정에서 그는 다른 혜택도 얻었다. 돈 문제가 아니라도 자신이 언제든 은퇴할 수 있다는 사실을 알자, 마음이 편해지고 스트레스가 줄었다. 마이클은 싱긋 웃으며 말했다. "그들이 할 수 있는 최악의 선택이라고 해봐야 저를 자르는 것밖에 더 있겠어요?"

새로운 일 탐험가

이 영역에서 높은 점수를 받았다는 것은 당신이 변화를 시도할 준비가 되었지만, 은퇴할 준비는 되지 않았다는 의미다! 당신은 자기 사업을 시작하거나, 새로운 제품 혹은 프로젝트를 계획하거나, 회사 부서를 재조정하는 일과 같이 새로운 일에 뛰어드는 데 흥미를 느끼는 사람일 것이다.

새로운 일 탐험가가 당신 인생의 다음 장으로 적합하다면 다음 사항을 고려해보자.

- 당신의 사업을 시작하라. 추천할 만한 책은 피터 드러커 Peter Drucker의 『미래사회를 이끌어가는 기업가 정신(Innovation and Entrepreneurship)』이다.
- 완전히 새롭고 도전적인 일에 도전하라. 경력 관리 코치나 카운슬러에게 도움을 청할 수도 있다.
- 당신의 재능과 잠재력을 제대로 시험해볼 수 있는 도전 과제를 찾아라. 인터넷에서 재능에 적합한 일을 찾을 수 있다.
- 당신이 큰 관심을 기울이는 프로젝트를 제안하고, 자금을 조달할 방법을 모색하라.
- 당신이 지금까지 해본 적 없는 도전 과제를 맡아라.
- 다른 종류의 일을 경험할 수 있는 회사를 찾아 업무를 바꿔보라. 인터넷에서 '파견 근무 secondment'라고 검색해보라.
- 간호사, 조경사, 제빵사, 자전거 수리공, 마사지 치료사, 바텐더, 소믈리에, 유기농 농사 같은 일을 시작하는 데 필요한 학위나 자격증을 획득하기 위해 대학에서 강의를 들어라.

- 시민 단체에서 일하거나, 시민 단체를 만들어보라. 인터넷에서 'NGO'라고 검색해보라.
- 평화봉사단 Peace Corps, VISTA(www.friendsofvista.org), Cross Cultural Solutions(www.crossculuralsolutions.org), Earth Watch Institute(www.earthwatch.org) 등에 참여하라.
- 자신의 전문 지식이나 천부적 재능, 성격을 활용할 수 있는 새 직업을 찾아라. 이를테면 당신은 집 주변에서 웹디자이너로 창업하거나, 잘 아는 관광 명소를 안내하는 가이드가 되거나, 지역 야구팀 경기를 중계방송하는 스포츠 캐스터가 될 수 있다. 스카우트 지도자, 공무원 같은 일에 도전해볼 수도 있다. 내 책 『Will the Real You Please Stand Up? : Find Passion in Your Life and Work(진짜 당신이 되어줄래요? : 삶과 일에서 열정 찾기)』가 각자 관심이 많은 일을 어떻게 직업으로 연결할 수 있는지 알려줄 것이다.

새로운 일 탐험가의 사례

회사 임원에서 민박 사업에 뛰어들다 "저는 페루에서 가족이 운영하는 저렴한 민박을 연결해주는 일을 하고 싶었습니다. 가난한 나라에는 휴가를 즐기러 온 사람이나 회사 일로 출장 온 사람들이 찾는 단기 숙박 시설이 부족합니다." 나다는 민박 연결망을 형성하는 일이 민가 단위의 지역 경제에 도움이 되고, 여성의 지위를 고양하며(민박에서는 여성이 관리자가 된다), 여행객과 페루 사람 사이의 문화적 이해를 증진하는 데 유익하다고 믿는다.

나다는 한때 회사 일을 즐겼다. 하지만 회사의 지도자들과 임무가 바뀌자 마음이 매우 불편했다. 이런 문제에 대해 회사와 논의한 끝에 나다는 회사를 떠나는 대신 퇴직금과 상여금을 일시금으로 받았다.

나다는 새로운 도전에 필요한 전문 지식을 얻기 위해 야심찬 연수 계획을 시작했다. 첫째, 일본·프랑스·체코에 있는 민박 연결망을 연구했다. 나다는 이들 나라의 민박에 머무르면서 민박 연결망이 어떻게 만들어지고 운영되는지, 민박 연결망에 가입하면 각 가정은 어떤 훈련과 도움을 받는지, 예상되는 문제는 어떤 것들이 있는지, 민박 서비스 홍보는 어떻게 하는지 등을 배웠다. 둘째, 페루의 시골 지방을 여행했다. 나다는 시골의 여러 집을 방문하면서 어느 집을 민박 연결망에 포함할지, 그 민박에 어떤 도움을 제공해야 할지 판단했다. 셋째, 민박 연결망을 구축하고 운영하는 법을 배우기 위해 정식 지도자 과정을 이수하고 NGO에서 관련 강의도 들었다.

나다는 이런 과정을 거친 뒤, 26년 동안 회사 중역으로 일하던 미국을 떠나 고국으로 돌아갔다. 페루에 도착한 나다는 페루 식 민박 체인 B&B(bed and breakfast의 약자. 토속적으로 운영되는 호텔에서 지역 전통 음식을 아침 식사로 제공하고, 가정적인 분위기를 창출하는 숙박 형태. 특히 프랑스 샤토의 별장식 호텔과 영국, 아일랜드, 미국 등지의 가정집 객실을 활용하는 숙박 형태—옮긴이)를 만들기 위해 끝없는 싸움을 시작했다. 이 일에 관심이 있고 민박을 운영할 여력이 되는 집을 찾는 일, 새로 민박을 시작한 사람을 교육하는 일, 수년간 내전으로 기반 시설이 파괴된 나라에서 도움이 되는 NGO를 만드는 일 등이 쉽지는 않았다. 가장 힘든 것은 야심찬 사업을 성사하기 위해 수많은 공무원과 관공서를 상대하는 일이었다.

나다가 이런 모험을 시작한 것은 2차 세계대전 이후 일본과 프랑스에서 구축된 민박 체인에서 영감을 받았기 때문이다. 하지만 당시 일본과 프랑스는 페루보다 기반 시설이 나았다. 이 사업의 방대한 규모 때문에 주눅이 들고 수많은 문제점으로 속을 태우기도 하지만, 나다는 자신의 꿈이 실현되리라는 희망을 품고 있다. 나다는 언젠가 페루에서도 전후 일본과 프랑스처럼 성공적인 민박 체인을 세우리라 믿는다. 결과가 어떻든 나다는 지금 의미 있는 일에 열정을 바치고, 많은 페루인의 삶을 바꾸는 데 자신이 중요한 발걸음을 떼었다는 사실에 위안을 받는다.

공무원에서 건축 사진사로 제이슨은 농업경제학자로 일하다 은퇴했는데, 은퇴한 뒤에는 전혀 다른 일을 할 준비가 되어 있었다. 그는 61세에 새로 발견한 열정을 좇기로 했다. 제이슨은 자신이 '사진광'이라 말했다. "나는 가만히 있는 것들이 좋습니다. 그것들은 내가 생각하고 확인할 수 있게 만듭니다." 사진에 대한 제이슨의 관심은 스미스소니언협회 부설 강좌에 등록하면서 시작되었다. 제이슨은 특히 건축 사진에 호기심이 일었다. 당시 제이슨은 직장에 다니면서 사진 동호회에 참여하는 것으로 새로운 취미 활동에 대한 관심을 키웠다. 하지만 촬영에 심취한 나머지 그것을 일로 삼아야겠다고 결심했다.

제이슨은 사진 전문가들의 수업을 듣는 것으로 새로운 일을 시작했다. 그는 코코란예술학교, 워싱턴사진학교, 콜로라도의 앤더

슬랜치아트센터, 뉴욕의 국제사진센터에서 집중적으로 사진 교육을 받았다. 사진 교육을 마친 제이슨은 사진 업계의 틈새시장, 즉 건축가·부동산 중개업자·건설업자를 대상으로 하는 건축 사진 시장에 진출했다. 제이슨은 곧 입소문을 탔다. "사람들은 처음에 좋아하는 사진 한 장을 보지요. 나중에는 사진을 몇 장 더 찍어달라고 부탁해요. 그다음에는 저를 다른 사람들한테 소개해주더군요."

많은 사람들이 제이슨의 사진을 좋아하기 때문에 그는 바쁘게 작업한다. 하지만 제이슨은 디지털 혁명으로 비롯된 사진 기술의 변화에 발맞추는 게 당연하다고 인정한다. 사진업계에서 지속적으로 경쟁력을 갖추기 위해 자신의 전문성을 계발하는 데 시간과 돈을 투자해야 할 것이다.

제이슨은 공무원에서 사진작가로 변신한 자신을 돌아보며 직업을 바꾸는 과정에 기복이 있었음을 깨달았다. 조기 퇴직을 결정한 다음 반년 남짓한 기간에 대해 그는 고백한다. "무척 힘들었습니다. 어느 날 아침에 눈뜨자 그동안 내가 무엇을 해왔는가, 내가 사진작가가 될 수 있을까 의문이 들더군요." 힘든 시기를 거쳐야 할 사람들에게 제이슨은 일찌감치 좋은 지원 그룹을 만들라고 조언한다. 힘들 때 그들에게서 아이디어를 얻고, 그들과 교류하고, 계획하고, 지원받을 수 있기 때문이다. 좋은 시기가 왔을 때는 기쁜 소식을 나눌 수도 있다.

보좌관에서 댄스 트레이너로 루실이 보좌관 자리를 그만두고 조기 퇴직하기로 결심했을 때, 그녀는 수년간 사교댄스 무대에서 실력을 겨루고 있었다. 조기 퇴직을 결심한 이유는 "내 마음을 밝혀주고 가슴을 기쁨으로 채워주는" 일을 하고 싶어서다. 루실은 자신이 열정을 품은 사교댄스를 직업으로 삼을 때가 되었다고 판단했다. 사교댄스를 잘 알고, 춤에 열의가 있는 사람들을 가르치면 그 꿈을 이룰 수 있을 것 같았다. 루실의 비전은 증가하는 아마추어 댄서뿐만 아니라 국제적으로 인정받는 사교댄스로 올림픽에 나갈 댄서까지 교육하는 것이었다.

  루실이 직업을 다소 극적으로 바꾸었지만, 그녀가 그런 비전을 품어온 지는 꽤 오래되었다. 루실은 춤을 정말 좋아했다. 루실은 남편을 끌고 전국 방방곡곡의 댄스 대회에 참가했고, 댄스 파트너와 함께 상도 여러 차례 받았다. 루실의 남편은 춤을 추지 못했지만, 춤에 대한 아내의 열정을 적극 지지해서 그녀가 탱고, 룸바, 차차차를 신나게 추는 모습을 지켜보기 좋아했다. 루실은 댄스 교습소를 시작하려면 상당한 돈이 필요하다는 것을 알고 몇 년 동안 저축했다. 뿐만 아니라 새 직업을 위해 더 교육받을 필요가 있다고 생각해 런던의 사교댄스 강좌에 등록했다.

  루실이 내게 마지막으로 전한 소식은 새 사업을 잘하고 있다는 것이었다. 최근 몇 년 동안 사교댄스가 유행하면서 기꺼이 돈을 내고 플로어에서 춤을 추고 싶어하는 사람들이 줄을 섰다. 사람들은 덤으로 몸매도 좋아지고, 아름답게 보이고, 젊어진 기분도 느낀다. 자, 댄스 한번 배워볼 사람?

모험 추구자

이 영역에서 높은 점수를 받았다면 당신은 일을 그만둘 준비는 되었지만, 전통적인 의미에서 은퇴할 준비는 되지 않았다고 볼 수 있다. 당신은 지금까지 뭔가 색다른 일, 도전적인 일, 더 나아가서 위험과 모험이 필요한 일이나 다른 환경에서 새로운 일을 하고 싶었을 것이다. 이 영역에 속하는 사람들은 업무가 아닌 일로 자신을 시험하기, 힘든 일에 전력을 다하기, 새롭고 흥미로운 것을 배우기, 업무와 상관없는 새로운 기술을 획득하기, 이국적인 장소를 탐험하기, 마음에서 우러나온 열정을 추구하기, 익숙지 않은 문화를 경험하기와 같은 일에 열의를 보인다. 비유적으로 쓰인 '모험 추구자'라는 말에는 굉장히 다양한 사람들이 포함된다. 이 유형에는 경쟁심이 강한 사람도 있고, 천성적으로 호기심이 많은 사람도 있다. 호기심의 대상은 내면세계와 외부 세계를 모두 포함한다. 내면에 대한 관심이 많은 사람은 요가나 명상, 기공 체조 혹은 다른 형태의 영적 수련을 하는 것으로 그 관심을 표현한다. 외부 세계에 관심이 많은 사람은 천문학 연구, 족보 조사, 요트경기 참가, 유라시아 도보 답사 같은 일로 그 관심을 표현한다.

당신이 인생의 다음 장에서 모험 추구자에 가깝다고 판단한다면 다음과 같은 활동을 고려해보자.

- 체스, 카드, 골프, 당구, 사격, 테니스, 자동차경주, 요트경기 등을 하고 상대방과 경쟁해보자. 이런 경기는 대부분 리그제로 운영되고, 지역에 지부가 개설되어 있다.

  (참고 : 여기에서 의미 있는 단어는 '경쟁competitive'이다. 모험 추구자

에게 재미로 경기하거나 참여하는 것은 충분치 않다. 모험 추구자는 자아실현을 위해 도전자와 기술, 지식, 지혜를 겨뤄야 한다.)

- 등산, 크로스컨트리, 스키, 새롭고 흥미로운 곳으로 여행하기와 같이 몸을 움직이는 활동에 도전하라.
- 언어나 문화, 역사에 통달하기 위해 낯선 나라로 이주하라.
- 자신이 열정을 품은 분야의 봉사 활동에 적극 참여하라. 사랑의 집 짓기 운동(해비타트 주관), 적십자 구호 활동, 호스피스 활동, 학부모 활동 등에 참여해보자. 인터넷에서 '자원봉사'라고 검색하면 수천 가지 기관이 나온다. 그중 마음이 끌리는 곳에서 다양한 자원봉사 기회를 찾을 수 있다.
- 흥미로운 분야를 더 공부하라. 심리학, 신학, 신화, 형이상학, 역사, 예술, 지질학, 인류학, 댄스, 음악, 문화재와 같은 분야에 관심 있다면 집 근처에 위치한 전문대학이나 대학교에서 자신이 들을 강의가 있는지 확인해보라. 인터넷은 전 세계 우수한 교육기관의 수준 높은 강좌를 수강할 수 있는 좋은 수단이다. 중국어를 배우고 싶다면 베이징대학교의 온라인 강좌(www.educasian.com)가 어떨까?
- 마음속 깊은 열정을 표출할 수 있는 일, 그중에서도 책임감 있게 무보수로 할 수 있는 일을 찾아라. 전문 협회나 종교 기관, 지역 봉사 단체에서 그런 일을 찾을 수 있을 것이다.
- 새로운 기술을 익히거나 숨은 재능을 개발해서 개인이나 단체에 무료로 제공하라. 사회적으로 혜택을 받지 못한 아이들을 가르치거나, 비행 청소년에게 언니나 오빠가 되어주거나, 발성 교육을 받은 뒤 지역 방송국에서 노래를 가르치거나, 법률

보조원(법적 전문 기술은 있으나 변호사는 아닌 사람으로, 법이 허용하는 범위에서 그 기술을 활용하거나 변호사의 감독 아래 활동—옮긴이) 자격증을 따서 노인을 위한 법률 지원 서비스를 제공하거나, 중소기업협회에 들어가서 창업자를 지원하는 일을 하라.
- 지금까지 한 번도 가본 적 없는 장소로 이사하여 새로운 사람과 문화, 낯선 환경에 익숙해지는 경험을 해보라.
- 무술 유단자가 되거나, 명상 수련이나 요가를 가르칠 수 있는 자격을 획득하거나, 마라톤을 배워 사람들에게 운동의 중요성을 알리고 강습하거나, 화술 자격증을 취득하여 집 근처의 토스트마스터(Tostmasters International : 성인과 아이들을 대상으로 대중 연설, 리더십 교육을 제공하는 NGO—옮긴이)에서 화술을 가르쳐보자.
- 가구 만들기, 목공예, 인형 만들기, 집수리, 유리 불기, 바이올린이나 첼로 연주하기, 보석 세공하기(장신구 만들기), 스테인드글라스 만들기, 클래식 자동차 복원하기, 수채화 그리기, 정원 조각품 만들기 등의 재주를 익혀라.

모험 추구자의 사례

회사 부장에서 조종사로 루이스는 오랜 시간 능력 있는 직장인으로 일하고 은퇴했다. 그는 한가하게 살기에는 자신이 젊고, 힘이 넘치며, 부지런하다고 생각했지만, 자유로운 생활이 좋고, 다시는 직장에 얽매이고 싶지 않았다. 루이스는 어떤 일을 해야 활동적이면서도 즐거움과 보람을 느낄 수 있을지 고민했다.

수많은 가능성을 생각해본 끝에 루이스는 오랫동안 흥미를 느꼈지만 시간이 없어서 못 한 일을 하기로 결심했다. 그 일은 비행사 자격증을 따고 경비행기를 구입하는 것이다. 루이스는 내가 이 글을 쓰는 시점까지 개발도상국의 오지에 필요한 의약품을 나르고, 의료 서비스를 받을 수 없는 지역에 사는 사람을 병원에 실어 다주고 있다. 루이스는 부시 파일럿의 삶을 매우 즐기고, 도움이 필요한 사람들을 도울 수 있어서 만족한다.

인사부장이 레이서가 되다 오랫동안 대기업의 인사부장으로 일한 피터는 성능 좋은 포르쉐를 타고 한적한 도로를 달리는 걸 즐겼다. 비슷한 생각을 하는 스포츠카 애호가들의 동호회를 발견한 피터는 시간이 날 때마다 회원들과 짧은 여행을 떠났다. 이런 경험 때문에 피터는 자신이 주말에 잠깐 즐기던 것 이상으로 레이싱에 열정이 있음을 깨달았고, 나중에는 그 열망이 주체할 수 없는 지경에 이르렀다. 피터는 경주용 포르쉐를 구입하기 위해 수년 동안 돈을 모았고, 지금이 소망을 이룰 때라고 생각했다. 아직은 젊고 건강하기 때문에 충분히 레이싱을 할 수 있을 것 같았다. 이런 생각 때문에 그는 조기 퇴직을 하고, 꿈꾸던 자동차를 구입하고, 선수 협회에 가입했다.

내가 마지막으로 피터에게 들은 소식은 기회에 좀더 가까워졌지만, 아직 싱글 레이스에서 우승하지는 못했다는 것이다. 몇 번 아슬아슬하게 우승컵을 놓쳤으나 가능성을 확인한 것으로 충분하다고 말했다. 피터는 지금도 은빛 우승컵을 받기 위해 노력한다. 언젠가는 레이싱에 대한 그의 간절한 소원이 이뤄질 것이다. 그리고 시속 260킬로미터로 레이스 트랙을 돌기에는 나이가 들어버린 어느 날, 피터는 큰 기쁨에 잠길 것이다. 그가 애지중지하던 포르쉐의 버킷 시트(bucket seat : 스포츠카의 1인용 좌석—옮긴이)에서 심장이 뛰고, 흥분되고, 엔진이 부릉거리고, 뽀얀 먼지가 날리던 순간을 추억하면서.

마크, 한계를 넘어서다 모험 추구자 가운데 많은 사람들은 이런저런 경쟁을 한다. 하지만 모험 추구자 중에는 다른 요인에 영향을 받는 사람도 있다. 마크가 그런 예다. 마크는 내가 은퇴를 계획하는 사람을 대상으로 진행한 '다음에 할 일What's Next' 워크숍에 한 번 참여한 뒤 자신이 모험 추구자임을 알았다고 한다. 하지만 마크는 자신이 등산을 좋아하거나 다른 육체적인 혹은 경쟁하는 활동에 취미가 있는 사람이 아니라는 걸 강조했다. 마크에게 동기부여를 하는 것은 활동적인 마음과 끊임없는 호기심이다. 그의 내적 동기는 돈과 시간이 허락하는 한 세상을 탐험하려는 끝없는 욕구로 드러났다. 한계를 넘어서고자 하는 그의 바람이 구체적으로 나타난 사건은 활발한 남미 사람인 아내 마리아와 함께 한 번도 가본 적 없는 나라로 이주한 것이다. 마크는 새로운 모험이 시작되기를 간절히 바라며, 새로 정착한 나라의 언어와 문화, 역사를 익히면서 마음을 넓히는 기회로 삼고 싶다고 했다.

마크와 마리아가 이주한 뒤 2년 정도 지났을 때, 나는 마리아와 이야기할 기회가 있었다. 마리아는 마크가 모든 면에서 열성적인 모험 추구자이며, 계속 여행하고 끊임없이 활동하는 지칠 줄 모르는 탐험가라고 했다. 모든 것이 그의 호기심 덕분이다. 예를 들어 부부가 태국이나 남아프리카로 잠시 여행을 떠나면 항해사-정원사 유형인 마리아는 휴식에 매우 만족하고, 약간 쇼핑을 하거나 몇몇 장소에 머무르며 해변에서 쉬거나 책을 읽는다. 반면 마크는 현지인 어부와 함께 먼 지역의 섬까지 탐험하거나, 헬리콥터 조종사를 물색한 뒤 화산 지역 근처로 떠나는 식이다. 마리아에 따르면 마크는 모험적이고 탐험적인 자신의 모습에 결코 싫증을 내는 기색이 없다. 마크에게 휴식의 개념은 케냐 같은 곳에 가서 사파리 여행을 즐기는 일일 것이다.

사라, 가난한 사람들에게 희망을 주다 사라는 사무직 직원으로 오랫동안 열심히 일하며 가족을 부양했다. 사라는 직장에 다니는 동안에도 언젠가 가난한 여성과 아이들에게 도움을 줄 방법을 찾겠다는 꿈이 있었다. 이 목표를 이루기 위한 방법을 찾고자 사라는 휴가 때면 개발도상국을 방문했다. 브라질의 가난한 마을을 여행하던 중에 두 가지 풍경이 시선을 붙잡았다. 하나는 원주민 여성이 만든 아름다운 공예품이다. 그들은 약간의 돈을 벌고자, 여성에게 억압적인 현실에서 기분을 전환하고자 공예품을 만들었다. 다른 하나는 너무 낡아서 안테나조차 간신히 달린 집에서 하염없이 TV를 보는 수많은 아이들의 모습이다. 두 가지 가혹한 현실을 떠올리며 사라는 꿈을 실현할 계획을 세웠다.

몇 년 뒤 사라는 퇴직연금을 가지고 꿈을 실행에 옮겼다. 가장 먼저 그녀에게 영감을 준 가난한 도시 부근에 농장 하나를 구입했다. 그녀의 농장 주변은 한때 나무가 무성했으나, 지금은 한 농식품 회사가 환경을 파괴하는 농지 건설을 하는 바람에 주변이 거의 벌거숭이가 되었다. 사라는 자신의 계획을 실현하는 데 필요한 자금과 지원을 얻기 위해 NGO를 설립했다.

사라는 지금 '아름다운 옛 건물'을 개조하는 사업을 계속하고 있다. 그 도시의 가난한 여성들이 자신의 NGO가 제공하는 건물에서 공예품을 만들고 판매할 수 있도록 돕기 위해 이 사업을 벌인다. 다음 단계로 사라는 도시에 있는 아이들을 자신의 농장으로 초청해 숲을 다시 가꾸는 일에 동참하도록 유도하고 있다. 사라는 농장에 온 아이들에게 나무와 자연에 대한 사랑을 심어주고자 한다. 사라는 이 사업이 진전돼서 아이들이 나무와 함께 성장하고, 농장을 경영하는 법과 숲을 효율적으로 관리하는 법을 배우기 바란다. 이 사업에 대한 비전 덕분에 사라는 예전에는 상상하지 못했을 정도로 활력 있는 사람이 되었다. 사라의 사례는 우리가 열정을 품고 꿈을 좇을 때 힘과 열정이 넘치는 삶을 누릴 수 있음을 분명하게 보여준다.

항해사-정원사

항해사-정원사 유형은 은퇴를 통해 이전보다 편안하고 여유로운 삶을 원하는 사람들이다. 이런 사람들은 이제 삶의 속도를 늦추고 '잠시 길을 멈추고 장미 향을 맡을' 시간이라 생각한다. 이 영역에서 높은 점수를 받은 사람들은 지금까지 스트레스를 너무 받았고, 기력을 다 써버렸으며, 삶이 지루하다고 말한다. 일이 지겨워졌으니 앞으로 활기를 되찾고, 즐겁게 살면서 자신에게 더 신경 쓰고 싶다고 말하는 사람들도 있다.

당신이 인생의 다음 장에서 항해사 – 정원사에 가깝다고 판단한다면 다음과 같은 활동을 고려해보자.

- 원하는 생활 방식을 정하고, 살고 싶은 장소를 물색하라. 자신에게 이상적인 장소를 찾는 방법은 9장을 참고한다.
- 가치관과 관심사를 공유하는 새로운 사람들과 친분을 쌓아라.
- 연락하지 않고 지내던 친지와 친구들에게 다시 연락하라.
- 건강한 삶을 유지하기 위해 운동, 식이요법, 명상 같은 활동을 규칙적으로 하라.
- 당신이 즐기는 취미와 여가 활동을 찾고 거기에 참여하라.
- 친목, 일, 건강과 관련된 모임이나 지역 단체, 종교 모임에 참여하라.
- 당신이 존경하고 닮고 싶은 사람들과 어울리고, 그들과 친밀한 관계를 맺어라.
- 즐겁거나 배울 것이 있는 곳을 여행하라. 아름답고 낭만적인 곳, 독특한 곳, 역사적인 장소, 거리가 먼 곳 등 여행할 곳은 많다.
- 정원에 나무를 심고 자라는 것을 지켜보며, 뒷마당을 꾸미고, 가끔 친구들을 초대해서 잉어가 노니는 연못을 보여주라.
- 스스로 즐기기 위해, 손자들을 위해 시를 써보라.
- 친구나 이웃과 함께 정기적으로 산책하라.
- 특별 요리 강습을 듣고, 저녁 모임에 멋진 식사를 준비하라.
- 관심 있는 분야를 공부하라. 융의 심리학, 바이킹, 조류학, 노벨상 수상자, 일본 문화, 예술사, 스파르타의 흥망성쇠 등 어

느 것이든 상관없다.
- 손자들과 인터넷 게임(당구, 다이아몬드 게임, 체스 등)을 즐겨라.

> **해보기**
>
> **여가 활동에서 우선순위 정하기**
> 과거에 하고 싶었거나, 되고 싶었거나, 시간이 없어서 못 한 일들을 적어보자. 가고 싶었던 장소, 읽고 싶었던 책, 듣고 싶었던 수업, 하고 싶었던 운동, 연주하고 싶었던 악기, 가입하고 싶었던 동호회 등 어느 것이든 상관없다. 20가지 혹은 그 이상의 목록을 작성하고, 자신에게 가장 큰 즐거움을 주는 순서대로 정리해보자. 우선순위를 정리한 목록을 들고 항해사-정원사나 모험 추구자로서 첫해, 둘째 해, 그 이후의 시간 동안 실행할 2~3가지 활동을 정하라.

항해사-정원사의 사례

마리아, 정원에 나무를 심다 은퇴하기 전에 마리아는 서비스업에 종사했다. 마리아는 그 일을 좋아하지도, 싫어하지도 않았다. 퇴직연금을 탄 그녀는 자신의 열정에 따라 살고 있다. 마리아는 즐겁게 자전거 타기, 장미 가꾸기, 퀼트를 하며 시간을 보낸다.

마리아의 절친한 친구는 무척 아름다운 정원이 있었다. 마리아는 그 정원을 참 좋아했고, 그곳에서 시간을 보내며 자신도 그런 정원을 가꾸겠다는 꿈을 꾸었다. 인생의 다음 장을 계획하며 마리아는 조경에 관한 책을 닥치는 대로 읽고, 정원이 있는 집을 방문하고, 정원을 어떻게 꾸밀지 구체적으로 생각하기 시작했다. 자기 손으로 아름다운 정원을 만들고 싶다는 마리아의 소망이 이루어졌다.

요한, 가구를 만들다 요한은 나무를 가지고 하는 작업을 참 좋아했다. 은퇴 후 요한은 가구 만드는 법을 공부했다. 이제 요한은 며칠씩 가구를 만드는 일도 전혀 어렵지 않다. 요한은 자신이 만든 가구를 팔라는 제안도 받지만, 아직 팔지는 않는다. 취미가 일로 바뀌어 스트레스를 받고 싶지 않기 때문이다.

클라크, 스포츠맨이 되다 클라크는 스키트사격(클레이사격의 일종으로, 움직이는 물체를 총으로 쏴서 맞히는 경기—옮긴이) 동호회에서 명사수로 통한다. 클라크는 골퍼이자 낚시꾼이기도 하다. 사냥하지는 않지만 사격을 즐기고, 사격 동호회의 회원이다. 클라크는 대다수 회원들이 일하는 주중에도 사격을 즐긴다. 그는 골프광은 아니지만 마음이 맞는 은퇴자들과 함께 골프를 즐기고, 가끔 골프 클럽의 토너먼트에도 참가한다. 한편 클라크는 낚싯대와 집에서 만든 미끼를 들고 강가에서 낚시를 즐긴다. 그는 1년에 두어 번 친구들과 함께 송어 낚시터로 유명한 몬태나와 뉴저지 델라웨어 강가로 떠난다. 클라크는 로터리클럽 회원으로 활동하며, 집 근처 전문대학에서 스페인어도 배운다. 그는 스페인어 연습을 하기 위해 일주일에 한 번씩 집 근처 레스토랑에서 스페인어를 배우는 사람들과 만나며, 스페인어를 사용하는 나라로 여행할 준비도 하고 있다.

앞으로 일어날 일

인생 주제 분석을 마쳤다면, 한 발 물러서서 그 결과가 인생 다음 장의 방향을 정하는 데 어떤 의미를 주는지 확인하라. 분석 결과 당신은 한 주제에만 관심을 보이는가, 아니면 두 가지나 세 가지 혹은 네 가지 주제에 관심을 보이는가? 그림 4-3은 여러 주제에 관심 있는 경우를 보여준다.

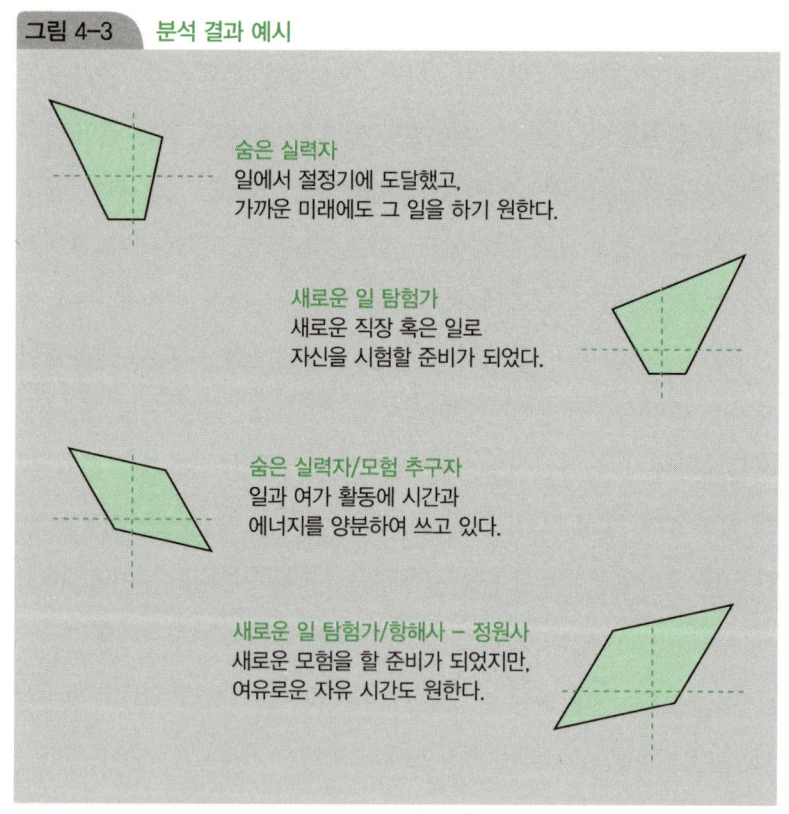

그림 4-3 분석 결과 예시

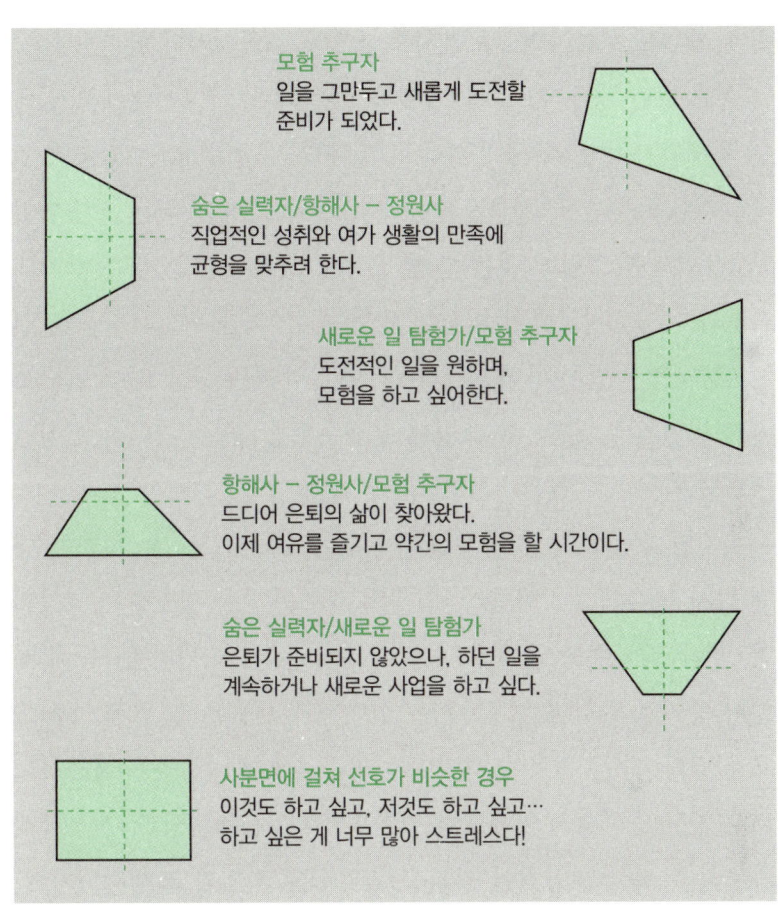

분석 결과를 비전으로 바꾸기

인생 주제 분석에서 한 영역의 선호도가 높게 나온 사람은 여러 영역에 걸쳐 선호도를 보인 사람보다 인생을 이끌어갈 비전을 찾기 쉽다. 하지만 당신이 여러 영역에 관심을 보였다고 낙심하지 마라. 그런 사람은 다양한 관심을 조화시킴으로써 비전을 찾을 수 있다. 당신의 분석 결과가 숨은 실력자와 새로운 일 탐험가에서 높은 점수를 보인다면, 두 가지를 어떻게 조화시켜야 할까?

수가 그런 경우다. 당시 50세가 넘은 수는 세계은행에서 일하는 경제학자이며, 미술에 재능이 뛰어난 사람이었다(수의 분석 결과는 그림 4-4를 참조하라). 수는 반드시 은퇴해야 하는 상황이었고, 은퇴하면 그림 그리는 일에 집중할 생각이었다. 수는 자기의 작품과 개발도상국에서 일하며 만난 여류 미술가들의 작품을 전시·판매할 작업실이 갖고 싶었다. 직장에서는 항상 일이 그림보다 먼저였기에, 은퇴 후 그림에 우선순위를 둘 수 있다는 사실만으로도 만족스러웠다.

하지만 은퇴할 날이 가까워지자 수는 자신이 그리는 미래에 대해 다시 생각하기 시작했다. 인생의 새로운 장을 열망하고 있었지만, 현재 직업에도 끌리는 마음 때문에 혼란스러웠다. 인생 주제 분석 용어로 말하면, 수는 숨은 실력자와 새로운 일 탐험가에 모두 끌렸다. 수는 빈곤에 허덕이는 방글라데시 여성들을 경제적으로 지원하는 현재의 일에도 매력을 느꼈다. 세계은행과 다른 국제기구의 노력이 희망적인 결과를 만들어내고 있다고 생각했기에, 수는 세계은행에서 일하며 그 일을 돕고 싶었다. 다른 한편으로 58세에 새로운 일 탐험가로서 인생의 다음 장을 시작한다면, 지금 그 방향으로 나아가야 한다고 생각했다. 당장 새로운 시도를 하지 않았다가는 너무 나이가 들지 모른다는 두려움도 있었다.

수는 새로운 모험을 감행하기로 은퇴 계획을 세우면서 내면의 갈등을 해결했다. 하지만 수는 몇 년 동안 시간제로 하던 일을 계속하기로 결정했다. 수는 수십 년간 쌓아온 인맥을 활용해 자신이 관심 있는 분야와 관련된 정부 기관의 자문을 맡았다. 내가 마지막으로 수와 이야기했을 때, 수는 숨은 실력자와 새로운 일 탐험가로서 바쁘게 살아가고 있었다. 하지만 수는 자신이 2~3년 내에 자문 일을 그만두고, 시간과 열정을 새로운 일 탐험가로 사는 데 쏟을 것임을 잘 알았다. 그때까지 수는 더 많은 시간을 할애해서 그림을 그리고, 작업실을 준비하고, 작품을 전시할 화가들을 선별하고, 경제학자로서 마지막 업무를 즐겁게 마무리했다.

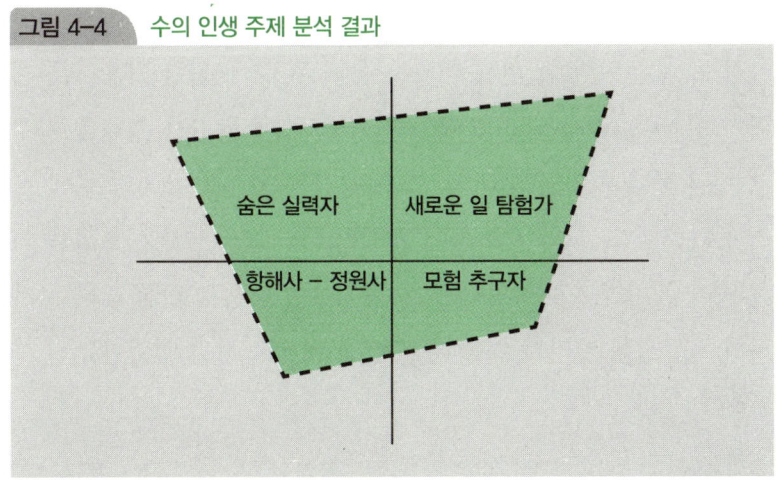

그림 4-4　수의 인생 주제 분석 결과

부부끼리 미래 설계하기

당신이 배우자와 앞으로도 사이좋게 살고 싶다면 장래를 반드시 함께 계획해야 한다. 인생 주제 분석은 행복한 부부로 살아가는 데 나름의 도움을 줄 것이다. 그림 4-5는 그 이유를 잘 보여준다. 이 사례는 거의 같은 시기에 퇴직하고 함께 새로운 인생을 만들기 위해 '다음에 할 일' 세미나에 참석한 부부의 실화다. 그림 4-5를 보면 알 수 있듯이 도널드는 숨은 실력자와 모험 추구자 유형인 반면, 리타는 항해사-정원사와 새로운 일 탐험가 유형이다. 두 사람은 분석 결과를 보고 적잖은 충격을 받았고, 미래에 대한 계획이 서로 얼마나 다른지 알고 약간 실망했다.

　도널드는 컨설팅 일을 좋아해서 "일하다 죽을 때까지" 그 일을 할 작정이었다. 도널드는 세계 어느 곳이든 새롭고 색다른 장소로 여행하고 탐험하는 것도 즐겼다. 도널드는 1년에 30주 혹은 그 이상을 컨설턴트로 일하고, 나머지 시간은 리타와 함께 여행하리란 가정 아래 은퇴했다. 한편 리타는 은퇴 후 삶에 도널드와 다른 계획이 있었다. 리타는 은퇴 후 아름다운 집에 살면서 정원을 가꾸고, 손자들과 시간을 보내며, 자유 시간을 건강을 유지하는 데 쓰리라 기대했다. 리타는 자신이 계획한 이상적인 생활을 도널드 역시 좋아할 거라고 어림짐작했다. 동기부여 강사로 일한 리타는 자신의 전문성을 살리기 위해 가끔 강연 여행도 하고 싶었다.

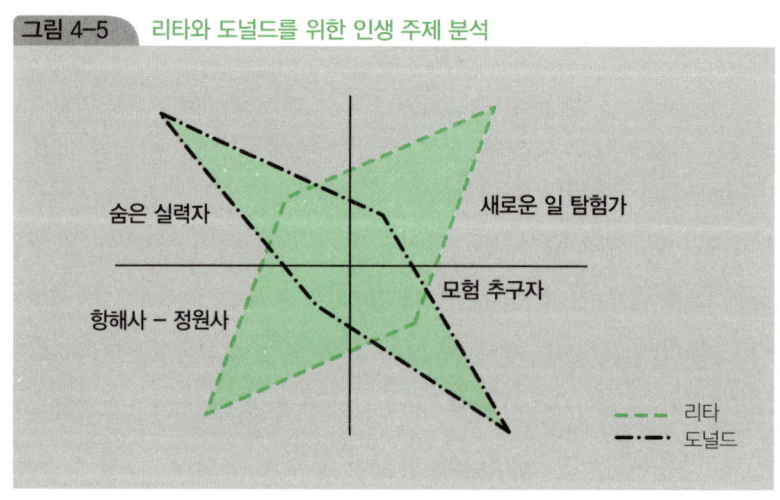

그림 4-5　리타와 도널드를 위한 인생 주제 분석

두 사람의 계획이 확고하여 차이를 메우려면 타협이 필요했다. 그들은 새로운 인생에서 각자 원하는 바가 달라 아직도 가끔 다투지만, 적당히 타협하는 데 성공했다. 도널드는 한동안 컨설턴트로서 바쁘게 지내겠다는 생각대로 살고 있다. 도널드가 컨설턴트 일 때문에 여행을 떠난 사이, 리타는 항해사-정원사로 집에 머무른다. 그런 다음 여기저기에서 강연을 하기 위해 리타도 길을 나선다. 리타는 도널드가 항해사-정원사의 삶에 전혀 관심이 없다는 사실을 받아들여야 했다. 도널드 역시 리타가 자신과 함께 여행하기보다 집에 있는 걸 좋아한다는 사실을 인정해야 했다.

하지만 리타는 종종 컨설턴트 일을 마친 도널드와 함께 두 사람 모두 관심이 있는 장소로 떠났다. 도널드도 리타와 더 많은 시간을 보내기 위해 업무 여행을 자제하려고 노력했다. 부부가 이런 생활 방식을 바란 것은 아니지만, 지금이 현실적으로 실현 가능한 모습인 것 같다. 리타와 도널드는 각자 이상적이라고 생각한 생활 방식을 고집했다면 결혼 생활에 문제가 생겼을 것이라고 말한다. 진지한 논의와 기꺼이 양보하겠다는 생각이 없었다면 오늘날 함께하지 못했을 것이다. 둘이 함께하더라도 한 사람은 자신의 바람을 포기하여 그리 행복하지 않을 것이다.

두 사람은 은퇴 후 새롭고 긍정적인 부부 관계를 만들었다. 즉 각자 자신의 일을 즐기는 가운데 함께 있을 때는 신혼과 같은 시간을 보냈다. 리타와 도널드는 이런 결실을 맺은 게 인생 주제 분석 덕분이라고 입을 모아 말한다. 인생 주제 분석을 통해 문제의 소지가 있는 부분에 관심을 기울이고, 적당히 타협할 줄 아는 통찰력을 얻었기 때문이다.

관심사의 우선순위 정하기

당신도 다른 사람들처럼 관심사가 많아 무엇부터 시작해야 할지 결정하기 어려운가? 그럼 우선순위를 정하라. 많은 사람들에게 우선순위를 정하는 일은 삼키기 어려운 약과 같다. 우선순위를 정하면 관심이 가는 다른 일들을 포기해야 한다고 믿기 때문이다. 사실을 바로 보자. 우선순위를 정하는 것이 다양한 관심사를 조화로운 화음으로 묶는 유일한 길이다.

이와 다른 문제에 시달리는 사람도 있다. 자신이 정말 관심 있는 일이 무엇인지 잘 모르는 사람들이다. 이는 요즘 일에만 초점을 맞추고, 다른 일에는 관심을 기울일 시간이 별로 없는 사람들이 많기 때문이다. '강한 흥미가 없는' 사람들에게 정말 문제가 되는 것은 하고 싶은 일의 우선순위를 정하는 일이다.

당신의 관심사가 많든 적든, 실행 가능한 우선순위 목록을 작성하려면 자기 분석 결과를 토대로 다음 절차를 거쳐야 한다.

1. 자신의 인생 주제 분석 결과와 가장 관심사가 큰 주제를 살펴보라. 그 주제 아래 있는 선택 가능한 일 중에서 관심이 가는 모든 일에 동그라미를 쳐라.
2. 동그라미 친 것 가운데 가장 흥미 있는 '10가지'를 선택하여 다음 장에 있는 우선순위 목록에 기록하라. 그 목록에 반드시 당신의 독창적인 생각을 덧붙여라.
    - 비전을 세울 때, 낯선 장소나 샤워할 때처럼 갑자기 떠오른

아이디어를 포착하고 싶을 것이다. 작은 수첩을 가지고 다니면 문득 떠오른 생각을 바로 적을 수 있다.
- 선택 가능한 일을 더 늘리고 싶다면, 업종별 전화번호부에서 관심이 가는 분야를 적어보는 것도 방법이다. 이렇게 하면 자신의 관심 분야와 관련된 사람들과 단체를 알아가는 재미도 느낄 수 있다. 대학교의 수강 신청 책자를 살펴보는 것도 흥미로운 일을 발견하는 데 좋다.

3. 인생의 다음 장을 위한 목록을 작성했다면, 그중에서 당신이 가장 큰 열정을 느끼는 일을 찾아내고 우선순위를 정하라.
   - 당신이 가장 관심 있는 일에 1부터 10까지 순위를 정하라.
   - '우선순위 정하기' 목록의 예시와 같이 오른쪽 빈칸에 우선순위를 기입하라. 이때 직감적으로 가장 흥미로울 것 같은 일을 정하고, 그다음으로 흥미가 있을 것 같은 일을 정하라.

4. 우선순위 목록을 작성했으면, 목록을 토대로 인생의 다음 장을 의미 있게 살도록 이끌 비전을 세워라.
   - 상상력을 끌어내라. 현실을 뛰어넘는 생각을 해보자. 이제 당신은 직장 생활에서 해방될 것이다. 그렇기 때문에 지금은 창의적으로 생각해야 한다. 자, 엉뚱한 상상을 해보자!
   - 인생의 새로운 목적이 담긴 비전을 세우고 그것을 적어라. 그리고 만족스러울 때까지 초안을 고치고 또 고쳐보자.

5. 당신의 비전에 대해 사람들과 대화하라. 이 과정에서 당신은 비전에 살을 붙일 수도 있고, 비전을 확고하게 할 수도 있다. 그다음에는 비전을 적어 잘 보이는 곳에 붙여라. 비전을 담은 문구가 어떠해야 할지 다음 예시에서 힌트를 얻어라.

새로운 인생을 살기

비전을 담은 문구 예시

- **항해사-정원사** : 낚시 가기, 자애로운 할아버지·할머니 되기, 가장 좋아하는 야구팀의 시즌 티켓 구하기(야구방망이에 공이 부딪히는 소리가 들릴 정도로 선수들과 거리가 가까운 좌석 구하기).
- **항해사-정원사/모험 추구자** : 야생동물이 서식하는 폴리네시아를 탐험하기, 보이스카우트나 걸스카우트의 지도자 되기.
- **모험 추구자/숨은 실력자** : 회사의 발전을 돕는 컨설턴트 되기, 사범이 되어 태권도장 차리기.
- **새로운 일 탐험가/항해사-정원사** : 시골길을 달리고 싶어하는 자전거 애호가와 노인을 대상으로 하는 운동기구 용품점 열기.
- **새로운 일 탐험가** : 인생의 마지막을 보내는 사람들을 전문적으로 치료하는 심리 상담사 자격증 따기.
- **숨은 실력자/항해사-정원사** : 미래의 리더를 위한 멘토나 코치 되기, 정원 가꾸기 동호회의 회장 되기.
- **모험 추구자/항해사-정원사** : 애팔래치아산맥 탐험하기, 인디언 동맹의 역사 공부하기.
- **항해사-정원사/새로운 일 탐험가** : 걷기 모임 이끌기, 외국인에게 영어 가르치기.
- **숨은 실력자/새로운 일 탐험가** : 회사 경영을 자문해주는 계약직 이사 되기, 엘더호스텔(Elderhostel : 노인에게 여행과 교육의 기회를 제공하는 비영리단체—옮긴이)의 가이드 되기.
- **새로운 일 탐험가/항해사-정원사** : 경제정의실현을위한국제여성연합 Women's International Coalition for Economic Justice에서 자원봉사 하기, 어린이들에게 남녀평등의 정신을 고양하는 장난감을 만드는 회사 잭앤질 Jack&Jill Toy Company에서 자문위원으로 일하기, 자라나는 내 손자들이 정말 좋아하는 할아버지·할머니 되기.

| 우선순위 정하기 |

인생 주제	관심 분야	우선순위
	예시	
숨은 실력자	• 시간제 컨설턴트로 일한다.	5
항해사-정원사	• 거슈윈Gershwin과 조플린Joplin의 피아노곡을 조금씩 연습한다.	3
항해사-정원사	• 요가와 명상을 한다.	2
항해사-정원사	• 라틴아메리카 역사를 공부한다.	4
모험 추구자	• 잉카문명을 탐험하기 위해 안데스산맥을 등반한다.	1

비전 실현하기

새로운 인생을 시작하게 해주는 멋진 비전이란 과연 어떤 것일까? 멋진 비전이란 개인의 관심사를 현실에서 잘 구현할 수 있도록 도와주고, 인생의 새 장을 여는 데 필요한 동기와 방향성을 제시하는 비전일 것이다. 하지만 비전을 세운다고 해서 저절로 인생에 활력이 생기는 것은 아니다. 비전을 세웠으면 반드시 실천할 줄 알아야 한다. 사람들이 인생의 새로운 비전을 세워놓고도 계속 밀고 나가지 못하는 이유는 어떻게 실현해야 할지 모르기 때문이다. 그 방법을 알아내는 것이 보통 일이 아닌데다, 이전과 완전히 다른 사람으로 환골탈태해야 하는 과정 때문에 비전을 실현하기가 그토록 어렵다. 당신이 지금 해야 할 가장 중요한 일은 이 장의 내용을 참고삼아 새로운 비전을 세우는 일이다. 그다음에는 자신의 비전에 맞는 실천 계획을 세워라. 비전과 실천 계획을 세우면 그때부터 계획대로 차근차근 밀고 나간다.

지금껏 바쁘게 일만 하면서 살아온 탓에 금방 결과가 나와야 직성이 풀리는 사람에게는 한 걸음 한 걸음 인생의 새 장을 여는 과정이 더디게 느껴질 수 있다. 하지만 오랫동안 유지해온 인생의 틀을 단박에 바꿔 새롭게 살아간다는 것은 불가능하다. 과거와 다른 인생의 새 장을 여는 일은 절대 하루아침에 일어나지 않으며, 혁명적인 변화가 필요한 과정이다. 인생의 큰 전환기를 맞은 당신에게 해주고 싶은 최고의 조언은 미래지향적으로 생각하고, 과정을 즐기라는 것이다. 이제부터 마음 편안하게 목적을 이룰 것이라고, 원하는 사람이 될 것이라고 생각하자. '로마는 하루아침에 이루어지지 않았다' '급할수록 돌아가라'는 말도 있지 않은가. 과감하게 새로운 인생의 비전을 세우고, 항상 긍정적으로 생각하며, 차분하고 끈기 있게 계획을 실천해나가자. 그리고 과정을 즐기자. 과정이 당신의 인생이다. 당신은 결과에 목매느라 현재를 놓치고 싶지도, 비전 없이 살다가 미래를 날리고 싶지도 않을 것이다.

　일 중심으로 살다가 은퇴할 때 우리는 인생의 중요한 구심점 하나, 즉 직업적 목적을 잊어야 하는 순간을 맞는다. 그때 우리는 직장 동료에게, 과거의 '내 모습'에 작별을 고해야 한다. 이 세상에 한물간 사람처럼 살고 싶어하는 사람은 없을 것이다. 그러나 우리 주변에는 인생의 새로운 비전을 세우지도, 활기 넘치는 사람으로 다시 태어나지도 못하는 사람들이 얼마나 많은가? 내가 일하던 회사에서는 한물간 사람을 '복도에 걸어 다니는 허깨비'라 불렀다. 이들은 은퇴하고도 예전 직장에 찾아와 현직에 있는 사람들을 붙잡고 '좋던 시절'만 떠올리려고 하거나, 그 직장에 대해 험담을 일삼기 때문이다.

　이 장에서는 무슨 일을 하면 새로운 인생을 의미 있게, 목표를 가지고 살아갈 수 있을지 다뤄보았다. 그런 면에서 인생 주제 분석은 지금껏 수백 명에게 큰 도움을 주었다. 그들은 인생 주제 분석 덕분에 비전을 확실히 세우고, 새롭고 흥미로운 인생을 시작할 수 있었다. 인생 주제 분석이 당신에게도 도움이 되었기를 바란다. 다음 장에서는 인생의 전환기인 지금, 예전 자신의 모습은 버리고 새로운 '나'를 만드는 법을 배울 것이다. 노년에도 활기 있고 새롭게 살아보고 싶다면, 다음 장을 잘 활용하기 바란다.

새로운 나를 찾아라
오래된 역할 벗어던지기

5

"나는 재무 전문가와 재무 담당 최고 책임자였다. 하지만 은퇴해서 직장과 일을 떠나면 나는 과연 어떤 사람이 될까?"

— 은퇴를 준비하는 경제학자

"현재 나는 중요한 사람이다. 아침이면 직원들이 내게 인사하고 커피를 타주며 나를 대우해준다. 하지만 내가 은퇴하고 문밖으로 나서는 그날, 이 모든 것이 중단될 것이다. 그다음에 나는 어떤 존재가 될까?"

— 은퇴를 논의 중인 기업 임원

"그동안 회사의 지시를 따르고 평생 열심히 일하고, 사람들을 도우며 살아왔다. 집에서나 직장에서 나는 항상 돕는 역할만 했다. ○○○ 사장의 비서, ○○○ 박사의 아내로 살아왔다. 이제는 나를 위해 시간을 쓸 차례다. 나는 내 삶의 주인이 되고, 원하는 일을 맘껏 해보고 싶다."

— 30년간 일하다 은퇴한 비서실장

역할의 변화와
정체성의 변화

"세상은 무대와 같고, 모든 사람은 무대에 선 배우일 뿐이다." 셰익스피어는 일찍이 우리는 모두 인생이라는 무대에 선 배우일 뿐이라는 사실을 일깨워주었다. 당신이 딸로 태어났다면 언젠가 어머니가 되고, 마지막에는 할머니가 될 것이다. 직업으로 보면 당신은 이전에 회사 간부였거나 금융 전문가, 잘나가는 전문직 종사자, 학자, 은행가 혹은 비서였을지 모른다.

우리는 삶의 여정에서 다양한 역할을 맡아왔다. 자신이 선택한 역할도 있고, 그저 주어진 역할도 있다. 하지만 시간이 흐르면 모든 사람이 자신의 역할에 적응하게 마련이다. 그 역할을 사랑하는 사람도 있고, 싫어하는 사람도 있으며, 그중에서 몇 가지만 싫어하는 사람도 있다. 자신이 선택했든 아니든, 좋아하든 싫어하든 인생의 큰 변화를 맞이할 때는 직장이나 집, 여가 생활에서 오랫동안 몸에 밴 역할이 바뀐다. 우리는 보통 긍정적인 역할이든 부정적인 역할이든 부지불식간에 그 역할에 익숙해지기 때문에, 앞으로 자신이 어떤 역할은 맡고 싶고 어떤 역할은 맡기 싫은지 잘 선택할 필요가 있다.

인생에서 맡는 역할을 잘 선택하기 위해서는 현재 자신의 정체성에 어떤 역할이 영향을 미치는지 분명히 알아야 한다. 그것을 분명히 알면 앞으로 어떤 역할은 버리고, 어떤 역할은 계속할지, 새로 맡고 싶은 역할은 무엇인지 보다 잘 선택할 수 있을 것이다. 이 장에서는 완전히 새로운 인생을 시작하고자 하는 당신에게 현재 자신의 정체성의 토대는 무엇인지 살펴볼 수 있는 기회를 제공할 것이다.

우리에게 정체성은 복잡한 문제다. 우리는 직장에서, 집에서, 사교 모임에서 각각 정체성이 다르다. 직장에서는 자신을 실천력이 강한 사람, 자신감이 넘치는 리더, 전략가, 중재자와 같이 생각할 수 있고, 집에서는 자신을 헌신적인 배우자, 손자를 아낌없이 사랑하는 할아버지·할머니, 가족을 돌보는 사람, 집수리하는 사람, 요리하는 사람과 같이 생각할 수 있다. 또 사교 모임에서는 자신을 매력적인 사람, 지역사회의 지도자, 골퍼 등 특정한 모습으로 정의할 것이다. 정체성은 마치 우리를 움직이는 대본과 같다. 우리는 정체성에 따라 행동하고 선택하며, 할지말지 결정하고, 세상에 자신을 드러내는 방식을 정한다. 사람에게 정체성이라는 중심이 없다면 제대로 살아가기 어려울 것이다. 그런 사람은 연극의 주제나 배경, 줄거리도 모른 채 무대에 선 배우처럼 보고 느낄 것이다.

긍정적인 정체성을 키워온 사람도 있고, 부정적인 정체성을 키워온 사람도 있다. 하지만 대다수 사람에게는 두 가지 측면이 모두 있다. 어떤 영역에 대해서는 확신을 가지고 낙관하며, 다른 영역에 대해서는 확신하지 못하고 비관하는 측면이 혼재된 것이다. 피카소처럼 자신의 재능을 바탕으로 정체성을 형성하는 사람도 있고, 히틀러처럼 비현실적인 자아를 토대로 정체성을 형성하는 사람도 있다. 히틀러의 경우를 볼 때 자신의 재능과 특징, 장점에 대해 냉철한 평가를 내리는 것이 얼마나 중요한지 깨닫게 된다. 히틀러는 인종주의 때문에 자신의 미술적 재능이 희생당했다는 헛된 환상을 품었다. 어찌 됐든 히틀러가 차라리 화가가 되었다면 세상을 위해 더 좋았을 뻔했다. 이와 대조적으로 넬슨 만델라 같은 사람들 덕분에 세상은 더 좋은 곳이 된다. 만델라는 자의식이 강하고, 자신의 재능에 정확한 평가를 내려 세상에 기여할 수 있었다.

정체성identity의 사전적 의미는 '언제 어디에서나 변하지 않는 존재'를 말한다. 이는 사람이 평생 동안 자신에 대해서 일관된 관점을 유지한다는 뜻인데, 이 말이 맞는 것처럼 들리는가? 이런 정의는 내 인생 경험과 상반된다. 적어도 어느 정도까지는 말이다. 비록 우리가 정체성을 품고 살지만, 우리는 내적으로나 외적으로 늘 변해가는 존재다.

어린 시절이 정체성 형성에 큰 영향을 미치기는 해도 그것이 전부는 아니다. 우리는 어린 시절이 지나서도 강하고 긍정적인 정체성을 발전시킬 수 있으며, 힘든 어린 시절을 극복하고 성공한 사례도 많다. 월트 디즈니나 최고의 베스트셀러 『해리 포터(Harry Potter)』를 쓴 조앤 K. 롤링을 생각해보라. 두 사람 모두 변변치 않은 가정에서 성장했지만, 타고난 재능에 노력을 더하여 자신감 있고 확신에 찬 존재로 거듭났다.

친구들과 함께 골프를 칠 때는 자신감 있고, 단호하고, 유능하고, 재미있는 사람이 될 수 있다. 하지만 자신이 직장 권력의 핵심에서 완전히 배제되었다는 생각이 들 때는 전혀 다른 감정을 느낄 수 있다. 오랫동안 자존심이 상하는 곳에서 일하다 보면 자아 정체성은 부정적인 영향을 받는다.

이와 반대로 유능하다고 인정받는 곳에서 일하면 자존감이 엄청나게 높아진다. 예전에 노인회에서 컨설턴트로 일하던 명랑하고 자신감 넘치는 여성을 상담한 일이 떠오른다. 그녀는 유능한 사람이지만 그곳에서는 인정받거나 존중받는다는 느낌이 들지 않았다. 몇 년간 일하면서 그녀는 자존감에 상처를 받았고, 자신이 정말 그 직업에 맞는지조차 의심스러웠다. 그러나 직업 상담을 한 번 받고 모든 것이 변했다. 직업 상담 결과 그녀는 컨설턴트로서 자질이 있었다. 그녀는 곧 비슷한 업무를 하는 다른 회사에서 일자리를 얻었다. 새로운 회사는 그녀를 존중했고, 그녀는 능력을 인정받아 고액 연봉을 받는 임원이 되었다. 그러면서 잃었던 자존감과 자신감을 되찾았고, 사람들에게 존중받는다는 느낌도 들었다. 덕분에 그녀는 다시 긍정적인 자아상을 확립했다.

현재 자신의 모습이 전혀 마음에 들지 않는다고 해도 관심과 끈기만 있으면 누구나 새로운 존재로 거듭날 수 있다. 머리카락 색깔이나 지문, 잠재력 등은 타고난 것으로 바꿀 수 없지만, 정체성은 그렇지 않다. 정체성이란 경험에 대한 우리의 해석, 즉 개인적 선택의 결과물이다. 과거는 바꿀 수 없지만, 과거와 현재, 미래를 바라보는 시각은 바꿀 수 있다.

두 사람을 비교해보자. 65세인 한 노인은 자신이 늙었고, 미래는 내리막길이라고 믿는다. 반면 동갑내기 다른 사람은 아직 마음은 젊다고 생각하면서, 배우고 봉사하고 흥미로운 일을 할 생각으로 설렌다고 말한다. 세상에는 미래를 낙관적으로 바라보는 사람보다 비관적으로 바라보는 사람들이 많다. 낙관적인 시각을 갖지 못했다면 지금부터라도 열심히 노력해야 한다. 뼛속까지 비관적인 사람이나 '합리적인 실용주의자'에게는 쉬운 일이 아니지만, 생각을 긍정적으로 바꾸면 그만큼 심리적인 보상을 받기 때문에 노력해볼 만한 가치가 충분하다. 자아상을 바꾸고 싶다면 댄 베이커의 『What Happy People Know(행복한 사람들이 아는 것)』를 읽어보자.

정체성 찾기와 역할 찾기

우리는 인생에서 아들이나 딸로, 맏이나 막내로, 멋진 남자나 여자로, 엄마나 아빠로서 주어진 역할을 맡는다. 조직에서도 회계사, 부사장, 회계 대리인, 장관, 부서장과 같은 중요한 역할을 맡는다. 하지만 50세 이후에는 이런 여러 가지 역할을 잃고, 새로운 정체성을 세워야 하는 상황에 처한다. 은퇴한 뒤에도 만나는 사람마다 "저는 은퇴한 경제학자입니다" "전직 조종사예요" "은퇴한 변호사예요" "예전에 IBM에 다녔죠"라고 자신을 소개할 수는 없는 노릇이다. 물론 지금의 나는 누구인가 하는 물음에 "나는 노인이다" 혹은 "나는 노인이 되는 중이다"라고 짧게 대답할 수도 있을 것이다. 그렇다면 도대체 어떤 노인이 되고자 하는가?

50세가 넘으면 누구나 신체적·정신적 변화를 겪는다. 이런 변화가 가져오는 파장은 생각보다 커서 한 사람의 정체성을 크게 흔들어놓을 정도다. 이제 사회적으로는 노인 소리를 들어야 하고, 가정에서는 할아버지·할머니가 되며, 직장에서는 은퇴를 맞이한다. 이 모든 현실과 함께 죽음이 다가오고 있음을 깨닫기 시작한다. 이런 문제는 중년이 지난 사람들을 불안하게 만드는 새로운 현실인 동시에, 인생에서 꼭 한번은 씨름해야 하는 문제다. 이 시기에 겪는 많은 변화 중에는 우선 천천히, 완만하게 진행되는 변화가 있다. 가령 어쩔 수 없이 일어나는 신체적 변화를 받아들이는 일, 할아버지·할머니가 되는 일, 은퇴한 뒤의 삶으로 전환하는 일 등이 여기에 속한다. 반면 예상치 못한 변화도 있다. 갑자기 뇌졸중이나 심근경색, 암 같은 병이 들면 건강에 대한 자신감을 많이 잃는다.

  사람들은 문득 인생이 유한하다는 것을 깨닫기도 한다. 노년기에 접어들기 전에 사람들은 죽음을 분명한 현실로 받아들이기보다 추상적인 개념으로 바라보고 싶어한다. 죽음이 현실이라는 사실을 서서히 깨닫든, 갑자기 깨닫든 우리는 손에 잡힐 듯 강한 인상을 받는다. 60세가 넘은 사람은 이 말이 무슨 뜻인지 충분히 이해할 것이다. 정신이 번쩍 드는 이런 성찰의 순간을 계기로 우리는 인생이 무엇이고, 어떤 사람이 되어가는지 더욱 깊이 있게 탐구한다.

  이렇듯 새롭고 깊은 자아 인식을 통해서 우리는 심오한 지혜를 얻고, 주저 없이 풍요로운 삶을 위한 변화에 나선다. 노인으로서 새로운 자아 인식은 많은 측면에서 흥미로울 뿐만 아니라 새로운 세상으로 나아가는 관문이 될 수 있다. 내 고객 가운데 한 명은 자신의 창의적인 성향을 깨닫고 회사를 그만두었다. 그리고 이탈리아로 가서 고전 미술을 공부했다. 나의 또 다른 지인은 미 국무부에서 퇴직한 뒤, 자신의 영적인 소망을 따르기 위해 목사가 되었다. 하지만 나이 듦에 익숙해지고 죽음에 가까워지는 현실이 못마땅한 것도 사실이다. 그렇기에 필사적으로 이런 현실을 부정하려고 헛된 노력을 하는 사람들도 있다.

자, 여기 '노년'을 받아들이는 세 가지 방법이 있다. 첫째, 노년에 얻은 자유를 통해 새로운 인생을 만들어가는 방법이다. 애비게일 트래포드 Abigail Trafford는 『나이 듦의 기쁨(My Time: Making the Most of the Bonus Decades after Fifty)』에서 노년을 '두 번째 사춘기'라고 표현했다. 둘째, 나이를 부정하고 젊은 애인과 스포츠카를 얻으려고 애쓰는 것이다. 셋째, 우울한 예전 방식대로 늙어가는 것이다. 이런 사람들은 이제 내리막길이라는 생각으로 살다가, 결국 늙고 병들어 죽어간다. 둘째 경우처럼 현실을 부정하는 사람은 지금 자신을 속이고 있는 것이다. 최고급 스포츠카나 새 집, 젊은 애인을 얻는 일이 삶에 자유를 주는 의미심장한 도전이라면 두 손 들어 환영한다! 하지만 현실에서 도망치자고 벌이는 일이라면 그런 시도는 공허할 뿐이다.

그런 무의미한 시도는 결국 인생의 중요한 질문과 대면할 시간을 늦춘다. 이제 '나는 어떤 사람이 될까? 인생의 다음 장에서 나는 무엇을 할까?' 진지한 고민을 해야 한다. 아무리 나이 듦에 따른 내·외부적인 변화를 피하거나 부정하려고 해도, 우리는 어쩔 수 없이 그 문제와 대면해야 한다. 천 길 낭떠러지로 뛰어내리거나, 술에 찌들어 현실을 도피하려는 사람이 아니라면 말이다. 노년기로 접어들었다는 사실을 인정하는 것이 중요하다. 자기 나이를 받아들이고, 아직도 성숙할 시간이 많다는 사실을 인정하지 않으면 결코 새로운 인생에서 기회를 찾고 즐거움을 누리지 못할 것이기 때문이다.

오늘날 사람들은 역사상 어느 시대보다 오래, 건강하게, 활동적으로 살아간다. 그야말로 건강과 장수를 누리는 시대가 왔다. 은퇴한 뒤에는 빈둥빈둥 시간만 보내다 죽음을 맞이한다는 통념도 사라진 지 오래다. 우리 시대에는 활기로 가득한 노인이 넘쳐난다. 나이에 관한 새로운 시각이 힘을 얻고 있다. 50대 이후는 오히려 인생 초반에 짊어진 많은 책임감에서 벗어나 자유로움을 찾는 시기라는 생각이 자리 잡고 있다. 그렇기 때문에 50대가 넘은 사람들도 이제부터 다시 태어나고, 나이에 대한 통념에 도전하며, 즐겁고 신나게 살아갈 수 있다.

정체성의 변화가 있을 때 자신에 대한 평가도 달라진다. 의미 있게 살고 싶다면, 자기 탐구를 바탕으로 인생에서 자신의 새로운 역할을 발견하는 일이 중요하다. 세상에는 우리가 할 수 있는 일이 수없이 많지만, 그중에서 몇 가지밖에 모른다면 어떻게 해야 할까? 답은 간단하다. 자신이 설정한 비전에서 그 답을 찾는 것이다. 자아를 개발하고, 삶에 의미를 느낄 수 있으려면 반드시 자신의 비전에 부합하는 역할을 찾아야 한다. 다음 목록은 각자의 비전에 부합하는 새로운 역할을 찾는 데 힌트를 줄 것이다. 목록에서 자신의 사명으로 느껴지는 일은 없는지 살펴보자. 필요하다면 목록에 자신의 아이디어를 덧붙여보자.

새로운 정체성에 걸맞은 역할들

숨은 실력자	새로운 일 탐험가
• 젊은 직원을 위한 멘토 · 코치	• 사업가
• 수석 고문	• 사장
• 컨설턴트	• 평화봉사단 회원
• 회사 임원	• 전직轉職자
• 전문 협회 이사	• 환전소 직원
• 프리랜서	• 민박 주인
• 새 프로젝트의 팀장	• 가이드
• 로비스트	• 외국어 교사
• 임시 경영자	• 공예가
• 싱크 탱크 동료	• 해결사
• 대학교수, 강사	• 나이트클럽 공연자
• 그 외 :	• 포도주 양조사
	• 정치인
	• 그 외 :

항해사 – 정원사	모험 추구자
• 정원사	• 자동차 레이서
• 바이커	• 아마추어 당구 · 체스 챔피언
• 친목 모임의 골퍼	• 마라톤 선수
• 낚시꾼	• 항해 모험가
• 좋은 책을 읽는 독자	• 능력 있는 사교댄서
• 아마추어 연극배우	• 산악 구조대
• 동호회 회원	• 세계 여행가, 탐험가
• 문서 보관인, 역사학자	• 무술 유단자
• 요리사	• 정착촌의 자원봉사자
• 멋진 할머니 · 할아버지	• 전공 분야를 배우는 지식 탐험가
• 미식가	• 목표 지향적인 사회운동가
• 이야기꾼	• 수색 구조팀에서 활동하는 경비행기 조종사
• 아마추어 시인	• 그 외 :
• 노인, 환자들에게 음식 배달을 돕는 자원봉사자	
• 그 외 :	

정체성을 기반으로 하는
역할 평가 : 자아 발견을 위한 도구

심화 과정으로 '정체성을 기반으로 하는 역할 평가'를 수행해보자. 다음 평가를 수행할 때 정체성을 기반으로 하는 역할이 항상 뚜렷하지 않다는 사실을 기억하라. 직장에서 관리자로서 정체성을 발견했다고 해도, 엄밀하게 따져보면 적극적인 리더나 분별력이 있는 의사 결정자 혹은 직원들을 육성하는 리더가 되고 싶은지도 모른다. 집 안에서 역할도 마찬가지다. 좋은 엄마가 되고 싶다면, 어떤 좋은 엄마가 되고 싶은가? 사커맘(soccer mom : 미국에서 자녀를 스포츠, 음악 교습 등에 데리고 다니는 전형적인 중산층 엄마—옮긴이)이나 싱글맘인가, 워킹맘이나 가정주부인가? 현재와 미래 자신의 정체성 형성에 기여할 수 있는 역할을 자세히 정의할수록, 앞으로 자신이 어떤 사람이 되고 싶은지 명확하게 알 수 있을 것이다.

| 정체성을 기반으로 하는 역할 평가 |

다음 목록에 우리가 흔히 일과 가정에서 맡을 수 있는 역할이 있다. 물론 이 목록에 우리가 생각할 수 있는 모든 역할이 있는 것은 아니다(그런 목록은 족히 백과사전 분량이 될 것이다). 그렇기 때문에 평가 목록의 왼쪽에 빈칸을 두었다. 여기에 자신이 현재 맡고 있거나 앞으로 맡고 싶은 역할을 적어보자.

평가 방법

Part I

정체성을 기반으로 하는 역할 평가를 수행하기 위해 우선 아래의 역할들을 살펴보고, 어떤 역할이 현재 자신의 정체성에 얼마나 영향을 미치는지, 어떤 역할이 자신의 미래에 중요할지 판단해보자. 각 역할의 왼쪽 빈칸에 아래의 표시 중 하나를 적어보자.

- M(Major) : 현재 자신의 일과 삶에서 중요한 비중을 차지하는 역할.
- S(Some) : 현재 자신의 일과 삶에서 비중은 적지만 중요한 역할.
- D(Desired) : 인생의 다음 장에서 '내 정체성'의 중요한 부분으로 삼고 싶은 역할.
- 빈칸 : 현재나 미래에 자신에게 차지하는 비중이 거의 없을 것 같은 역할.

Part I : 정체성을 기반으로 하는 역할

지금까지 자신이 맡고 있는 역할, 미래에 맡고 싶은 역할에 표시해보자.

☐ 분석가, 예리한 사색가	☐ 한 분야에서 권위자
☐ 적응력이 있는 사람, 융통성이 있는 사람	☐ 외모가 잘생기고 매력적인 사람
	☐ 예술과 미美를 사랑하는 미적감각이 있는 사람
☐ 동물 애호가	
☐ 모험가	☐ 거친 운전자

- ☐ 예술가
- ☐ 바이커
- ☐ 형, 오빠 혹은 친구
- ☐ 사물에 대한 균형 감각이 있는 사람
- ☐ 당당하고 정중한 매력이 있는 사람
- ☐ 예리한 언어와 위트를 구사하는 비평가 유형
- ☐ 동정심이 많은 사람
- ☐ 경쟁자, 도전자
- ☐ 화해를 잘 시키는 사람
- ☐ 컴퓨터 전문가, 컴퓨터 마니아
- ☐ 독창적이고 창의적인 사람
- ☐ 미식가
- ☐ 변화의 기폭제가 되는 사람
- ☐ 클럽, 동호회 회원
- ☐ 나이 든 현명한 할머니
- ☐ 보수주의자
- ☐ 환경보호 활동가
- ☐ 코치, 멘토, 지지자
- ☐ (체제·관습 등에 대한) 순응주의자
- ☐ 기독교인, 유대인, 이슬람교도 등
- ☐ 취미가 다양한 사람
- ☐ 댄서(사교댄스, 포크댄스 등)
- ☐ 외교적 수완이 있는 사람
- ☐ 선의의 비판자가 되려는 사람
- ☐ 꿈을 꾸고 비전을 세우는 사람
- ☐ 상황 판단이 빠르고 조심스러운 사람
- ☐ 감정을 잘 드러내지 않는 사람, 감정에 흔들리지 않는 사람
- ☐ 교육자, 개발자
- ☐ 쉽게 흥분하고 감정적인 사람
- ☐ 격려하고 힘을 실어주는 사람
- ☐ 모험을 좋아하는 사업가
- ☐ 활기 넘치고 열정적인 사람
- ☐ 기업을 이끄는 경영자
- ☐ 우호적이고 외향적인 사람
- ☐ 정확하고 날카로우며 사실적인 사람
- ☐ 가정적인 사람
- ☐ 선견지명이 있는 사람
- ☐ 일을 빨리 하는 사람
- ☐ 화려하고 외모가 멋진 사람
- ☐ 말을 유창하게 잘하는 사람
- ☐ 신념을 굳게 지키는 사람
- ☐ 신봉자, (정치나 사상 등의) 지지자·후원자
- ☐ 유쾌한 사람
- ☐ 변덕스럽고 까다로운 사람
- ☐ 유난스럽고 괴팍한 사람
- ☐ (정치 등의) 선동가, 운동가
- ☐ 꾸밈없이 솔직하고 직선적인 사람
- ☐ 성격이 나쁜 사람(무례하고, 신경질적이며, 화를 잘 내는 사람)

- [ ] 원예 애호가(취미로 마당을 가꾸기 좋아하는 사람)
- [ ] 인자하고 친절한 사람
- [ ] 골퍼
- [ ] 목표가 확고한 사람
- [ ] 관대한 사람
- [ ] 할머니·할아버지
- [ ] 마음이 넓은 사람
- [ ] 재주꾼
- [ ] 조화를 추구하는 사람
- [ ] 내조(외조)하는 부부, 지지자
- [ ] 집에 있기를 좋아하는 사람, 전업주부
- [ ] 도보 여행자
- [ ] 역사에 관심이 많은 사람
- [ ] 취미 활동을 열심히 하는 사람
- [ ] 승마를 좋아하는 사람
- [ ] 박애주의자, 자선가
- [ ] 유머가 있는 사람
- [ ] 헌신적인 남편·아내
- [ ] 인습 타파주의자
- [ ] 이상주의자(낭만주의자, 몽상가)
- [ ] 놀고 까불기 좋아하는 사람
- [ ] 정직하고 믿을 만한 사람
- [ ] 부지런하고 근면한 사람
- [ ] 조용하고 사색적인 사람
- [ ] 여론 주도자(자신의 입장을 세상에 널리 알리는 사람)
- [ ] 실천력이 뛰어난 사람
- [ ] 혁신적이고 상상력이 풍부하며, 독창적인 사람
- [ ] (법이나 정치 현안 따위의) 주도자
- [ ] 호기심이 많은 사람
- [ ] 동기를 부여하며 격려하는 사람
- [ ] 신비롭고 수수께끼 같은 사람
- [ ] 냉정하고 무감각한 사람
- [ ] 영리하고 똑똑한 사람
- [ ] 단호하고 감정이 격렬한 사람
- [ ] 특이한 개인주의자
- [ ] 다정하고 친밀한 사람
- [ ] 거칠고 고압적으로 위협하는 사람
- [ ] 금전적인 계획을 세울 줄 아는 투자자
- [ ] 완고하고 고집스러운 사람
- [ ] 직관적인 사람
- [ ] 불손하고 뻔뻔스러운 사람
- [ ] 농담을 좋아하고 익살스러운 사람
- [ ] 독선적인 사람
- [ ] 현명하고 분별력이 있는 사람
- [ ] 인정 많고 다정한 사람
- [ ] 박식한 사람
- [ ] 개척자
- [ ] 개방적이고 유연한 사고를 하는 자유주의자

- ☐ 다른 사람의 이야기를 경청하는 사람
- ☐ 사랑이 넘치는 남자·여자
- ☐ 말이 많고 장황한 수다쟁이
- ☐ 너그럽고 관대한 사람
- ☐ 계획을 실행하도록 만드는 관리자
- ☐ 남자답고 배짱 좋은 사람
- ☐ 집안의 가장인 여자
- ☐ 조직적이고 세심하고 꼼꼼한 사람
- ☐ 온건한 사람(신중하고 침착한 성격)
- ☐ 위엄 있는 노부인
- ☐ 겸손하고 신중한 사람
- ☐ 음악가 혹은 음악을 좋아하는 사람
- ☐ 정체를 알 수 없는 사람
- ☐ 악의 없고 순박한 사람
- ☐ 협상가, 중재자
- ☐ 허무주의자, 회의주의자
- ☐ 사물에 대한 편견 없이 공평한 객관주의자
- ☐ 빈틈없는 원칙주의자
- ☐ 기회주의자
- ☐ 긍정적인 낙관주의자
- ☐ 반전 평화주의자
- ☐ 아버지·어머니
- ☐ 파트너, 협력자
- ☐ 파티를 좋아하는 사람
- ☐ 참을성이 있는 사람
- ☐ 민족주의자, 애국자
- ☐ 영감을 받은 열정적인 사람
- ☐ 부정적인 비관론자
- ☐ 사색적이고 이성적인 사람
- ☐ 침착하고 차분하고 당당한 사람
- ☐ 현실적인 사람
- ☐ 전문성을 갖춘 직업인
- ☐ 사람들이 자신의 의견에 동조하도록 만드는 사람
- ☐ 성실한 공무원
- ☐ 능숙한 이야기꾼
- ☐ 다방면의 책을 탐독하는 독서가
- ☐ 합리적인 사람
- ☐ 관행에 따르지 않는 사람
- ☐ 우아하고 세련되고 점잖은 사람
- ☐ 고립된 외로운 사람
- ☐ 말이 적고 비사교적인 사람
- ☐ 융화하는 사람
- ☐ 생각이 깊은 사람
- ☐ 변화를 시도하는 개혁가
- ☐ 궁금증이 많은 탐구자
- ☐ 유연하고 적응력이 빨라서 위기를 금방 극복하는 사람
- ☐ 독창적이고 영리한 사람
- ☐ 신중하고 과묵한 사람
- ☐ 위험을 무릅쓰는 사람
- ☐ 감정적이고 낭만적인 사람
- ☐ 건강하고 활발하고 정열적인 사람
- ☐ 뱃놀이를 즐기는 사람

- ☐ 지적인 학자
- ☐ 차분하고 조용한 사람
- ☐ 자신감이 넘치는 사람
- ☐ 독립적인 사람
- ☐ 언니·누나
- ☐ 현명하고 분별력 있는 사람
- ☐ 육체적으로 섹시한 사람
- ☐ 붙임성 있고 사교적인 사람
- ☐ 쇼핑을 좋아하는 사람

- ☐ 아들·딸
- ☐ 영적인 것을 추구하는 사람
- ☐ 운동을 잘하는 사람
- ☐ 포용력이 있는 사람
- ☐ 전통주의자, 인습주의자
- ☐ 선구자, 꿈꾸는 사람
- ☐ 세계를 여행하는 사람
- ☐ 시인, 작가

평가 방법

Part II

1. 자신의 정체성을 형성하는 10가지 역할을 선택하라. M과 S로 표시한 역할 중에서 최근까지 자신의 정체성 형성에 가장 큰 영향을 미친 10가지를 찾아 동그라미 쳐보자.
   - 10가지 역할을 순서대로(자아 정체성 형성에 기여하는 정도에 따라) '정체성을 기반으로 하는 역할 평가' 목록에 기록하라. '현재 인생에서 역할'에 적으면 된다.

2. 계속할 역할과 그만둘 역할을 평가하라. 현재 자신에게 중요한 역할 중에서 어떤 역할을 계속하고 싶은지 결정하라.
   - 인생의 다음 장에서도 계속할 역할에 동그라미 쳐보자.
   - 그만둘 역할은 '역할 주차장' 표의 '그만둘 역할'에 기록하라.

3. 새로 맡고 싶은 역할을 떠올려보라. D라고 표시한 역할 중에서 장래에 흥미로울 것 같은 역할을 '바라는 역할'에 기록하라.

4. 미래에 맡고 싶은 '최고 10가지' 역할을 결정하라. 인생의 다음

장에서 자신의 새로운 정체성을 만들어내는 데 가장 중요한 역할이 무엇인지 결정하라.
- '현재 인생에서 역할' 목록에서 동그라미 친 역할과 '바라는 역할'에 기입한 역할 중 인생의 다음 장에서 가장 중요하다고 느끼는 10가지를 선택하라.
- 그 10가지를 '인생의 다음 장에서 역할' 목록에 우선순위에 따라 세로로(가장 중요한 것은 1, 그다음은 2) 기록하라.

5. 중요성 vs. 우선순위. '역할 주차장' 표의 '가치 있는 역할 : 실행할 여지없음'에 자신이 맡고 싶었지만 최고 10가지 역할에 들지 못한 것을 기록하라. 이렇게 하면 10가지 우선순위에 더욱 집중할 수 있고, 그보다 덜 중요한 역할에 관심이 분산되지 않을 것이다.

Part II : 정체성을 기반으로 하는 역할 평가

예시

현재 인생에서 역할	인생의 다음 장에서 역할
1. 나의 전문 분야에서 권위자	1. 영적인 사람
2. 리더, 관리자	2. 남편
3. 문제 해결자	3. 할아버지
4. 남편	4. 마당을 가꾸는 사람
5. 근면히 일하는 사람	5. 골퍼
6. 계획을 실행하는 사람	6. 작가
7. 할아버지	7. 박애주의자
8. 강압적인 사람	8. 독서가
9. 투자자	9. 원칙을 지키는 사람
10. 협상가	10. 세계 여행가

역할 주차장		
바라는 역할	그만둘 역할	가치 있는 역할 : 실행할 여지없음
마당을 가꾸는 사람	나의 전문 분야에서 권위자	대학교수
골퍼	리더, 관리자	역사학자
작가	근면히 일하는 사람	문제 해결자
박애주의자	계획을 실행하는 사람	투자자
독서가	강압적인 사람	
원칙을 지키는 사람	협상가	
세계 여행가		
영적인 사람		

Part II : 정체성을 기반으로 하는 역할 평가

현재 인생에서 역할	인생의 다음 장에서 역할
1.	1.
2.	2.
3.	3.
4.	4.
5.	5.
6.	6.
7.	7.
8.	8.
9.	9.
10.	10.

역할 주차장		
바라는 역할	그만둘 역할	가치 있는 역할 : 실행할 여지없음

새로운 자신이 되기

새로 얻은 자신의 정체성에 익숙해지고 편안해지는 일이 하루아침에 되지는 않는다. 오래된 습관과 생활 방식은 관성이 있게 마련이다. 변화가 클수록 새로운 자신의 모습을 받아들이는 데 심리적으로 더 오래 걸린다. 나 역시 정체성에 큰 변화를 겪은 적이 있다. 나는 해군 장교로 복무하다 상담 전문가 일에 뛰어들었다. 상담 전문가가 되려는 꿈에 부푼 나는 필요한 경험과 학위를 얻기 위해 발 빠르게 뛰어다니기 시작했다. 하지만 해군 장교와 상담 전문가는 직업적 성격이 많이 다르다. 부하들에게 명령하고, 그들이 복종하길 기대하며, 부하들이 말대꾸하는 것을 참지 못하고, 그들을 좌지우지할 수 있는 직업이 바로 해군 장교다. 반면 상담 전문가는 상대방의 이야기를 경청하고, 우회적으로 질문하며, 상대방의 대답을 기다리고, 자기 의견을 상대방에게 강제할 권한이 없다. 해군 장교와 상담 전문가는 머리부터 발끝까지 다르다. 그들은 걷고 말하고 생각하고 활동하고 반응하며 보는 방식이 다르다. 사람들에게 존경을 강요하는 것 같은 해군 제복을 벗고, 부드럽고 편안해 보이는 상담 전문가 복장으로 갈아입을 수는 있다. 하지만 진짜 상담 전문가처럼 행동하고 말하며 새로운 역할에 익숙해지기 위해서는 시간이 필요하다.

시간도 시간이지만 삶의 큰 변화를 모색할 때는 앞으로 무슨 일을 하고, 어떤 사람이 되고 싶은지 분명한 비전을 세워야 중심을 잡을 수 있다. 가족이나 친구, 직장 동료에게 지지를 얻을 수 있으면 더욱 좋다. 인생 코치나 상담 전문가와 의논할 수도 있다. 자신과 인생을 크게 바꾼 인물 중에서 본보기를 찾는 것도 좋은 방법이다. 본보기가 되는 인물이 자신을 어떻게 혁신했는지 살펴보면 자신도 그 인물처럼 원하는 사람이 될 수 있다는 강한 자극을 받을 것이다.

많은 사람들이 지미 카터 전 대통령을 그런 본보기로 생각한다. 카터는 1980년 대선에서 패배한 뒤 원치 않던 결과와 불확실한 미래에 낙심하며 침체된 기간을 보냈다. 하지만 시련의 기간에 카터는 스스로 거듭나 해비타트 운동의 선구자가 되었고, 카터센터를 세움으로써 전 세계의 인권 향상과 분쟁 종식을 위해 헌신하여 노벨 평화상까지 수상했다. 정계의 원로로 부활한 것이다.

스스로 거듭난 인물 중에서 내가 가장 좋아하는 사람은 캐서린 제퍼츠 쇼리Katharine Jefferts Schori다. 쇼리는 현재 한 남자의 아내이자, 자녀를 둔 어머니이며, 미국 성공회의 사제다. 또 정식 자격증이 있는 조종사다. 네바다 교구의 주교로서 수많은 종교 행사에 참석해야 하는 쇼리는 조종사 자격증 덕을 톡톡히 보고 있다. 쇼리의 원래 직업은 오징어와 굴의 생태를 연구하는 해양생물학자였다. 쇼리는 미국 수산청에서 일하던 중 연구 자금이 바닥나자 사제가 되기로 결심했다. 쇼리는 신학 석사 학위를 땄고, 1994년에 사제 서품을 받았다. 그때부터 미국 성공회의 여러 교구에서 사역했다. 쇼리 박사는 52세가 되던 2006년, 드디어 미국 성공회의 대주교가 되었다. 이는 성공회 역사상 최초의 일이다. 그러나 미국 성공회의 대주교이자 진보주의자 쇼리는 곧 동성애자 권리 옹호나 교회 내의 여성 지도자 인정과 같이 예민한 문제에 구성원들이 서로 대립하는 모습을 목격했다. 여성의 교회 최고위직 임명에 반대하는 수많은 사람들에게 쇼리는 "저와 뜻이 다른 사람들과도 관계를 개선하기 위해 노력하겠다"고 응대했다.

쇼리는 예전에도 비슷한 경험을 한 적이 있다. 쇼리는 한 언론과 인터뷰에서 여성 대주교로서 겪는 어려움은 그녀가 해양생물학자로 일을 시작했을 때를 떠올리게 한다고 말했다. 쇼리가 한 연구 조사팀의 일원으로 승선하려고 할 때, 연구 조사팀 대장은 그녀에게 한 마디도 걸지 않겠다고 맹세했다고 한다. 하지만 그의 태도는 같이 승선한 지 15분 만에 확 바뀌었다.

카터와 쇼리가 뛰어난 업적을 이뤘으며 재능 있고 특별한 사람들이기는 하지만, 그들만 그런 것은 아니다. 당신 역시 엄청난 재능이 있다! 어떤 능력은 개발되었고 어떤 능력은 아직 개발되지 못했을 뿐이다. 당신은 이 세상에서 유일무이한 존재이며, 이 사실은 앞으로도 절대 변하지 않을 것이다. 그런 점에서 자신의 직함이나, 과거 혹은 현재의 역할에 구애받을 필요가 없다. 당신은 다양한 선택을 할 수 있는 특별한 존재다. 이제는 새로운 인생을 열어가기 위해서 앞으로 어떤 사람이 되고 싶은지, 무엇을 하고 싶은지, 어떤 역할을 맡고 싶은지 스스로 결정해야 할 시간이다. '새로운 나'의 모습을 마음껏 상상해보라. 그리고 인생의 다음 무대에서 맡고 싶은 역할을 준비하라. 자, 인생의 3막이 시작되려 한다. 무대에 오를 사람은 누구인가?

충만한 인생을 위하여

"대학 학장이 되었다는 사실에 감사한 마음이 들었지만, 내 마음 한편에는 강의실에서 수업을 하고 학생들에게 생물학을 재미있게 가르치고 싶은 열망이 있음을 깨달았다."

— 대학 학장을 사임하고 강의실로 복귀하는 어느 교수

"나는 우리 관계를 가치 있는 것 중 하나라고 적었는데, 왜 당신이 가치 있다고 생각하는 일곱 가지 목록에는 없죠?"

— 가치 평가 과정에서 아내가 남편에게 던진 질문

"지금까지 내 핵심 가치와 얼마나 동떨어진 삶을 영위해왔는지 알고 나니 정신이 번쩍 들었다."

— 리더십 강의에서 가치 평가 과정을 마친 어느 회사 임원의 고백

> **성공을 규정하기**
>
> 현재 인생이 얼마나 성공적이라 느끼는가?
>
> ←――――――――――――――――→
> 전혀 성공적이지 않다   어느 정도 성공적이다   아주 성공적이다

성공의 의미는 늘 변한다

자신의 인생이 성공적인지 아닌지 어떻게 알 수 있을까? 이는 노년기를 만족스럽게 보내는 데 중요한 질문이다. 직장 생활을 하는 동안 성공이란 직장과 가정에 충실한 정도에 따라 좌우된다. 하지만 직장에서 성공하기 위해서는 개인의 개성을 희생해야 하는 경우가 많다. 회사의 요구에 따르거나, 다른 직장을 알아봐야 한다. 회사가 정한 기준에 따라가지 못하거나, 회사의 기대에 벗어나는 행동을 하면 실적이 좋지 못하다고 질책을 받거나 심한 경우 해고당한다. 사기업의 경영주와 임원들은 '성공'이 무슨 뜻인지 정확히 알고 있다. 이윤을 최우선으로 추구하는 곳이 기업이다. 치열한 경쟁의 무대에서 지는 순간, 기업은 문을 닫거나 세상에서 잊힌다.

그렇다면 가정에서는 어떨까? 가정에서는 지금껏 자녀를 키우고, 가족이나 사회적 기대에 부응하며 살아왔을 것이다. 하지만 지금까지 각자의 인생과 가정생활이 성공적인지 아닌지는 직장처

럼 딱 부러지게 판단하기 어렵다. 가정에서는 아무리 제때 공과금을 내고, 설거지를 바로 하고, 낙심한 자녀를 위로한다고 해도 승진을 하거나 월급이 올라가지 않는다. 하지만 가끔씩 눈에 보이지 않아도 가정에서 성공이 진짜 중요하다고 느낀 순간이 있을 것이다. 그저 하루하루 버티며 살 뿐, 도저히 가정에서는 성공하기 힘들다고 생각한 적도 있을 것이다. 지금껏 살아오면서 가정과 직장에서 성공했다고 생각하든 아니든, 노년의 삶에서는 새롭게 성공의 기준을 세워야 한다.

청년기와 장년기를 보내는 동안, 성공은 대부분 시대적 요구와 사회의 기대 같은 외부 조건에 따라 결정된다. 우리는 세상의 요구에 부응하며 살거나, 낙오자가 되어 실패의 길을 걷는다. 하지만 이런 성공의 방정식은 노년, 즉 '은퇴기'에 이르면 확 달라진다.

노년이 되면 직장의 인사고과에 목맬 필요도 없고, 자녀들은 자기 앞가림할 나이가 되었고, 돈도 조금 벌어놓았을 것이다. 이제 원하는 대로 살아갈 자유가 생긴 셈이다. 우리는 이 시기에 성공이란 과연 무엇인지 새롭게 정의해봐야 한다.

지금 당신에게 성공이란 무엇인가. 하루하루 큰 병 없이 사는 것이 성공인가, 아니면 골프에서 핸디캡을 낮추는 것이 성공인가? 혹은 다른 사람한테 보고할 필요 없이 자기 마음대로 일정을 조율하는 것이 성공인가? 그저 살아 있다는 것, 맛있는 커피를 마시며 신문을 (읽는 것을 싫어하는 사람이라면 TV를) 보는 것, 멋진 장소에 앉아 있는 것이면 되는가? 그 밖의 것들은 덤이라고 생각하는가?

사람들은 노년이 되기 전에 성공적인 인생이란 무엇인지 진지하게 고민하지 않는다. 우리는 세상의 기대에 따라 어떤 직업에 종사하고, 결혼하고, 자녀를 낳고, 좋은 집을 사고, 멋진 곳으로 휴가도 다니며 살아왔다. 하지만 노년에는 세상의 기대와 기준에 얽매여 살 필요가 없다. 보통 50세가 넘으면 의무로 가득한 생활에서 벗어나 하고 싶은 대로 하고, 되고 싶은 대로 될 자유를 얻는다. 하지만 우리는 새로 얻는 자유 때문에 다시 '과연 무엇이 멋진 인생인가?'라는 존재론적인 고민에 빠진다. 이 질문에 답하기 위해서는 자신이 무엇을 원하는지 분명히 알아야 한다.

노인이 된 우리는 스스로 질문을 던져야 한다. 무엇이 내 인생에 성취감을 주고, 어떻게 하면 인생의 마지막 순간에 가장 덜 후회할 수 있을지 생각해봐야 한다. 성공에 대한 기준을 분명히 세워두면 남은 인생의 순간순간 자신이 삶의 궁극적인 목표, 곧 자아실현을 향해 가고 있음을 분명히 인식할 수 있을 것이다.

여기에서 말하는 자아실현이란 자기중심적인 삶과 확연히 다르다. 진정한 자아실현이란 세상과 나누고 즐겨야 할 자신의 재능을 제대로 알고, 그에 감사하며 살아가는 것을 의미한다. 이렇듯 깨달음과 감사는 늘 함께한다. 받았다는 사실을 깨닫지 못하면 자신의 재능에 감사하기 어렵다. 따라서 우리가 예전의 생활 방식에서 벗어나는 이때 새로운 깨달음을 얻어야 한다. 새로운 깨달음이란 자신이 어떤 사람인지, 이 세상에 왜 존재하는지 제대로 아는 일이다. 그렇게 하지 않으면 마른 나뭇잎이 차가운 바람에 흩날리며 바스러지듯 의미 없는 존재가 되고 말 것이다.

기쁨 vs. 만족

나는 수년 동안 도심에 위치한 전문대학에서 상담소 소장으로 일하며 학생과 성인들의 진로와 인생 상담을 도왔다. 자기 분야에서 발전이 없다고 느끼며 일과 인생의 새로운 돌파구를 찾아보고자 하는 교수, 행정 직원, 그 밖의 모든 사람을 대상으로 상담을 해주었다. 새로운 전환점을 찾고자 하는 사람들을 돕기 위해 나는 인생과 직업 설계에 대한 강연회를 수차례 열었다. 학생들은 강연회에 참석해 자기평가, 직업 탐색, 목표 세우기와 활동을 하면서 자신의 목표를 점검하고 향후 직업의 방향을 결정하는 기회를 얻었다.

이 강연을 진행하던 중에 놀라운 사건이 일어났다. 강연회에 참석한 학장 한 분이 돌연 교수로 돌아가겠다고 발표한 것이다. 그의 결심에 학교 전체가 놀랐다. 많은 동료 교수들이 왜 많은 보수와 명예, 넓은 사무실, 전용 주차장까지 있는 특권을 누리는 자리에서 물러나느냐고 물었다. 그는 학장이 된 것에 감사하지만, 그 일이 만족감을 주지 못했다고 답했다. 그는 직업과 인생 설계 강연회를 계기로 자신이 원하는 곳이 비서가 보좌하는 사무실 책상 앞이 아니라, 학생들이 있는 강의실이라는 사실을 깨달았다. 무엇보다 그는 학생들에게 자신이 열정적으로 연구한 생물학을 재미있게 가르쳐주고 싶은 교육자다.

인생을 바꿀 만한 새로운 깨달음을 얻은 사례는 또 있다. 내게 인생 상담을 받던 그 남자는 어느 기업의 간부다. 그는 자신을 옭아매는 우유부단함 때문에 나를 찾아왔다. 그는 당시 직업상 두

갈래 길에서 갈등하고 있었다. 우선 그는 회사에서 임원으로 승진해야 한다는 부담감이 있었다. 그러려면 다양한 업무를 섭렵해야 하고, 그중에는 그가 별로 관심이 없는 일이 많았다. 다른 한편으로 그는 지금까지 자신의 업무를 열정적으로 해왔다. 그는 일의 특성상 자신의 도움이 필요한 고객을 직접 상대해왔다. 하지만 그 자리에 머무르는 것 역시 문제다. 임원이 되고 싶기는 한데, 지금 하는 업무를 그만두기 싫다는 것이 핵심이다.

나는 그에게 몇 살까지 살 것 같으냐고 물었다. 그는 망설이지 않고 모르겠다고 대답하더니, 갑자기 그런 질문을 하는 이유가 뭐냐고 반문했다. 나는 질문에 답하면 그 이유를 분명히 알게 될 것이라고 했다. 그는 자신이 87세 정도까지 살 것 같다고 말했다. 나는 87세에 죽음을 맞이하는 날을 그려보라고 했다. 그리고 자신이 노력한 끝에 임원이 되고, 죽는 날까지 임원으로 사는 인생이 어떨지 영화를 찍듯 머릿속에 그려보라고 말했다. 그다음 지금 좋아하는 일을 계속하는 시나리오를 그려보라고 했다. 그렇게 시간이 흘러가면 어떨 것 같은지 물었다. 마지막으로 마음에 떠오르는 다른 이미지가 있으면 그것도 죽는 날까지 인생 시나리오를 그려보라고 했다.

모든 일을 마치고 앞서 생각해본 시나리오 중에서 가장 큰 만족감을 주는 것이 무엇인지 물어보았다. 그는 몇 분 동안 곰곰이 생각하더니 내 눈을 뚫어지게 쳐다봤다. 그러고 나서 자신이 무슨 일을 해야 할지 분명히 깨달았다고 말했다. 임원이 되는 길은 그에게 궁극적인 만족감을 주지 못할 것 같았다. 그는 자신에게 가장 중요한 것은 지금 하는 일이라는 사실을 새삼 확인했다. 하지만 다른 중요한 사실도 발견했다. 그는 상담 과정을 통해서 자신이 굉장히 독립성이 강하다는 것을 깨달았다. 지금 이 회사를 그만두고 컨설팅 사무소를 차리지 않으면 나중에 후회할 것만 같았다. 위험할지 몰라도 컨설팅 사업은 그가 가장 좋아하고, 늘 해온 일이다.

위의 두 사례를 보면 인생에서 진짜 성공이란 무엇인지 중요한 메시지를 읽을 수 있다. 인생의 기쁨과 만족을 혼동하지 말라는 얘기다. '기쁨gratification'은 광고가 조장한 어떤 욕구를 채울 때 얻을 수 있는 것이다. 인생에서 꼭 필요하지 않은 것들, 가령 이웃이 부러워할 차나 젊어 보이게 한다는 화장품에 대한 욕망을 부추기는 것이 광고의 본질이다.

이와 반대로 '만족fulfillment'은 오래 유지된다. 만족은 인생에서 성공한 경험과 관련이 있다. 기쁨과 만족은 모두 좋은 표현처럼 들리지만, 우리 내면에 미치는 영향력은 다르다. 복권에 당첨되거나, 승진하거나, 고급 레스토랑에서 근사한 식사를 하거나, 연말에 넉넉한 보너스를 받거나, 마지막 홀에서 행운의 샷을 성공할 때 느끼는 것이 기쁨이다. 하지만 이런 기쁨은 빨리 사라진다. 일례로 자동차나 소파, 골프채를 새로 샀을 때 그 기쁨이 얼마나 가는가? 기껏해야 한 주, 좀 오래가면 한두 달일 것이다. 새 물건은 금세 헌것이 되고, 우리는 새롭게 유혹하는 다른 무언가로 눈길을 돌린다. 이렇게 되지 않는 일이어야 만족을 느낀다고 할 수 있을 것이다.

우리는 자신의 핵심 가치와 관련 있는 일을 할 때 만족을 느낀다. 따라서 충만한 삶을 위해서는 마음의 소리에 귀 기울여야 한다. 우리의 깊은 내면에는 훌륭한 경험과 자기 이해, 어느 정도의 지혜가 깔려 있다. 우리는 순간적으로 만족을 느끼지만 그 여운은 오래간다. 우리는 무슨 일을 할 때 마음 깊이 즐거워하는지, 나중에 기쁜 마음으로 그 일을 회상하는지 알고 있다.

내 친구 메리 케이는 '인디언' 장신구를 만들 때 만족감을 얻는다. 그녀는 자신에게 가장 중요한 가치가 창의성이며, 창의성을 표현할 때 가장 큰 기쁨을 느낀다는 것을 일찍이 깨달았다. 요즘 그녀는 새로운 만족감을 만끽하고 있다. 그녀가 만든 장신구를 찾는 사람들이 많아지면서 그 수요를 맞추느라 열심히 작업하는 일이 요즘 얻은 새로운 즐거움이다. 상담심리학자 글로리아는 자신이 의미 있는 일을 할 때 만족을 느낀다. 글로리아는 감정적인 문제로 고통 받는 사람들을 위로하고, 그들이 다시 새롭고 흥미롭게 사는 것을 지켜보며 힘을 얻는다.

과거에 어떤 일을 통해 삶이 풍성해지는 경험을 했는가? 미래에 어떤 일이 좋은 추억으로 남을까? 한번 고민해보자.

당신의 성공을 누가 결정하는가?

과거에 누가 당신의 성공을 결정했는가. 직장 상사나 자산 관리인? 아니면 친구들? 뒤늦게 깨달은 사실이지만 나는 청년기 동안 아버지를 만족시키려고 필사적으로 노력했다. 앞에서 이야기했듯이, 아버지는 자수성가한 사업가로 69세에 전립샘암으로 돌아가시기 얼마 전만 해도 사업에 신경 쓰느라 여념이 없었다. 아버지는 덩치가 커서 나도, 다른 사람들도 아버지 앞에 서면 위축되었다. 아버지의 무뚝뚝하고 냉정한 태도는 상대방을 더욱 위축되게 만들었다. 아버지는 늘 일에 쫓기며 살았다. 일주일 내내 새벽같이 출근해서 밤늦게 집으로 돌아왔다. 가족과 관련된 일에 참여할 시간은 거의 없었다. 가족을 돌보는 일은 늘 어머니 몫이었다. 이런 가정환경 때문에 내 의식의 저변에는 아버지를 만족시켜야 한다는 강박관념이 생겼다. 아버지가 내게 주목하고 관심을 쏟아주기 원했다. 화려한 성취를 통해 아버지의 관심을 받고자 노력했다. 그렇지 않고야 어떻게 아버지가 나를 자랑스러워하도록 만들 수 있었겠는가? 그렇지 않고야 어떻게 아버지가 나를 사랑한다는 것을 알았겠는가?

하지만 나는 인생에서 큰 실패를 한 번 겪은 뒤 내게 강박관념이 있었고, 그것이 얼마나 어리석은지 깨달았다. 실패한 뒤 받은 상담 덕이 컸다. 나는 33세에 강박관념을 버리고, 내게 성공이란 과연 무엇인지 진실한 내면의 목소리에 귀 기울였다. 강박관념에서 벗어나자 또 다른 진실이 눈에 들어왔다. 내가 만족시키고자 노력해온 대상은 아버지가 아니라 내 머릿속에 그려진 아버지의 이미지였음을 깨달은 것이다. 현실에서 아버지는 언제나 나를 사랑했다. 단지 내가 알 수 있는 방식으로 사랑을 표현하지 않은 것뿐이다.

남학생들이 성공하기 위해서 아버지를 기쁘게 하거나, 아버지를 능가해야 한다고 생각하는 것은 드문 일이 아니다. 또 사람이 어머니에 관해 가진 이미지는 그의 성공 여부를 결정하는 기준이 될 수 있다. 몇 년 전 내가 상담한 고객의 문제 원인도 어머니였다. 상담을 받으러 온 그의 '표면적인' 이유는 CEO가 되기 위해 도움을 받고 싶다는 것이었다. 하지만 CEO가 되겠다고 말하는 그의 적성과 동기를 살펴볼 때, 그의 목표는 공허해 보였다. 그에게는 그런 목표를 이루는 데 필요한 불꽃 같은 열정이 부족했다. 그는 자신이 CEO가 되면 어머니가 자랑스러워할 거라고 생각했지만, 그가 진심으로 바라는 것은 전혀 다른 일이었다. 상담 과정을 통해 그는 자신이 만족시키고자 노력해온 것이 어머니에 대한 환상이었음을 깨닫고, 다소 극적인 선택을 했다. CEO가 되려고 애쓰는 대신 DJ가 되기로 결심한 것이다. 그가 새로운 꿈을 실현했는지, 그를 보고 어머니가 기뻐했는지 알 수 없다. 분명한 것은 그가 비현실적인 기대라는 짐을 벗어던지고 내 사무실에서 나갔다는 사실이다. 그는 자신의 성격과 재능에 맞는 좀더 현실적이고 새로운 꿈을 안고 기쁜 마음으로 나갔다.

할머니·할아버지나 어머니·아버지는 때때로 자녀에게 큰 기대를 품는다. 배우자 또한 종종 자신의 꿈을 상대방이 이뤄주기 바란다. 직장에서 승진하라고 남편을 닦달하는 아내들이 얼마나 많은가. 자식을 명문대에 보내려고 원치 않는 일을 하고, 뼈 빠지게 야근하는 부모들이 얼마나 많은가. 어린 자녀라고 예외는 아니다. '괜찮은' 유치원에 보내려고 밤새 줄 서서 기다리는 부모들이 얼마나 많은가. 교육이 성공의 열쇠인 물질만능주의 사회에서 자기 아이가 뒤처지길 바라는 부모가 어디 있겠는가.

내 친한 친구 중 한 명은 원래 직업이 가톨릭 사제였다. 하지만 사랑하는 사람과 결혼하기 위해 신부복 대신 양복을 입는 직업을 택하기로 결심했다. 친구는 어머니가 이 사실을 알면 기겁하실 거라고 내게 말했다(내 친구를 J. P.라고 부르겠다). J. P. 어머니의 평생 바람은 아들이 가톨릭 신부가 되는 것이었다. 어머니는 사제직을 버린 용서할 수 없는 죄를 지은 아들을, 아들을 늘 자랑거리로 삼던 자신의 자긍심을 뭉개버린 아들을 그냥 용서하고 싶지 않았다. J. P. 어머니는 결혼식에도 참석하지 않았고, 얼마 후 돌아가셨다. 생전에 어머니는 J. P.에게 삶을 스스로 개척할 수 있는 선택권을 주지 않았다. J. P.는 그에 따른 고통과 어머니에 대한 실망감을 극복하는 데 용기가 필요했다. 하지만 그는 어머니를 만족시키고 어머니가 못다 이룬 꿈을 채우는 대신, 스스로 만족할 수 있는 자기 인생을 찾아야 한다는 사실을 잘 알았다.

나 또한 큰딸이 아동심리학자가 되기를 내심 바랐다. 다행히 큰딸에게는 아비의 바람보다 본인의 소명에 귀 기울일 줄 아는 지혜가 있어서, 다른 방향으로 진로를 정했다. 인생에서 큰 전환기를 맞을 때, 과거에 나의 선택에 지나치게 간섭한 사람이 누구인지 다시 생각해봐야 한다. 그 사람이 누구인지 알아내면, 앞으로 나에게 영향을 미칠 사람이 누구인지 결정할 수 있다.

다음 목록을 활용해서 지금까지 자신의 선택에 지나치게 영향력을 행사한 사람이 정확히 누구인지 확인하라. 먼저 과거에 자신의 선택에 결정적 역할을 한 사람들에게 체크하라. 그다음은 몇 년 뒤 자신의 성공에 큰 영감을 줄 것 같은 사람 혹은 자신의 성공을 판단해줄 것 같은 사람들에게 체크하라.

- [ ] 어머니·아버지 혹은 부모님의 권위가 있는 다른 사람
- [ ] 배우자 혹은 중요한 상대
- [ ] 롤모델
- [ ] 상사
- [ ] 직장 동료
- [ ] 전문가 집단
- [ ] 은사, 멘토
- [ ] 종교 공동체
- [ ] 묵상 공동체
- [ ] 시민 공동체
- [ ] 자녀
- [ ] 손자·손녀
- [ ] 친구나 지인
- [ ] 의사
- [ ] 동료 집단
- [ ] 문화적 전통 혹은 가족의 전통
- [ ] 골프 클럽 멤버
- [ ] 스포츠를 함께하는 친구들
- [ ] 술친구
- [ ] 카드 모임의 구성원
- [ ] 역사적·전설적 영웅
- [ ] 연예인이나 유명인
- [ ] 이웃 사람
- [ ] 영적 지도자

☐ 치료사
☐ 애인
☐ 자아, 자존심
☐ 직관
☐ 그 밖의 다른 것 _____

인생에서 중요한 가치와 궁극적인 성공

지금까지 당신의 성공에 큰 영향을 미쳤거나, 당신의 성과를 판단한 사람들에 대해서 집중적으로 알아보았다. 이제 진정한 성취감을 맛보기 위해 무엇이 필요한지 알아보자. 나는 지금 인생의 소소한 성공에 대해 이야기하는 것이 아니다. 물론 인생에서 소소한 성공이 중요하고 그것이 쌓여 큰 성공으로 이어지지만, 지금 내가 말하려는 주제는 나이가 이만큼 들었을 때 누구나 한번 생각해봄 직한 인생의 궁극적인 성공이다. 이런 성공을 경험할 때 우리는 현재 충만하게 살고 있다고 느낄 뿐만 아니라, 인생 전체를 돌아봤을 때도 뿌듯함을 느낄 수 있다. 궁극적인 성공은 개인적인 경험과 깊은 관계가 있다. 즉 각자 무엇을 가장 중요하게 생각하는가에 따라 궁극적인 성공의 모습이 달라진다.

가치관의 형성

어떤 사람을 아무런 가치관도 없는 사람이라고 말해본 적이 있는가? 사람은 서로 다르며, 각자 어떤 가치관이 있다. 우리는 자신의 가치관은 '옳고', 다른 사람의 가치관은 '그르다'고 생각하는 경향이 있다. 자신의 가치관이 다른 사람의 가치관보다 우월하다고 우길 때 가족과 지역, 국가 사이에 갈등이 일어난다. 가치관의 충돌은 한 사람의 내면에서도 똑같이 일어난다.

어떤 선택을 해야 하는 상황에서 어찌할 바를 모른 적이 있다면, 두 가지 중요한 가치관이 충돌했기 때문일 것이다. 앞서 어떤 선택을 해야 할지 몰라 고민한 남자가 바로 그런 예다. 그는 승진하고 싶은 바람과 진심으로 원하는 일을 하고 싶다는 욕구 사이에서 갈등했다. 그의 갈등은 어떤 가치가 다른 가치보다 우월한지 깨달은 뒤에야 해소됐다.

우리의 가치관이 집중적으로 형성되는 시기는 인생의 초년기다. 20세 정도 되면 적당히 진부하고, 평범하고, 현실적인 가치관을 형성한다. 그 나이에 우리는 선과 악, 옳고 그름, 용인할 수 있는 것과 그렇지 않은 것을 안다고 확신하며, 가족이나 문화, 환경, 교육, 종교적·영적 모임을 통해 특정한 가치관이 주입된다(대중매체에 끊임없이 세뇌되는 것은 두말할 필요도 없다). 하지만 우리는 이렇게 가치관이 주입되는 것을 의식하지 못한다.

20세 이후에 가치관이 변할 수 있지만 쉽지는 않다. 우리는 심리적인 충격을 받거나 감정적으로 크게 흔들리는 사건을 경험한 뒤 자신의 가치관을 살펴보려고 한다. 살다 보면 누구에게나 그런 일들이 일어난다. 하지만 우리는 그런 일이 생길 때조차 자신의 가치관을 면밀히 살피는 일을 거부하는지 모른다. 자신의 가치관을 돌아보는 일이 인생 전체를 바꿔야 하는 변화로 이어질까 두렵기 때문이다.

예를 들어 우리가 "항상 열심히 일하라, 시키는 대로 행동하라, 권위에 순종하라, 미성년자나 50세가 넘은 사람을 신뢰하지 마라, 남의 일에 참견하지 마라, 지조를 지켜라" 같은 훈계에 세뇌되었다고 하자. 하지만 이런 가치관을 따른다고 해서 우리가 만족스럽게 살 가능성은 희박하다. 반면 운 좋게 삶에 만족감을 주는 가치관을 체득한 사람들도 있다. 이런 사람들은 "받는 것보다 주는 것이 낫다, 대접받고 싶은 대로 남을 대접하라, 꿈을 좇으라" 같은 가치관을 심어주는 존경스런 롤모델을 보며 성장했을 것이다. 그러나 아무도 완벽한 가치관을 형성할 수는 없기 때문에 자기 행동과 느낌의 근저에 무엇이 있는지 탐구하고, 자신을 바꿈으로써 더욱 발전할 수 있다.

가치관과 행동

우리는 중요하다고 여기는 가치관에 따라 행동하고, 사람들과 관계를 맺고, 도덕관을 형성하며, 판단을 내린다. 개인의 성격과 습관, 삶에 대한 태도 등도 행동에 영향을 주지만, 가치관이 크고 작은 일을 결정하는 데 가장 중요한 역할을 한다.

정말 중요한 것이 무엇인지 깨닫기 위해서는 가끔 다른 사람의 도움이 필요하다. 얼마 전 알코올중독에 빠진 어느 기업 간부를 상담하면서 그런 생각이 들었다. 그는 가정에서 한 아내의 남편이

자 두 아들의 아버지다. 우리는 일에서 가정생활까지 연장된 그의 목적 지향적인 태도에 관해 집중적으로 논의했다. 가정에서 그의 태도는 장단점이 극명하게 나타났다. 장점은 그가 집에서도 '해야 할 일 목록'을 만들었기 때문에, 집 안 이곳저곳이 잘 손질되었다는 것이다. 그는 늘 집 안 구석구석을 수리했지만, 해야 할 일에 집착한 나머지 휴식과 즐거움은 거의 누리지 못했다. 그는 최근까지도 "너무 바빠서" 차를 타고 가까운 곳으로 놀러 가자는 아내의 부탁조차 들어주지 못했다고 자책하듯 말했다.

비슷한 시기에 아내는 작업 공구를 사러 나서는 남편을 막아서며 한 아이는 데리고 가야 하는 것 아니냐고 고집을 부렸고, 그는 어쩔 수 없이 아내의 말을 따랐다. 그 일을 떠올리면서 그는 아들과 보낸 짧은 시간이 유대감을 형성하는 중요한 순간임을 깨달았다. 돌이켜보니 아이들과 함께하는 시간이 그가 해야 할 일을 마치고 얻는 어떤 만족감보다 소중했다. 아내가 그때마다 일러준 덕분에 그는 삶의 우선순위를 깨달았다. 그는 무언가 결과를 내야 한다는 강박관념을 버리고, 가족과 함께 즐거운 시간을 만들려고 노력하기 시작했다.

당신의 가치관은 어떤가. 결과를 내야 한다는 강박관념 때문에 인간관계를 망치고, 다른 사람을 배려하지 못한 것은 아닌가? 승진을 위해 양심을 버린 적은 없는가? 사람들에게 '헌신적인 관계'를 요구하다가 우정에 금이 가거나, 승진을 못 한 적은 없는가? 반복되는 일상과 눈앞에 닥친 일에 몰두하느라 자신에게 궁극적인 만족을 주는 다른 대안은 전혀 생각해보지도 않고 사는 건 아닌가? 이런 질문에 하나라도 "그렇다"고 답했다면 자신의 핵심 가치를 다시 살피고 정리해야 할 것이다. 자, 이제 날마다 자신의 진정한 가치에 따라 살 준비가 되었는가?

가치관의 변화와 노년의 삶

젊은 시절에 우리는 보통 직업이나 인간관계, 가정을 꾸리고 자녀를 기르는 일, 정체성 확립과 같은 일에 우선순위를 둔다. 시간이 흐르면서 겪는 인생의 굵직한 사건들이 삶의 우선순위를 바꿔놓았을 것이다(우리가 그런 변화를 알아채든 그렇지 못하든 간에). 하지만 오랫동안 인생과 직업 상담을 해오면서, 대다수 사람들이 무의식적으로 마치 외길을 걷는 것처럼 20년, 30년, 심지어 40년 전과 똑같은 선택을 반복한다는 사실을 발견했다. 더 걱정스러운 점은 여태껏 그 길조차 다듬고 정비하지 않았다면, 지금쯤 길의 상태가 엉망이 되었으리라는 것이다. 여태껏 살아오면서 여러 가지가 변했을 것이다. 가령 직업, 거주지, 자동차, 친구, 장롱, 취미, 식습관 같은 것이 바뀌었을 테고, 또 뭐가 있을까? 그렇다! 배우자도 바뀌었을 수 있다. 하지만 그 모든 변화를 겪는 동안 가치관을 바꾸겠다는 생각을 한 번이라도 해봤을까?

예컨대 처음으로 결혼하겠다고 결심했을 때 상대방에게 무엇을 기대했는가. 친구 같은 배우자나 관대한 사람을 찾았는가, 아니면 돈이 많은 사람, 잘생긴 사람, 종교가 같은 사람을 찾았는가? 지금 배우자를 찾는다면 어떤 사람을 원하는가? 직장을 처음 구했을 때는 언제이며, 그 직장에 들어간 동기는 무엇인가? 돈이나 명예, 권력 때문이었나, 아니면 세상을 바꿔보고 싶은 바람 때문이었나? 혹은 자기가 동경해온 회사의 계열사이기 때문이었나? 오늘날 당신의 선택을 이끄는 것은 무엇인가? 젊은 날 중요하다고 생각하던 일도 노년에 충만한 인생을 영위하는 데는 아무런 도움이 되지 못할 수 있다.

나는 지난 수십 년 동안 노년이 되어서도 과거에 얽매여 똑같은 선택을 반복하는 사람들을 수없이 만났다. 시간이 흘러 과거에 잘못된 선택을 했다는 것이 분명히 드러났는데도 그들은 변하지 않았다. 한편 자신과 맞지 않는 직업이나 회사, 배우자에 계속 묶여 있는 사람도 있다. 이런 사람은 자신이 바라는 바와 현실에 큰 차이가 있는데도 변화를 거부한다.

동료의 소개로 나를 찾은 40대 후반의 의사가 그런 사람 중 한 명이다. 나는 상담 과정에서 그에게 일종의 적성검사를 권했는데, 검사 결과 그는 창의성이 아주 높은 사람으로 드러났다. 그는 검사 결과를 듣더니, 젊은 시절에 정말로 예술가가 되고 싶었다고 털어놨다. 하지만 아버지가 그의 꿈을 막았다. 아버지는 "가난한 예술가가 될 부끄러운 아들"에게 학비를 대주지 않겠다고 했다. 그는 아버지의 기대를 저버리기 힘들어, 아버지가 자랑스러워할 만한 의사가 되었다. 그는 직업에서 성공했지만, 감정적으로는 만족하지 못했다. 아무리 노력해도 일에 몰두할 수 없었다. 그는 예술에 대한 열정을 좇기에는 너무 늦었다고 생각했다. 의사로서 일하는 데 많은 것을 투자했기에, 예술에 대한 소망은 은퇴 후로 미뤄야 한다고 판단했다.

이 이야기는 흥미로운 반전으로 끝난다. 나와 마지막으로 상담하는 날, 그는 예전의 열정을 이어가겠다고 결심했다. 그런데 며칠 지나지 않아 그가 다시 찾아왔다. 그는 곧 대학원에 진학하는 자녀들에게도 자신이 받은 검사를 받게 해주고 싶다면서, 그 검사 자료를 몇 부 얻을 수 있는지 물었다. 적성검사 자료를 건네주면서 나는 혹시나 하는 마음에 자녀들이 의학대학원에 진학할 예정이냐고 물었다. 그가 알 듯 말 듯한 미소를 지으며 말했다. "맞습니다. 그런데 아이들이 그런 결정을 내리도록 한 게 누구인지 아십니까?" 그는 지난날 자신의 쓰라린 경험을 반추한 뒤, 자녀들의 직업 선택에서 우선순위를 다시 매겼다. 그는 인생의 성공을 말할 때 자신의 만족감이 얼마나 중요한지, 자식에 대한 아버지의 기대나 허영심이 얼마나 헛된 것인지 제대로 알았다.

성공에 대한 기준 세우기

궁극적인 성공이란 가장 중요하다고 생각하는 가치에 얼마나 부합하며 살아가느냐에 달렸다. 그러기 위해서는 자신에게 가장 중요한 가치가 무엇인지 알아야 하고, 가치의 우선순위를 매겨야 한다. 성공적이고 의미 있는 노년을 살고 싶은 사람들을 위해 '성공의 기준 정하기'라는 자기평가 방법을 만들었다. 이를 통해 자신이 성공적이고 충만하게 살고 있다는 확신을 심어주는 핵심 가치를 발견하고, 그 우선순위를 결정할 수 있을 것이다. 평가 방법은 세 부분으로 나뉜다.

Part Ⅰ : 성공의 기준 정하기
Part Ⅱ : 가치의 우선순위 정하기
Part Ⅲ : 우선하는 가치에 집중하기

성공의 기준 정하기

Part Ⅰ에서는 각자 현재 삶에서 무엇이 성공인지 확인해볼 것이다. 우선 '성공의 기준' 목록에 있는 각각의 항목에 점수를 매겨보자. 항목마다 점수를 매기면서 인생의 다음 장에 자신에게 진정으로 중요한 가치가 무엇인지 발견할 수 있을 것이다.

가치의 우선순위 정하기

Part Ⅰ을 진행하면서 미래에 중요한 가치가 과거에 우선시하던 가치와 정확하게 일치하지 않음을 발견했을 것이다. 그런 차이점을 이해하다 보면 어떤 가치들이 조화를 이루고, 어떤 가치들이 부조화를 이루는지 알 수 있다. 이전에 우선시하던 가치와 미래에 중요한 가치가 일치하는 부분에서는 새 인생이 순조롭게 열릴 것이라고 기대해도 좋다. 차이가 있는 부분을 발견하면 특별한 관심이 생길 것이다. 그렇게 차이가 나는 부분이 새로운 사람, 새로운 모습으로 다시 태어나기 위해 변화가 필요한 부분이다. 그 과정에 Part Ⅱ가 도움이 될 것이다.

과거에는 그러지 못했지만 미래에 가장 우선시되는 가치가 '균형 잡힌 삶'이라고 생각하는가? 그렇다면 당신은 아직도 균형 잡힌 삶을 간절히 원하지만, 과거의 습관과 강박관념, 세뇌당한 생각 때문에 발목 잡히고 있을 것이다. 과거의 습관이나 사고방식의 그림자가 너무 짙어 새로운 변화가 불편하게 느껴지고, 결국 변화를 포기하고 과거 방식대로 살아간다.

가치관을 바꾸는 일이 마음만 앞선다고 되는 일이 아니라는 것을 나도 잘 안다. 대학에서 35년간 영어를 가르치다가 은퇴한 친구와 이야기를 나눈 적이 있는데, 그때 그 어려움을 다시 한 번 절실하게 느꼈다. 친구는 단단히 몸에 밴 것을 바꾸기가 얼마나 어려웠는지 말하며, 최근에 깨달은 바를 이야기했다.

"데이비드, 자네도 알잖아. 나는 은퇴한 뒤 처음으로 뭔가 성과를 내야 한다는 생각에 쫓기지 않는다네."

늘 뭔가 해내야 한다는 부담감 속에 살던 나는 그 친구가 얻은 자유가 부러울 따름이었다. 친구에게 물었다. 어떻게 하면 더 여유롭고 덜 집착하며 살 수 있지? 친구의 답은 간단했다. 원하는 것이 무엇인지, 어떤 변화를 원하는지 알고 그에 따라 행동하면 돼. 친구는 잠시 생각하더니 한 가지 덧붙였다. 자신에 대한 인내심도 필요해. 그 조언은 아주 훌륭한 것 같다. 그래서 나도 '노력 중'이다.

우선하는 가치에 집중하기

Part Ⅲ로 넘어가기 전에 잠깐 자신을 돌아보자. 현재 중요한 가치와 미래에 중요한 가치가 어떻게 다른가? 현재와 미래의 삶에서 우선순위 목록을 살펴보며 다른 점을 기록해보자. 두 목록을 비교하면 새로운 인생에 어떤 점이 쉽고, 어떤 점이 어려울지 그 모습이 드러날 것이다.

　가령 목록을 보고 자신이 가치 있다고 생각하는 일에 헌신하는 것이 현재나 미래에 삶의 최우선 가치임을 알게 될지도 모른다. 열정이 있지만 지금까지는 시간이 없어 실천하지 못한 사명을 발견할 수도 있다. 내 고객 중에도 그런 사람이 한 명 있다. 그녀는 날개가 부러진 매, 다리가 없는 여우, 다친 사슴 등 부상당한 동물을 돌보는 보호소에서 일하기를 좋아했다. 하지만 은퇴하기 전에는 시간이 없어 간혹 이곳저곳에서 몇 시간 동안 참가하는 것이 전부였다. 은퇴하면 시간을 마음대로 쓸 수 있기 때문에, 그녀는 동물 보호소에 이전보다 많은 시간을 투자하고자 한다.

　인생의 다음 장에서 자신에게 가치 있는 일을 정했다면, 그 가운데 미래에 핵심이 되는 가치의 우선순위를 정하고 싶을 것이다. 그러기 위해서는 현재 상황을 분석해볼 필요가 있다. Part Ⅲ '우선하는 가치에 집중하기'가 도움이 될 것이다.

　평가하다 보면, 특히 가치의 우선순위를 정하는 부분에서 노년에 편안하게 생각되는 부분과 낯선 부분을 만날 것이다. 결과가 어떻든 자신에 대한 인내심을 잊지 말기 바란다.

| 성공의 기준 정하기 |

인생의 다음 장에서 성공적이고 의미 있게 사는 데 중요한 가치를 명확히 하고, 우선순위를 정하는 데 도움을 주기 위해 이 평가 방법을 고안했다. 설명에 따라 Part Ⅰ부터 Part Ⅲ까지 자기평가를

해보자. 그리고 배우자 혹은 자신에게 중요한 사람과 평가 결과에 대해서 이야기를 나눠보자.

평가 방법

Part I

Step 1 : '성공의 기준' 목록에서 각 항목에 점수를 매기며, 현재 당신에게 무엇이 성공인지 정한다.
- 아래의 점수표를 참조해서 '현재 인생' 칸에 점수를 기록하라.
- 평가지의 마지막 빈칸에는 자신의 성공의 기준을 적어보자.

> **성공의 기준 평가 점수표**
> 4=나와 정확하게 일치한다.
> 3=나와 큰 관련이 있다.
> 2=나와 어느 정도 관련이 있다.
> 1=나와 거의 관련이 없다.
> 0=나와 전혀 상관없다.

Step 2 : 성공의 기준을 다시 검토하고, 각 항목이 인생의 다음 장에서 얼마나 중요할지 점수를 매겨보자.
- 목록 오른편의 '인생의 다음 장' 칸에 점수를 기록하라.
- 평가지의 마지막 빈칸에는 자신이 미래에 중요하다고 생각하는 성공의 기준을 적어보자.

Part I : 성공의 기준 정하기

현재 인생	성공의 기준 : 개인적 성취의 토대가 되는 가치	인생의 다음 장
	직장에서 승진하기	
	경제적인 안정 이루기	
	균형 잡힌 삶	
	내 모습 그대로 존경받기	
	전문 분야에서 최고라 인정받기	
	자율성 찾기(자신 외에는 보고할 사람이 없는 일 찾기)	
	좋아하는 일에 참여하기	
	오전 9시부터 오후 5시까지 근무하는 직장에서 일하기	
	취미·여가 활동 즐기기	
	내가 변할 수 있다는 것을 알기	
	재능을 활용하고 계발하기	
	세계를 여행하고 탐험하기	
	사업가 되기	
	헌신적인 사랑의 관계 안에 머무르기	
	한 인격체로서 배우고 성장하기	
	신체적인 건강	
	매력적인 외모 가꾸기	
	가족과 재미있고 가치 있는 시간 보내기	
	고독을 즐기기, 혼자만의 시간 보내기	
	안락하고 유쾌한 가정 꾸리기	
	창의적인 사람 되기	
	흥미로운 일에 도전하기	
	다음 세대를 위해 이바지하기	
	성취를 인정받기	

자신을 수용하고 걱정하지 않기	
지위나 성취에 따른 유명세 즐기기	
권위와 능력이 있는 지위에 오르기	
가치 있다고 생각하는 일에 헌신하기	
유명한 기관과 제휴하기	
스포츠나 체육 활동에 탁월하기	
종교적·영적 신념에 꼭 들어맞게 살기	
다양한 문화 활동 접하기	
지역사회의 일에 적극적으로 참여하기	
지혜와 지식을 활용하기	
친구들과 어울리기	
값비싼 장난감(자동차, 보트, 오토바이 등) 소유하기	
기타 :	

평가 방법

Part II

지금 우선시하는 가치와 미래에 우선시하는 가치 중 우선순위를 정해서 다음 표를 채워보자. 당신이 중요하게 생각하는 가치를 우선순위에 따라 되도록 많이 밝히고 기록하라. 가장 중요시하는 가치는 무엇인가? 그다음 중요한 가치는? 또 그다음은? 이런 식으로 우선순위를 매겨보자.

  이 일은 쉽지 않을 것이다. 현재와 미래에 중요한 가치들이 최고 자리를 놓고 다툴 가능성이 크기 때문이다. 수많은 가치 중에서 10가지를 고르느라 진땀을 빼다 보면, 내가 왜 이런 짓을 해야 하는가 싶을지도 모른다. 그래도 절대 포기하지 마라!

인생에서 중요한 가치를 우선순위에 따라 분명하게 정하면 다음과 같이 삶의 질이 높아질 수 있다.

- 인생에서 더 나은 선택과 결정을 하여 성취감과 만족감을 느낄 수 있다.
- 현재 인생에서 가장 중요하다고 생각하는 가치에 맞게 행동할 수 있다.
- 내게 가장 큰 영향을 미치는 내면의 동기가 무엇인지 이해하여 내적 갈등을 최소화할 수 있다.
- 목소리를 내야 할 문제가 무엇이고, 최소한으로 관여하고 넘길 사안이 무엇인지 알면 스트레스와 갈등을 피할 수 있다. 즉 우선시하는 가치가 무엇인지 분명히 아는 것은 내가 어떤 문제 때문에 싸우는지, 왜 싸우는지 알 수 있는 중요한 토대가 된다. 가치의 우선순위를 정하면 어떤 사안을 최소화하거나 무시해야 하는지, 왜 그런지 쉽게 분별할 수 있다.

먼저 '현재 인생'에서 중요한 가치의 우선순위를 정하라. 그다음 '인생의 다음 장'에서 바라는 것들로 넘어가라. 선택하는 과정에서 생각이 달라질 수도 있기 때문에 연필과 지우개를 옆에 두고 작성해보자.

Part Ⅰ에서 4점을 준 가치들을 참고해서 나만의 '10가지'를 뽑아라. 이 과정이 끝날 때까지 직관을 활용하고 '직감을 믿어라'.

Part II : 가치의 우선순위 정하기

현재 인생	인생의 다음 장
1.	1.
2.	2.
3.	3.
4.	4.
5.	5.
6.	6.
7.	7.
8.	8.
9.	9.
10.	10.

평가 방법

Step 1 : Part Ⅱ에서 '인생의 다음 장'에 적은 가치 가운데 중요한 7가지를 Part Ⅲ의 '우선하는 가치에 집중하기'에 적어보자.
- '인생의 다음 장에서 성공을 판단하는 토대가 되는 가치'에 그 7가지를 기록하라.
- 최우선 가치 7가지를 옮겨 적을 때 우선순위를 다시 한 번 잘 생각해보고, 그 가치를 자신만의 언어로 표현하자.

Step 2 : 이 단계는 인생의 다음 장에서 가장 중요하다고 규정한 가치들이 현재 어느 정도 구현되었는지 판단해보는 과정이다. 아래 점수표를 활용해서 그 정도를 표시해보자.

> 점수표
> ＋＋ 현재 상황에 가치가 잘 구현되었다.
> ＋ 현재 상황에 가치가 대체로 구현되었다.
> ＋－ 현재 상황에 가치가 적당히 구현되었다.
> － 현재 상황에 가치가 대체로 구현되지 않았다.
> －－ 현재 상황에 가치가 전혀 구현되지 않았다.

Step 3 : "현재 삶에서 성공이란 무엇인가?"라는 질문에 집중하라. 각각의 가치가 현재 얼마나 구현되는지 곰곰이 생각해보자.
- 어떤 가치가 현재 일부든 전부든 구현되고 있다고 평가했다면, 그 상황을 만든 조건과 상황, 행위 등이 무엇인지 확인해보자.
- 완성된 표가 어떤 모습인지 알려주기 위해서 예시를 하나 만들었다. 버나드는 이 표를 작성하면서 자신의 현재 상황이 어떤지, 만족스런 미래를 위해 무엇이 필요한지 알 수 있었다.

Step 4 : "채워진다면 더 큰 충족감을 얻을 수 있는 것들은 무엇인가?"라는 질문에 집중하라.
- 핵심 가치에 완전히 부합하는 삶을 위해 현재 삶에서 무엇이 더 필요한지 생각해보자.
- 버나드의 예가 도움이 될 것이다. 버나드의 표는 각자 작성할 '우선하는 가치에 집중하기'와 똑같은 양식이다.

Part III : 우선하는 가치에 집중하기

우선순위	인생의 다음 장에서 성공을 판단하는 토대가 되는 가치	점수표	현재 삶에서 성공이란 무엇인가? (조건, 상황, 행위)	채워진다면 더 큰 충족감을 얻을 수 있는 것들은 무엇인가? (조건, 상황, 행위)
1				
2				
3				
4				
5				
6				
7				

			버나드의 예	
우선순위	인생의 다음 장에서 성공을 판단하는 토대가 되는 가치	점수표	현재 삶에서 성공이란 무엇인가? (조건, 상황, 행위)	채워진다면 더 큰 충족감을 얻을 수 있는 것들은 무엇인가? (조건, 상황, 행위)
1	정신적인 측면을 중시하고 살며 성장하기	+	교회에서 성인 대상 교육 프로그램에 참여하기. 아내나 친구들과 배우고 토론하기.	마음을 가라앉히고 내면의 평화와 평온을 가져오는 명상하기.
2	서로 헌신하는 부부 관계	+ +	아내와 관계에서 큰 만족을 얻는다. 우리는 함께 노력하며, 상대방의 노력을 당연시하지 않는다.	아내와 서로 사랑하지만 각자 취미가 필요하고, 같이 즐길 수 있는 취미를 개발해야 한다.
3	가족과 즐거운 시간 보내기	+	자녀, 손자들과 즐거운 시간을 보낸다. 손자들이 배우고 성장하는 것을 지켜보고 돕기를 좋아한다.	자녀와 손자들이 여기저기 흩어져 살아서, 똑같은 애정과 관심을 쏟기가 힘들다.
4	나의 가장 뛰어난 재능과 가장 큰 관심을 활용하고 계발하기	+	나의 창의성과 코치하는 능력을 활용해서 상담과 글쓰기를 즐긴다.	글 쓰는 능력이 늘었다고 생각하지만, 인터넷을 활용하는 능력은 뒤처졌다.
5	좋아하는 일하기	+ −	나는 성인을 코치하고 유용한 자료를 만드는 일을 즐긴다. 여행하며 시간을 보내는 일이 점점 힘들다.	집에 좀더 머무르며 창조성을 활용할 새로운 일을 찾고 있다.
6	좋은 친구들과 유쾌한 시간 보내기	−	지역사회에서 많은 친구를 사귀며 우정을 쌓고 있다.	나는 친구들과 즐거운 시간을 보낸다. 이는 반드시 필요하지만, 나만의 시간을 보내는 것과 균형을 이루기 원한다.
7	편안하고 안락한 가정	+ +	새 집도 좋고, 아내의 우아한 장식도 좋다.	마당에서 더 많은 시간을 보내며 소일하고 싶다.

버나드의 예를
활용한 설명

표를 어떻게 완성해야 할지 힌트를 얻기 위해 버나드의 사례를 살펴보자. 버나드의 사례를 보면, 위의 표를 작성하는 것이 두 가지 면에서 그에게 도움이 되었음을 알 수 있다. 앞으로 표를 작성할 사람도 그와 비슷한 도움을 얻을 것이다.

1. 현재 삶을 살피면서 앞으로 인생에서 중요한 가치가 무엇인지 발견할 수 있다. 그런 측면에서 버나드의 '나의 가장 뛰어난 재능과 가장 큰 관심을 활용하고 계발하기'라는 가치가 현재 부분적으로 충족되고 있음에 주목하라. 버나드는 성인들을 상담하면서 자신의 코치 능력을 활용하고, 다양한 글쓰기를 통해 창의력을 계발하면서 그런 욕구를 충족하고 있다. 버나드는 앞으로도 이런 활동을 계속할 계획이며, 이제 직장인이 아니라 순전히 자신이 좋아서 이런 일을 할 것이다.

2. 현재 삶을 살피는 과정에서 지금 놓치는 것은 무엇이고, 무엇이 채워져야 더 큰 만족감을 얻을 수 있을지 깨닫는다. 가령 버나드는 자신이 가장 우선시하는 가치인 '영성'이 부분적으로 충족되었음을 깨닫고, 명상이 필요함을 알았다. 그런 깨달음을 토대로 버나드는 불교식 명상 수행에 참여하고, 매주 요가 교실에도 나가기 시작했다. 또 그는 자신의 종교를 더 공부하기로 결정하고, 같은 종교 사람들이 매달 하는 조찬 모임에 참석하기로 했다.

버나드는 현재 삶에서 몇 가지만 조율하면 되고, 큰 변화가 필요하다고 생각지 않았다. 각자 우선시하는 가치들이 현재 대부분 구현되고 있다면, 사소한 점은 고치더라도 큰 맥락에서 현재 상황이 이어지기를 바랄 것이다. 한편 자신의 우선시하는 가치가 구현되는 가운데 외부 상황 때문에 어쩔 수 없이 변화가 필요한 경우라면, 앞으로 변할 수 있는 가능성 못지않게 현재와 비슷한 삶을 영위하고 싶은 욕구도 클 것이다. 반면 미래에 중요하다고 생각하는 가치가 전혀 구현되지 않고 있다면 현재 삶의 조건과 상황, 행위를 바꿀 방법을 찾고 싶을 것이다.

함께 계획하기

서로 헌신하는 부부 관계를 잘 유지하고 싶은 사람은 삶의 우선순위를 정할 때 마땅히 배우자와 함께 의논해야 한다. 이 과정이 결실을 맺으려면 배우자도 자신의 핵심 가치가 무엇인지 앞서 나온 평가 과정을 거치는 것이 좋다. 그런 다음 결과에 대해 의견을 나눠보자. 풍성하고 활기찬 대화를 위해서는 두 사람 다 준비가 되어야 하지 않겠는가!

그동안 사람들의 인생을 재설계해주기 위한 여러 워크숍을 진행하면서 나는 부부들이 가끔 서로 우선순위가 다른 것을 알고 아옹다옹하는 모습을 봤다. 워크숍에 참가한 어떤 아내는 자신에게는 부부 관계가 가장 중요한데, 남편의 우선순위 목록에는 부부 관계라는 항목 자체가 없는 이유를 따져 물었다. 아내의 반응에 당황한 남편은 우리 부부는 서로 헌신적이기 때문에 굳이 목록에 넣지 않았다며 아내를 달랬다. 하지만 그 대답은 아내를 더욱 화나게 만들었다. "우리 관계를 가장 중요하게 생각하지도 않는 사람한테 어떻게 시간을 들이고 관심과 애정을 쏟지요?"

마침내 남편은 아내의 이야기를 이해하고 '부부 관계'를 핵심 우선순위 목록에 넣었다. 남편은 부부 관계를 경시할 의도는 전혀 없었지만, 두 사람의 관계를 당연시했다. 내성적인 성향도 마음만으로는 충분치 않다는 사실을 그가 깨닫지 못하게 만드는 데 한몫했다. 그는 사람들에게, 특히 매우 외향적인 아내에게 자신의 의도를 알릴 필요가 있었다. 무엇보다 자신에게 가장 소중한 것을 분명하게 피력해야 했다. 그러지 않으면 그가 덜 중요하게 생각하는 일이 부지불식간에 우선순위를 차지하기 때문이다.

우리가 중요하게 생각하는 삶의 우선순위에 의식적으로 집중하지 않으면, 순간순간 다른 관심사에 신경 쓰느라 중요한 것을 놓치는 경우가 많다. 챙겨야 할 목록에 올려놓지 않으면 간과하기 쉬운 것이 부부 관계다. 오래 살아온 부부라면 더욱 그럴 것이다.

같이 살아온 세월에 관계없이, 부부가 노년에 활기를 되찾고자 건강한 노력을 기울이는 것 자체가 유익한 일이다. 직장이나 가족에게 전념하지 않아도 될 때 우리 인생은 큰 변화를 겪는다. 새로운 상황에 적응하는 과정에서 배우자를 무시하거나 바꾸려는 함정에 빠지지 않고 둘이 함께 인생을 바꿔가고 싶을 것이다. 또 서로 어떻게 성장하고 성숙하는지, 꿈을 공유하는 방법을 어떻게 찾는지 지켜보는 재미와 감동을 놓치고 싶지 않을 것이다.

요약

하루 종일 일하던 직장을 그만두는 순간, 인생의 새판 짜기가 시작된다. 이 과정에서 우리는 미래에, 특히 인생의 다음 시기에 충만한 삶을 위해 어떻게 해야 하는지 고민에 빠진다. 충만한 삶을 위해서는 자신이 중요하다고 생각하는 가치에 따라 선택하고 행동해야 한다. 자신에게 가장 소중한 것을 이루지 못하면 결코 성취감을 느낄 수 없을 것이다.

안타깝게도 사람들은 일상생활에서 개인적으로 가치 있게 생각하는 일에 관심을 두지 않는 경우가 많다. 사람들은 사회에서 성공하려면 자기 핵심 가치보다 사회적·문화적 규범에 따라 살아야 한다는 부담감이 있다.

노년기로 접어드는 시기에 우리는 이전보다 선택의 폭이 훨씬 넓어진다. 하지만 새롭게 얻은 자유를 만끽하기 위해서는 의식적으로 삶의 우선순위를 정해야 한다. 삶의 우선순위는 시간의 흐름에 따라 변하게 마련이라, 50세가 넘은 지금 삶의 우선순위가 젊었을 때의 그것과 똑같을 수는 없다.

인생의 다음 장에 진정으로 만족감과 성취감을 느끼고 싶다면, 인생에서 중요한 것이 무엇인지 명확히 밝히는 일에 마음과 정성을 쏟아야 한다.

흥미에 재능을 연결하라

"학교 다닐 때 미술을 잘 못했기 때문에 나 자신을 창의적인 사람이라 생각하지 않았다. 하지만 꼭 미술에서 창의성을 발휘하는 것은 아니라는 사실을 알았다. 내가 수학과 과학을 잘한다는 이유 하나로 토목 기사 생활에 목맬 필요가 없다는 것도 알았다."

— 관심사를 바탕으로 한 적성검사를 받은 뒤
토목 기사에서 조경사로 직업을 바꿀 생각을 하는 여성

"35년 동안 사무직에서 일한 다음 내 재능을 어디에 활용해야 할지 막막하다."

— 은퇴 후 골프 이외 무언가를 찾고자 고민하는 경영자

"경기에 나선 어느 팀보다 게임을 즐겨라. 사람들은 행복할 때 좋은 성과를 내는 법이다."

— 짐 라랑가가(Jim Larrangaga), 조지메이슨대학교 전 농구 감독.
2006년 미 대학농구 4강전 진출 당시, 『AARP(전미퇴직자협회) 매거진』 2007년 1·2월호

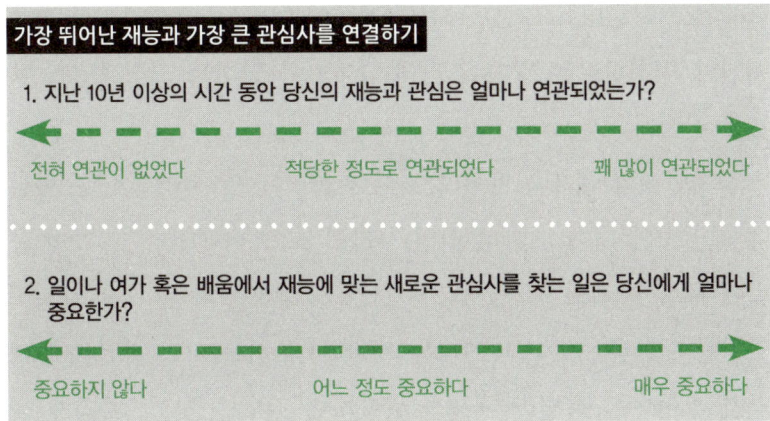

자신의 재능을 재평가하기

우리는 20세기의 지능검사 때문에 사람의 능력을 수치로 나타낼 수 있다는 착각에 빠졌다. 이런 검사는 지능이라는 한 가지 능력만 측정하기 때문에 종 모양 결과를 보면서 지능이 뛰어난 사람은 소수일 뿐이고, 대다수 사람들은 어리석다고 믿게 되었다.

예전에 받은 지능검사를 기준으로 사람들은 자신이 똑똑한지 아닌지 판단하고, 그런 생각이 자존감에 큰 영향을 미친다. 검사 결과 IQ가 높았다면 자기 머리가 좋다고 생각하여 거리를 활보하며 다녔을 것이다. 평균적인 IQ가 나왔다면 평균적인 지능에 걸맞게 행동하려 했을 것이다. 평균 이하의 IQ가 나왔다면 '학습 부진아' '좀 떨어지는 아이'라는 오명을 안고 특별한 수업을 받아야 했을지도 모른다. 그리고 자신의 지능이 얼마든, 똑똑하거나 보통이거나 멍청하다는 평가에 맞게 살아가야 한다는 고정관념이 생겼을 것이다.

하지만 인간에게 잠재된 능력에 관한 최근의 심리학 연구 덕분에 개인의 능력에 대한 우리의 시각이 크게 바뀌었다. 인간의 능력에 대한 학계의 최근 시각은 모든 사람에게 재능이 한 가지씩 있지만, 그 재능이 다 다르다는 것이다. 우리는 이런 관점을 통해 각자 부여받은 특별한 재능을 활용하여 직업을 찾고, 즐겁게 살 수 있다는 생각을 하게 되었다. 나 역시 사람마다 특별한 재능이 있다는 사실을 안다. 이는 자신에게 적당히 맞는 일만 하던 사람이 진짜 흥미와 재능에 맞는 일을 찾은 뒤 삶의 질이 놀랍도록 향상된 사례를 수없이 목격했기 때문이다.

우리는 각자 세상에서 하나뿐인 존재다. 우리는 무수한 조상들의 다양한 유전적 조합으로 만들어졌다. 예컨대 까마득한 옛날에 켈트인이 바이킹과 맺어져 지구상에서 볼 수 없던 새로운 자손이 만들어졌다. 이후 수백 세대 동안 몽골족과 서고트족이 침략하여 그 자손과 섞이고, 노르만족과 섞이고, 그들이 다시 미국으로 건너와 독일 사람, 에티오피아 사람, 페르시아 사람, 인디언 원주민과 섞여 우리 같은 사람들이 세상에 나왔을 것이다.

동굴벽화를 그린 사람의 유전자를 물려받은 사람도 있고, 마스토돈(멸종한 코끼리로 제3기 중기에 번성—옮긴이)을 능숙하게 사냥하는 사람의 유전자를 물려받는 사람도 있을 것이다. 역사상 당신과 똑같은 사람은 한 명도 나타난 적이 없다. 그런데 왜 많은 사람들이 애써 비슷한 역량을 갖추고, 비슷한 공부를 하고, 비슷한 직업을 택하면서 평범하게 살려고 할까? 마스토돈을 사냥하던 우리의 본능에 무슨 문제가 생겼을까? 물소 가죽으로 화려한 옷을 만들던 재능과 해적선을 추격하고 정복하는 호위함을 만들던 능력은 도대체 어디로 사라졌을까?

이렇듯 우리 모두 특별한 존재지만, 무한한 시간을 거치며 전해온 특별한 재능을 계발하고 활용한 사람들은 소수에 불과하다. 물론 어쩌다가 갈릴레오 갈릴레이, 테레사 수녀, 오프라 윈프리와 같은 사람도 나온다. 하지만 대다수 사람들은 세상이 정한 몇 가지 틀에 맞춰 살아간다. 학교에서는 똑같은 수업을 듣고 똑같은 책을 읽으며, 똑같은 시험을 통과한 다음 똑같은 대학교와 직업을 두고 경쟁한다. 우리는 심지어 노는 방식도 똑같아야 한다고 배운다. 나는 여태껏 테니스공으로 축구를 하거나, 골프채로 공을 쳐서 골대에 넣는 광경을 본 적이 없다. 치어리더들은 정해진 방식에 따라 응원하고, 우리는 그들을 보고 응원한다.

자신의 진면목 드러내기

우리는 일과 직장 문화에서 업무에 필요한 능력을 갖추고, 회사에 자신의 개성을 맞추라는 압력을 받는다. 나는 IBM을 그만둔 직원들과 상담한 경험이 많은데, 그들은 대부분 강압적인 기업 문화에 적응하지 못했다. 다른 회사에서 일한 사람들도 같은 불평을 했다. IBM의 직원들이 파란 셔츠에 검은 양복이라는 '직장 복장 규정'에 질린 것과 마찬가지로, 미 국무부에서 근무한 내 고객들도 하얀 셔츠나 검은 양복은 꼴도 보기 싫다고 말했다. 기업 문화는 직장에서 옷차림 그 이상을 규정한다. 자동차를 만드는 대기업에서 자동차를 설계하기 원했다면 지금껏 자동차 설계에 관한 기술만 익혀왔을 것이고, 자신의 특별한 재능이 무엇인지 안중에도 없었을지 모른다.

나는 1960년대에 어린 나이로 해군 장교가 되었다. 입대한 이상 내가 선택할 수 있는 것은 부서뿐이었다. 그때 나는 전공인 지질학을 잘 살리면 해군 장교가 내게 맞는 직업이 될 거라고 믿었다. 해군 제복도 맘에 들었다. 10년 뒤 나는 병사들을 윽박질러 전투기를 다른 비싼 무기와 충돌하지 않고 격납고 갑판으로 안전하게 옮기는 것처럼 결코 생각지 못한 능력을 얻었다. 그곳에서는 내 재능이 다른 곳, 이를테면 창의적인 일에 있다는 사실은 중요치 않았다. 다른 사람들과 마찬가지로 직업 세계에서 성공하기 위해 노력했고, 군인의 길을 걸었다. 하지만 나의 특별한 능력과 재능은 일상의 의무와 살아남아야 한다는 현실에 묻히고 말았다. 나는 돈을 벌고, 가족을 먹여 살리고, 군 생활에 적응해야 했다.

청년기와 장년기에 자신의 특별한 재능이 무엇인지 살피고 탐구하는 사람은 거의 없다. 대다수 사람들은 50세가 넘어서야 자신의 특별한 재능이 무엇인지 알고, 그 재능을 의미 있게 사용할 방법을 찾는 여유를 얻는다. 즉 노년기가 시작되고 나서야 비로소 자신을 탈바꿈할 기회가 생기는 것이다. 이 시기에는 자신의 재능을 어디에 어떻게 활용해야 할지 선택할 여지도 생긴다. 가령 일이나 여가 활동, 공부 등 어떤 분야에 자신의 재능을 활용할지 결정할 수 있다. 하지만 그러기 위해서는 자신만의 강점으로 계속 키워나갈 재능이 무엇인지, 버리거나 제쳐둬야 할 재능은 무엇인지, 새롭게 개발하고 싶은 재능은 무엇인지 정해놓아야 한다. 자, 이제 당신의 진면목을 드러낼 때가 왔다.

탈바꿈하기

당신은 무엇을 잘하는가? 무엇을 더 하고 싶은가? 과거에 잘한 것은 무엇인가? 하고 싶지 않은 것은 무엇인가? 재능을 계발하고 싶었지만 시간이 없어 그러지 못한 것은 무엇인가? 노년에 자신을 탈바꿈하고 싶다면 이런 질문을 곰곰이 생각해봐야 한다. 이 책에서 꼭 한 가지만 기억해달라고 당부하고 싶은 말이 있다면, 바로 이 말이다.

> 어떤 일에 익숙하다는 이유만으로
> 그 일을 계속할 필요는 없다.

예를 들어 당신은 현재 뛰어난 임원급 금융 전문가인데, 자신도 모르게 킬리만자로를 등반하거나 아프리카 동부를 탐험하는 공상에 자주 빠진다고 하자. 이 경우 자신의 공상에 주의를 기울여보자. 거기에는 그럴 만한 가치가 충분하다. 우리는 흔히 지루한 일상에서 벗어나 기분 전환을 하기 위해서 공상에 빠진다고 생각하기 때문에, 공상에 별 의미를 두지 않는다. 그러나 그렇게 불현듯 머릿속에 떠오르는 이미지는 내면의 목소리일 수도 있고, 인생에서 새로운 모험을 시작하라는 우리 안의 지혜의 샘에서 나온 것일 수도 있다. 현실에 만족하고 안주하고 싶다는 이유로 상상력을 억누르지 마라.

나는 지금껏 직업에서 성공한 사람들이, 특히 남자들이 이런 내면의 힌트를 무시하고 각종 분야의 고문을 맡는 경우를 많이 목격해왔다. 하던 일을 계속하니 편할 것 같기 때문이다. 물론 자신이 열정을 품은 분야에서 계속 자문해주는 것이라면 칭찬할 만하다. 자기가 사랑하는 일이라면 굳이 그만둘 이유가 있겠는가? 하지만 열정이 있어서가 아니라 단지 익숙하기 때문에 그 일을 계속한다면, 요리를 할 수 없거나 다른 반찬이 없어서 매일 똑같은 저녁 식사를 하는 것과 마찬가지다. 판에 박힌 저녁 식사는 맛도, 영양가도 없다.

재능 북돋우기

인간의 지능에 대한 새로운 학설에 따르면, 인간의 지능에는 보편적인 능력과 대비되는 다채로운 재능이 숨어 있다고 한다. 따라서 사람의 진짜 능력을 검증하는 일은 단순히 지능검사를 하는 것보다 훨씬 복잡하다. 우리가 재능이라고 부르는 것도 그 층위가 매우 다양하다. 이를테면 좌뇌가 관장하는 분석력에서 우뇌의 직관력까지, 사람들과 관계를 맺는 능력에서 언어를 배우는 능력이나 농구대에 공을 넣는 능력까지 모든 것을 재능이라 부른다.

하지만 어떤 일을 잘한다고 해서 타고난 재능을 제대로 활용한다고 볼 수는 없다. 타고난 재능을 십분 발휘하려면 재능과 흥미를 연결해야 한다. 가령 열심히 노력해서 수영 선수가 되었다고 해도 물을 싫어한다면 올림픽에서 메달을 따기 어려울 것이다. 인간의 다른 능력도 마찬가지다. 나는 머리가 아주 좋은 회계사에게 상담을 해준 적이 있다. 그녀는 대학을 우수한 성적으로 졸업하고, 명문대에서 **MBA**를 땄으며, 높은 연봉을 받는 대기업에 입사했다. 하지만 한 가지 문제점이 있었다. 그녀가 그 일을 싫어한다는 것. 결국 그녀는 회계사 일을 그만두고, 자신의 재능과 흥미에 맞는 일을 하기 위해 이직했다.

활기를 불어넣는 재능 찾기

나는 이렇듯 재능과 흥미가 연결되는 것을 '신명 나는 재능 motivated strength'이라고 부른다. 일이나 여가, 학습 등 어떤 분야에서든 재능과 흥미가 결합되면 놀라운 일이 생긴다. 사람들은 이때 활력이 넘치고, 그 일에 몰두하고, 끈기가 생기며(좋아하는 일을 중단하기는 쉽지 않은 법), 뛰어난 성과를 낸다.

수십 년 동안 상담 업무를 해오면서, 나는 자신의 특별한 재능과 열정을 발견하는 체계적인 방법을 고안했다. 이 방법으로 내가 상담한 수많은 사람이 도움을 받았다. 이 방법은 뇌의 어떤 영역

(좌뇌 혹은 우뇌)이 뛰어난지, 자신의 열정을 표현하는 성격의 특성은 무엇인지 고려해서 사람들을 여섯 가지 유형으로 분류한다. 자세한 설명은 『Will the Real You Please Stand Up?(진짜 당신이 되어 줄래요?)』을 참고하기 바란다. 여기에서는 독자들의 편의를 위해 간단한 내용만 실었다.

이 분류법의 첫째 특징은 어느 쪽 뇌가 우월한가 하는 점이다. 인체의 놀라운 점 가운데 하나는 눈, 귀, 팔, 다리, 신장 등 여러 부위가 한 쌍으로 구성되었다는 사실이다. 뇌도 좌뇌와 우뇌로 되어 있다. 사람은 대부분 몸의 어느 한쪽이 우세하게 발달한다. 오른손잡이도 있고, 왼손잡이도 있다. 시력도 오른쪽이 좋은 사람이 있고, 왼쪽이 좋은 사람이 있다. 오른쪽 뇌가 발달한 사람이 있고, 왼쪽 뇌가 발달한 사람이 있다. 대다수 사람들은 한쪽 뇌를 다른 쪽보다 많이 사용하기 때문에 한쪽 뇌가 더 우월해진다는 사실이 최근에 밝혀졌다. 이것을 흔히 '두뇌 지배 brain dominance'라고 부른다. 논리적·객관적 사고 과정은 좌뇌의 영역인 반면, 비선형적·주관적·직관적 사고는 우뇌의 특징이다.

이 분류법의 둘째 특징은 사람들이 어느 분야에 자신의 에너지를 쏟는가 하는 점이다. 늘 생각에 잠긴 것 같은 사람들을 본 적이 있는가? 그런 사람들은 자기 생각에 빠져 옆에 사람이 지나가도 잘 알아차리지 못한다. 그들이 다른 사람에 대한 관심이 없어서 그렇게 행동하는 것이 아니다. 생각이 대뇌에서 문제 해결을 관장하는 전두엽에 집중되어 있을 뿐이다. 아마도 골똘히 생각에 집중하느라 주변에서 일어나는 일에 주목하지 못하는 것이리라. 나는 이런 부류를 '사색적인 mental cerebral 사람들'이라고 분류했다. 당신도 이 범주에 속한다면 정신을 차리고 지금 읽는 책에 집중하자.

사람들이 주의를 기울이는 또 다른 분야는 주변 사람들이다. 복도나 거리에서 이런 사람들을 만난다고 하자. 이들은 십중팔구 당신을 알아차리고 미소 지으며, 안부를 묻거나 눈인사를 할 것이다. 이런 사람들은 타인과 관계 맺기를 좋아한다. 이들은 전문 상담가들에게 다른 사람과 같이 일할 수 있는 직업에 종사하고 싶다고 말한다. 나는 이들을 '관계 지향적인relational 사람들'이라고 부른다. 이런 사람들의 최대 관심사는 대인 관계다. 이런 범주에 속하는 사람은 혼자서 연구하는 일을 전혀 좋아하지 않는다.

몸을 움직이는 활동에 관심과 열정을 쏟는 사람들도 있다. 이런 부류를 '운동감각이 있는kinesthetic 사람들' 혹은 '활동적인 사람들'이라고 부른다. 이들은 생각을 많이 하거나 사람들과 관계를 맺기보다는 몸을 움직이는 신체 활동에 익숙하다. 운동감각이 있는 사람은 야구 이야기를 하거나, 야구를 생각하는 것보다 실제로 운동장에서 야구 하는 것을 훨씬 좋아한다.

구기 종목을 가지고 각각의 유형을 비교해보면, 운동감각이 있는 사람은 선수나 적극적인 관중일 확률이 높다. 반면 관계 지향적인 사람은 팀을 지도하거나 친구들과 어울리는 목적으로 스포츠를 즐길 것이다. 한편 사색적인 사람은 새로운 게임을 고안하거나 각종 경기 기록을 분석하는 것을 좋아할 가능성이 높다.

신명 나는 재능별 6가지 유형

그림 7-1에서 보여주듯이 사람마다 어느 쪽 뇌가 발달했는가, 어떤 성향인가에 따라 여섯 가지 유형으로 나뉜다. 이를 좀더 자세히 살펴보자.

그림 7-1 신명 나는 재능별 6가지 유형

	좌뇌(객관적 이성)	우뇌(주관적 이성)
사색적(사고 중심)	분석적이고 사색적인 사람	영적 통찰력이 있는 사람
관계 지향적 (사람 중심)	조정하고 조직하는 사람	격려하며 영감을 주는 사람
활동적(활동 중심)	기교와 기술이 있는 사람	쾌활하게 행동하는 사람

분석적이고 사색적인 사람 이 유형은 객관적인 사실, 분석, 추상적 개념화, 사색하여 문제를 해결하기 등에 익숙하다. 이들은 원인과 결과를 철저히 분석해서 세상을 이해하려고 한다. 이들의 모토는 '모든 사물은 과학으로 분석할 수 있다'일 것이다. 이들은 물리법칙을 중심으로 세상을 바라보며, 이성적인 영역에 속하지 않는 직관과 영감은 잘 믿지 않는다. 이들은 합리적으로 사고하려는 열정이 있으며, 객관적 이성을 통해 무엇이 진실이고 무엇이 거짓인지 분별하고자 노력한다. 어떤 문제에 부딪히면 합리적인 설명과 논리적 해답을 찾을 때까지 결코 포기하지 않는다.

조정하고 조직하는 사람 이 유형은 사실, 정보, 자료 등이 중심이 되는 객관적인 세계가 가장 편안하다. 이들은 실용적이고 효율적인 것을 선호하지만, 직관이나 감정은 신뢰하지 않는다. 이들은 성과가 있거나 계획한 결과를 얻으면 의욕이 생긴다. 이들의 모토는 '계획하라 그리고 계획대로 실천하라'일 것이다. 이들은 원하는 결과를 얻기 위해 사람과 자원을 동원해서 시간 내에 과제를 해결하려고 노력한다. 어떤 정책이나 절차를 따르기 위해 그렇게 행동하기도 한다. 이들은 어떤 계획이나 과제, 사람이나 자원을 통제할 수 있는 지위에 있는 것을 좋아한다. 회사에서 이들은 경영, 관리, 계약, 구매, 재무 같은 직무에 적합하다. 이들에게 어떤 문제를 던져주면 자신의 직무에 맞는 실질적인 해결 방안을 내놓을 것이다. 몇몇 상급자들과 의논한 뒤 답을 내놓을 수도 있다.

기교와 기술이 있는 사람 이 유형은 활동 지향적이다. 이들은 손재주가 필요한 일을 잘한다. 이들은 정비공이나 목공예, 조경과 같이 자기 기술로 돈을 벌거나, 컴퓨터 조작이나 의술, 석공예와 같이 기술이 필요한 일을 하기도 하고, 스포츠 선수나 특수부대, 건축업처럼 육체적으로 힘든 일을 하면 힘이 난다. 이들은 육체적인 활동을 할 때 협동하고 노력하고 세부적인 일에 집중하는 등 인내심과 자제력을 발휘한다. 이들은 문제를 해결하거나, 물건을 고치거나 만들고, 수작업을 하고, 기술을 활용하는 일을 잘한다. 중장비 기사나 복잡한 기계를 만지는 수리공 중에 이런 사람들이 많다. 이들의 모토는 '자, 한번 해보자'일 것이다. 문을 달거나 엔진을 고치는 일과 같이 힘을 쓰거나 손재주가 필요한 일을 맡기면, 이들은 뚝딱 해치운다. 하지만 이들에게 개인적인 문제를 물어보면 당신 일이나 신경 쓰라는 핀잔을 듣기 쉽다.

영적 통찰력이 있는 사람 이 유형은 주관적인 세계를 좋아하고 편안해한다. 이들은 상상, 아이디어, 개념화, 가능성 같은 단어에 익숙하다. 이들은 글, 음악, 춤, 미술 같은 재능을 통해 자신을 표현하려는 경향이 강하다. 혁신적인 벤처기업을 창업하는 사람들도 이 유형에 속한다. 이들은 분석보다 직관을 신뢰하고, 외부 세계의 사실과 자료보다 내면에서 진리를 찾고자 한다. 이들의 모토는 '이 세상과 창조자는 매우 불가사의하다'일 것이다. 이들에게 어떤 문제를 던져주면 언제든지 내면의 통찰을 통해 얻은 창의적인 아이디어를 내놓을 수 있다.

격려하며 영감을 주는 사람 이 유형은 주관적인 세계를 좋아한다. 이들은 가치, 감정, 생각 같은 단어와 친하다. 이들은 사람들과 함께 일하기를 매우 좋아하며, 평소에 다정하고 친절하지만 인권과 평등 문제에는 강한 신념을 보인다. 확고한 태도와 빈틈없는 의사소통 능력으로 다른 사람들의 지적·정서적·육체적·정신적 성장에 영향을 끼친다. 이들의 모토는 '사람의, 사람을 위한, 사람과 함께'일 것이다. 이들은 어떤 문제가 주어지면 여러 사람들과 함께 해결하려 할 것이다.

쾌활하게 행동하는 사람 이 유형은 일과 여가 활동을 할 때 활력이 넘친다. 이들은 무언가를 배우거나 일상생활 속에서 기쁨을 느낀다. 이 유형에 속하는 사람들은 살아 있다는 느낌을 받을 수 있는 활동적인 일을 아주 좋아한다. 이들은 감각적·감성적·충동적인 경향이 있으며, 다른 사람들을 유쾌하게 만드는 것을 즐긴다. 어떤 일에 앞장서기를 좋아하며, 사람들에게 자기 존재를 알리는 방법을 본능적으로 안다. 이들은 객관적 논리보다 개인적 가치관이나 동기, 감정을 토대로 결정하는 경향이 있다. 사람들과 어울리기 좋아하고 활동적이기 때문에 연예계나 서비스업, 공공 활동, 기술이 필요 없는 일반 영업 분야 직업에 종사한다. 이들의 모토는 '유쾌하게 만들어줄게요!'일 것이다. 이들은 어떤 문제를 이야기하면 문제 자체를 즐기고, 종전의 해결 방법을 재치 있게 변형해서 대답할 것이다.

| 신명 나는 재능 평가하기 |

이 평가를 하고 나면 자신의 어떤 재능을 계속 발휘하고 싶은지, 아직은 미흡하지만 계발하고 싶은 재능은 무엇인지, 버리고 싶은 재능은 무엇인지 알 수 있다. 평가는 세 부분으로 구성된다.

1. 여섯 가지 유형을 살펴보고 그 안에서 자신의 어떤 재능이 숨어 있는지, 그 재능은 얼마나 뛰어난지 평가해보자.
2. 이런 재능을 앞으로 자신이 얼마나 즐길 수 있을지 평가해보자.
3. 이런 재능을 가지고 앞으로 무엇을 할지 정해보자.

점수를 평가할 때는 아래 기준을 참고하라.

역량 평가

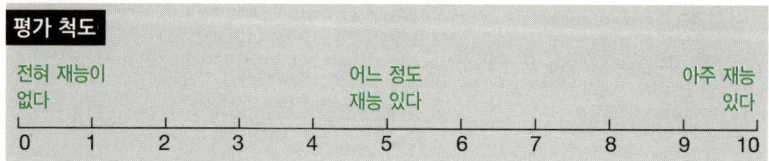

얼마나 즐길 수 있을지 평가

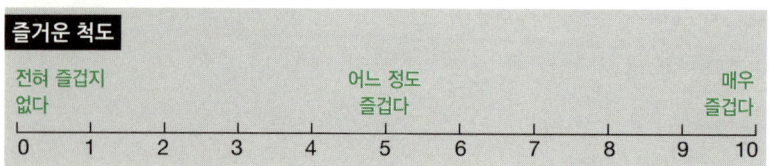

필요한 행동을 결정하는 데 다음 분류표를 활용하라.

- 특화(F) : 재능과 즐거움 두 영역에서 모두 7 이상인 일.
- 계발(D) : 즐거움 영역에서는 7 이상이지만, 재능 영역에서는 5 이하인 일.
- 축소(M) : 재능은 있지만 별로 관심이 없는 일.
- 회피(A) : 재능과 즐거움 영역에서 모두 5 이하인 일.

분석적이고 사색적인 사람 유형	재능의 정도	즐거운 정도	평가
숫자와 관련된 일 : 숫자나 확실한 자료를 이용해 통계적으로 연구함.			
분석 : 문제를 기본적인 요소로 나눠 이해하고 해결함.			
연구 : 어떤 일에 관한 진실을 발견하고자 사실을 자세히 살피거나 탐구함.			
추상적인 문제의 해결 : 무언가에 관한 가설을 세움.			
지적 호기심 : 사물의 현상에 관심이 많음(지적 탐구자).			
평가 : 실제 관찰한 사실을 바탕으로 의견을 형성하고 재평가하고 재형성함.			
객관성 : 기분이나 선입관의 영향을 받지 않고, 실제 사실만 인지하거나 묘사하거나 설명할 능력이 있음.			
냉철한 판단 : 상황에서 한 걸음 벗어나, 철저하게 이성을 토대로 선택 사항을 평가하고 선택할 능력이 있음.			
과학적 관찰 : 어떤 것을 철저한 통제 관찰법으로 연구하고자 과학적 방법을 사용함.			
연역적 추리 : 사실을 조사하여 합리적 결론을 끌어낼 능력이 있음.			
전문적 혹은 과학적 글쓰기 : 자료를 주의 깊게 조사하고, 정확한 보고서를 작성함.			
조사 : 문제 상황을 조사할 때 가능한 모든 사실과 자료, 함축적 의미를 들춰내고 검토함.			
진단 : 사실을 주의 깊게 분석하여 어떤 일의 원인과 결과를 밝힘.			
예측 : 추세 분석을 바탕으로 어떤 일의 가능성을 예측함.			

조정하고 조직하는 사람 유형	재능의 정도	즐거운 정도	평가
관리 : 사업, 사교 프로그램 같은 일을 감독함.			
협동 : 사람, 활동, 자원을 포함하는 복잡한 일을 관리하고 통합함.		·	
실행 : 활동하고 계획을 짜고 규정을 마련함. 계획을 실행함. 일을 진행함.			
계획 세우기 : 미래를 준비하고 계획함.			
사업 수완 : 사업과 조직 관련 문제를 빠르고 정확하게 판단하는 능력이 있음.			
점검 : 예상대로 되었는지 평가하기 위한 체계적 과정을 철저히 행함.			
예산 세우기 : 이용할 수 있는 자원을 특정 활동에 배분함.			
세부적 진행 : 일이나 계획, 상황을 순서에 따라 진행함.			
우선순위의 결정 : 상대적으로 긴급한 일을 이해하고, 우선순위를 부여함.			
시간 관리 : 규정된 시간에 어떤 사안을 효과적으로 완수하며, 시간을 잘 활용함.			
감독 : 어떤 일을 확실하게 하고자 사람들을 관리함.			
물류 관리 : 자원과 서비스를 필요한 곳에, 필요한 때 분배하는 일을 감독함.			
정책 설정 : 개인이나 단체, 조직의 행위를 규율하는 절차를 세움.			
지휘 : 지침, 규정 사항, 모범을 제시하여 개인이나 단체를 통제함.			

기교와 기술이 있는 사람 유형	재능의 정도	즐거운 정도	평가
신체적인 재주 : 신체의 움직임, 특히 손과 몸으로 물건을 조작하는 기술이 있음.			
기계 조작 : 다양한 장비나 기계, 도구, 악기를 능숙하게 다룸.			
기기를 이해하는 능력 : 기기가 어떻게 작동하는지, 장비를 안전하고 바르게 사용하는 방법이 무엇인지 이해함.			
기계의 문제 해결 : 기계의 문제 원인을 찾고 수리하는 일에 뛰어남.			
건축 : 건물을 세우는 일에 능숙하고, 효율적으로 튼튼하게 만드는 방법을 알고 있음.			
세공 : 질 좋은 물건을 만들어내는 숙련된 기술이 있음.			
수공예 : 예술적 기질과 손재주로 무언가를 만드는 능력이 있음.			
세부 사항의 이행 : 계획이나 지시에 따라 기술적인 일을 완수함.			
기기 관리 : 장비나 자료, 도구를 최상의 상태로 사용할 수 있도록 관리함.			
원예 : 다양한 식물을 튼튼하게 잘 재배함.			
정교한 수작업 : 손과 눈의 운동신경이 필요한 정교한 일을 함.			
공작 : 손으로 매력적인 무언가를 만들어내는 능력이 있음.			
수리 : 깨지고 부서지고 쇠퇴한 무언가를 보수함. 무언가를 양호한 상태로 복구함.			
구조 변경 : 건물, 방, 자동차, 가구 등의 구조나 형태를 개조하거나 바꿈.			

영적 통찰력이 있는 사람 유형	재능의 정도	즐거운 정도	평가
창작 활동: 물건을 만들고, 아이디어를 내고, 독창적인 사고를 하고자 상상력을 활용함.			
독창성: 관습적 틀이나 전형성에서 벗어남. 새로운 아이디어나 개념, 창의성을 현실에 구현함.			
개념화: 전혀 달라 보이는 것들을 전체적으로 어떻게 조화시킬지 계획함. 패턴과 관계를 살핌.			
창조력: 새로운 방식, 즉 독창적인 시각으로 새로운 관념과 아이디어를 형성할 능력이 있음.			
비전, 상상력: 미래의 사건과 그 사건의 진전에 관해 예상할 수 있음.			
직관: 의식적으로 생각지 않아도 무언가를 직관적으로 인식하거나 앎.			
주체적 해석: 이성적인 분석보다 감정으로 사물을 이해함.			
창작: 상상력이 필요한 창의적·혁신적 일을 해냄.			
추론: 어떤 현상에 대한 설명을 하고자 직관에 의지하고 가정을 세움.			
창의적 문제 해결: 문제 해결을 위한 창의적인 아이디어가 많음.			
가설: 무언가가 왜 그런지 설명하기 위해 창의적 가설을 세움.			
영감: 새로운 무언가를 만들거나 계획하기 위해 상상력을 활용함.			
신비로운 사고: 신비스럽고, 초자연적이고, 논리적으로 설명할 수 없는 것들을 통찰하는 능력이 있음.			
비상한 통찰력: 평균적인 사람들의 인식 범위가 넘는 것을 깨닫고 이해하는 능력이 있음.			

격려하며 영감을 주는 사람 유형	재능의 정도	즐거운 정도	평가
계몽 : 지혜, 노하우, 지식을 전해주어 지각을 넓힘.			
카운슬링, 코치 : 성과를 내고, 문제를 해결하고, 결정을 내리도록 다른 사람들을 도움.			
양육, 공감 : 다른 사람들에게 공감하며, 감정적 유대 관계를 맺음.			
설득적인 글 : 글을 써서 사람들의 시각과 의견에 영향을 미치는 능력.			
명분 옹호 : 마음을 움직이는 명분으로 다른 사람들의 열정과 헌신을 이끌어내는 능력.			
영향을 미치는 의사소통 : 감정적인 반응을 일으키는 의사 전달 능력.			
치유 : 연민과 공감을 통해 상대방을 편안하게 만들고, 위로하고, 치유하는 천부적 능력.			
경청 : 어떤 이야기에 반응을 보이거나 말, 표정, 몸짓 등으로 반응하여 다른 사람과 깊은 대화를 나누는 능력.			
컨센서스(합의) 형성 : 관점이 다른 사람들이 어떤 아이디어나 활동, 계획에 투자하고 헌신하도록 만듦.			
연민 : 사람들과 그들의 상황에 대해 진심으로 이해하며 그들을 돌봄.			
개인적 성장을 촉진 : 다른 사람들이 최고가 되고, 최선을 다하도록 동기를 부여하는 능력이 있음.			
변화의 촉진 : 온건한 설득과 미묘한 활기로 개인과 무리에 변화를 일으킴.			
인도주의적 이상주의 : 인간의 마음속 선을 인지하며, 다른 사람들의 삶이 증진되도록 돕는 재능이 있음.			
멘토링 : 살면서 얻은 지혜로 어리고 경험이 적은 사람들을 돕고, 지원하고, 양성함.			

쾌활하게 행동하는 사람 유형	재능의 정도	즐거운 정도	평가
사교 : 즐겁고 흥미로운 소재로 상대방이나 화자의 주의를 끄는 능력.			
공연 : 청자의 주의를 끌며 훌륭한 무대를 보임.			
글쓰기 : 음악, 춤, 시, 드라마, 희곡 등의 글쓰기 작업을 함.			
신체적 자질 : 춤, 운동 같은 신체 활동에서 다른 사람들을 능가하는 유연성이 있음.			
요리 : 후각을 자극하고, 눈을 즐겁게 하며, 맛 좋은 음식을 만드는 재능이 있음.			
진행 : 사람들을 환대하고, 편안하게 하며, 어울리도록 만드는 상냥한 태도.			
판촉 : 물건이나 대의, 기관을 판매 · 광고 · 홍보하는 천부적 재능이 있음.			
즉흥성 : 준비하거나 미리 작성한 텍스트 없이 재빨리, 창의적으로 사고하는 능력.			
협상 : 의견이 나뉜 사안에 동의를 끌어내고자 직관적 · 창의적으로 상호작용 함.			
위급 상황에 대처 : 예상치 못한 위급 상황에 신속하고 효과적으로 능숙하게 대처하고, 그 과정에서 침착함을 유지함.			
유머 감각 : 어떤 일의 재미있는 면을 보고 예리한 유머 감각으로 다른 사람들에게 즐거움을 줌.			
명랑함 : 현재 상황에서 자신을 완전히 망각할 수 있거나, 현재를 온전히 즐기며 유쾌해함.			
풍부한 재능 : 독특하게 창의적 방식으로 일하는 특별한 능력이 있음.			
유연성 : 현재 상황에 따라 바꾸거나 바뀔 수 있음.			

선호하는 재능 유형의 순위 결정

여섯 가지 범주의 재능 유형에 대한 평가를 바탕으로 자신이 선호하는 유형이 무엇인지 결정하라. 1위부터 6위까지 순위를 매겨라. 앞으로 3~5년 동안 일, 여가, 학습 활동 등에 이런 재능을 얼마나 활용하기 원하는지 대략적으로 생각해보라.

재능 유형	선호도(1~6위)	재능 유형별로 미래에 시간을 투자하고 싶은 비율
분석적이고 사색적인 사람		
조정하고 조직하는 사람		
기교와 기술이 있는 사람		
영적 통찰력이 있는 사람		
격려하며 영감을 주는 사람		
쾌활하게 행동하는 사람		

평가 결과 요약하기

여섯 가지 유형 평가로 얻은 결과를 요약하기 위해 다음 표를 활용하라.

특화	계발

축소	회피

| 신명 나는 재능 적용하기 |

다음의 표는 각자 좋아하는 재능을 일, 봉사 활동, 학습, 여가에 어떻게 적용하면 좋을지 상상하는 데 도움을 주기 위해 만들었다. 흥미롭다고 생각하는 항목에 표시하라.

좌뇌형 예시(일, 봉사 활동, 학습, 여가)

분석적이고 사색적인 사람

- [ ] 과학과 역사를 공부하라.
- [ ] 탐정소설을 읽고 써라.
- [ ] 체스 모임에 가입하고, 온라인으로 체스 게임을 하라.
- [ ] 주식시장에 관해 연구하고, 주의하여 투자하라.
- [ ] 수학, 과학, 역사를 가르쳐라.
- [ ] 고고학 탐사에 참여하라.
- [ ] 과학 모임이나 지성인의 모임(멘사, 미국역사협회)에 참여하라.
- [ ] 속한 분야의 전문가와 상의하라.
- [ ] 과학이나 역사 간행물에 기고하라.
- [ ] 전문적인 협회에 참여하라.
- [ ] 관심 있는 모임과 일에 도움이 될 컴퓨터 시스템을 고안하라.
- [ ] 수학, 역사, 과학을 포함한 심리 게임을 만들어라.
- [ ] 천문학을 시작하라.
- [ ] 과학박물관이나 역사박물관에서 가이드가 돼라.
- [ ] 전문 협회에서 이용할 연구를 하라.
- [ ] 계보를 조사 · 기록하라.
- [ ] 컴퓨터 정보 네트워크에 참여하거나, 웹페이지를 만들어라.

조정하고 조직하는 사람

- [ ] 시민 단체나 사회적인 모임에서 관리직을 맡아라.
- [ ] 지역 정치에 참여하고, 입후보하고, 선거운동을 지원하라.
- [ ] 전문가 협회, 보이스카우트나 걸스카우트 같은 사회봉사 모임에서 책임 있는 지위를 맡아라.
- [ ] 장애인을 돕는 자원봉사 활동을 하라.
- [ ] 관심 있는 업무 분야와 관련된 강좌를 진행하라.
- [ ] 은행, 회계감사 회사, 학군의 위원이 되거나 교회에서 직분을 맡아라.
- [ ] 중소기업청과 상담하라.
- [ ] 진상 조사 위원회의 의장이 돼라.
- [ ] 병원이나 의료 기관에서 자원봉사를 하라.
- [ ] 영양 상담가가 돼라.
- [ ] 고미술품이나 가보, 당신이 귀히 여기는 골동품 판매점을 시작하라.
- [ ] 경찰서나 소방서의 물류 전문가로 활동하라.

기교와 기술이 있는 사람

- [ ] 취미로 혹은 이윤을 얻기 위해 골동품 가구를 사서 수리하라.
- [ ] 오토바이 클럽에 참여하라.
- [ ] 클레이피전 사격 협회에 참여하라.
- [ ] 클래식 카를 복원하라.
- [ ] 스쿠버다이빙을 시작하라.
- [ ] 조경을 하고, 잔디를 깎고, 감당할 수 있는 잡무를 시작하라.
- [ ] 뜨개질, 코바늘뜨기, 십자수, 퀼트를 하라.
- [ ] 항해를 시작하라.
- [ ] 온실이나 화원의 일을 도와라.
- [ ] 요리, 원예, 자동차 수리나 집수리 강좌를 가르쳐라.
- [ ] 경비행기나 글라이더를 조종하라. 낚시를 하고, 사냥꾼들을 먼 장소로 안내하라.
- [ ] 라켓볼이나 골프같이 몸을 이용하는 운동을 하라.
- [ ] 해비타트 운동에 참여하라.
- [ ] 유리공예를 배워라.
- [ ] 장신구나 마당에 놓을 조각품을 만들어라.

우뇌형 예시(일, 봉사 활동, 학습, 여가)

영적 통찰력이 있는 사람

- [ ] 추상화나 고대음악, 고대 무용을 배워라.
- [ ] 사막의 신비주의나 불교, 다른 철학과 직관 훈련을 배워라.
- [ ] 명상 훈련을 하라.
- [ ] 『반지의 제왕』『스타워즈』『해리 포터』 같은 판타지 작품을 써라.
- [ ] 즐거움과 이득을 얻기 위해 추상화를 그려라.
- [ ] 핀드혼(스코틀랜드의 영성 교육 센터―옮긴이), 델포이, 피라미드, 마추픽추 등 신비롭고 신화적인 장소를 탐험하고, 그에 관한 글을 써라.
- [ ] 예지, 텔레파시, 투시 같은 초감각적 지각을 훈련하고 가르쳐라.
- [ ] 직관과 창의성을 북돋우는 게임을 고안하고 계획하라.
- [ ] 창의적이고 독특한 감각이 있는 사람들을 위해 옷, 장난감, 예술품을 만들어 판매하라.
- [ ] 영적 지도자나 코치 자격증을 따고 일을 시작하라.
- [ ] 사람들이 영적 성향에 따라 가정을 세워가도록 돕는 일을 시작하라.

격려하며 영감을 주는 사람

- [ ] 심리학, 인간 개발, 자기 개발, 자서전, 영성 관련 책을 읽어라.
- [ ] 관심 있는 사안에 주도적 역할을 맡아라.
- [ ] 카운슬링, 봉사, 미술 치료, 인생 코치, 직업 재활 등 전문적 도움을 통해 직업상 변화를 시작하라.
- [ ] 인류, 예술, 문학, 심리학에서 관심 있는 영역에 대해 공부하고 가르치고 글을 써라.
- [ ] 마사지 요법, 영기 요법, 아로마테라피 등 치료법을 시작하라.
- [ ] 개인의 성장, 정신적·감정적 건강을 전문적으로 다루는 출판사나 블로그, 기관에 투고하라.
- [ ] 자기 개발 교육, 치유, 캐니언 랜치(미국의 세계적인 스파 브랜드―옮긴이)와 오메가 인스티튜트(전인적 치유를 추구하는 비영리단체―옮긴이)와 에살렌 인스티튜트(명상, 요가, 게슈탈트, 환경, 영성 수련 등에 집중하는 비영리단체―옮긴이)같이 삶의 질을 높이는 요법을 행하는 기구와 함께 일하라.
- [ ] 호스피스, 재해 구제 상담, 고통 받는 사람을 돕는 모임에 참여하라.
- [ ] 외국인 노동자나 싱글맘을 돕는 모임에서 봉사하라.

쾌활하게 행동하는 사람

- [ ] 음악, 조각, 도자기, 춤, 그림을 가르치고 공부하라.
- [ ] 사교댄스 대회에 참가하라.
- [ ] 어린 자녀들을 가르치는 일에 자발적으로 참여하라.
- [ ] 당신에게 중요한 영역에서 중재자로서 자격을 갖춰라.
- [ ] 간호사, 의료보조인, 사회복지사로서 새로운 일을 시작하라.
- [ ] 요가, 피트니스, 기공체조, 태권도, 가라테 등을 배우고 가르쳐라.
- [ ] 악기를 익히고, 보수를 받든 취미로든 오케스트라에 참여하라.
- [ ] 미술관이나 엘더호스텔 같은 곳의 가이드가 돼라.
- [ ] 지역의 극단에서 공연하라.
- [ ] 노랫말, 시, 연극 대본을 써라.
- [ ] 갈등 해결과 협상 능력을 갖추고, 이런 영역에서 일하는 팀에 참여하라.
- [ ] 아이들을 위한 장난감을 만들거나, 양로원에 머무르는 사람들을 위한 활동을 계획하고 실행하라.

노년에 열린 새로운 길, 그리고 아직 계발되지 않은 재능

이 장 앞부분에서 언급한 말을 다시 한 번 강조한다. 어떤 일에 익숙하다는 이유만으로 그 일을 계속할 필요는 없다! 나는 재능을 계발하고 활용해 성공적으로 변신한 사람들을 많이 알고 있다. 자신의 재능을 어떻게 활용할지 아이디어를 얻을 수 있도록 몇 가지 사례를 소개하겠다.

테드는 30년간 국립공원관리청에서 작가이자 편집자로 일하면서 뛰어난 영적 통찰력을 얻었다. 그는 '글 쓰는 자리에서' 30년

넘게 일했으면서도, 여전히 자신의 재능과 기술을 활용해서 논리적인 글쓰기를 좋아한다. 하지만 자신의 창의성을 오로지 정부를 위해 사용하는 데 점점 흥미를 잃어갔다. 테드는 이런 지루함을 달래고, 자신의 재치와 창의성을 더 자유롭게 표현할 방법을 찾기 시작했다. 테드는 자신이 사는 지역의 시사 잡지에 기발한 칼럼을 쓰고, 시인으로 등단해서 책도 여러 권 냈다. 냉소적인 논평과 풍자적인 시를 쓰는 재능 덕분에 지금은 지역의 재사(才士)로 이름을 떨친다. 테드는 공무원으로 일한 과거는 보내고, 모든 시간을 시에 대한 열정과 '웃음이 나오는 기사를 쓰는' 데 사용하고 있다.

말라는 30년간 중학교에서 학생들을 가르치며, 격려하고 영감을 주는 재능을 활용했다. 이제 은퇴하기로 결심했는데, 정기검진에서 뼈의 단층촬영 결과 골다공증 초기라는 판정을 받았다. 말라는 건강 되찾자는 일념으로 요가를 시작했다. 그리고 자신이 요가를 매우 즐기며, 요가가 몸과 마음에 좋은 영향을 끼친다는 사실을 깨달았다. 말라는 요가를 심도 있게 공부하여 강사 자격증을 땄다. 말라는 퇴직하고 얼마 안 되어 성인을 대상으로 요가를 가르치기 시작했다. 넘치는 열정과 다듬어진 교수법으로 말라는 곧 인기 있는 요가 강사가 되었다. 최근에는 요가 학원도 열었다.

말라는 모든 수강생을 좋아했지만, 인근에 사는 노인들에게 특별히 마음이 쓰였다. 말라는 그분들의 유연성을 높이고, 전반적인 신체 건강을 도우며, 감정적으로 행복을 느끼도록 일조하는 데서 큰 만족감을 얻었다. 뿐만 아니라 은퇴했으니 쾌활하게 행동하는 사람으로서 자신의 재능도 발휘할 차례가 왔다. 말라는 지역사회의 행사에서 재미로 영국의 민속춤을 추며 쾌활하게 지내고, 건강과 행복이 넘친다. 격려하며 영감을 주는 사람이 더 바랄 것이 무엇이겠는가.

다이앤은 분석적이고 사색적이며 기교와 기술이 있는 사람으로서 오랫동안 치과 의사로 일한 뒤, 자신의 시간과 재능을 새롭게 사용하기로 결심했다. 분석하고 평가하는 재능과 섬세함을 갖춘 다이앤은 빈티지 가구, 가정용품, 조경 용품 등 집을 꾸미는 데 필요한 것을 판매하는 가게를 시작했다. 다이앤은 쾌활하게 행동하며 조정하고 조직하는 숨은 능력을 활용해, 독특한 가정용품을 찾는 손님들에게 자신의 가게가 명소가 되도록 노력한다.

조정하고 조직하는 능력이 뛰어난 피오나는 국제 개발 기구의 이사직에서 조기 퇴직하면서 격려하며 영감을 주는 사람으로 변신하기로 결심했다. 피오나는 그동안 큰 단체의 최고위직에 머무르며 직원들에게 관리자로 군림하기보다 조언하고 멘토가 되는 일에서 큰 기쁨을 느꼈다. 피오나는 사람들을 돕는 직업 중에 자신이 새로이 할 수 있는 일을 찾기 시작했고, 사회복지 학위를 따기로 결정했다. 친구와 동료들은 그 선택에 충격을 받았지만, 피오나는 새로운 꿈을 이루기 위해 대학원 과정에 등록했다.

현재 피오나는 사회복지사가 되어 외국인 노동자들이 자국의 문화와 관습, 법에 잘 적응하도록 돕는 데 열정을 바치고 있다. 피오나는 이사로서 중책을 맡은 시절도 즐거웠으나, 보수만큼 스트레스가 많은 그 자리를 떠난 것을 후회하지 않는다. 내가 마지막으로 그녀와 이야기 나눌 때 피오나가 말했다. 큰 조직에서 중요한 결정을 내리는 일보다 한 번에 한 사람씩 도울 때 한없는 만족을 느낀다고.

마이크는 58세에 새로운 일을 시도하기로 결심했다. 마이크는 오랜 세월 동안 국제적으로 널리 인정받는 경제학자로 성공 가도를 달려왔다. 그는 지금 자신이 일하던 회사에서 업체 하나를 인수해 친환경 소를 기르는 농장을 운영한다. 마이크는 경제학자로서 개발도상국에 있는 여러 회사들과 일하면서 분석적이고 사색적인 재능을 키워왔다. 하지만 자신의 사업가적 자질을 시험해보기를, 새로운 사업에 자신의 기교와 기술, 조정하고 조직하는 능력을 사용해보기를 남모르게 소망해왔다. 새로운 사업을 시작한 지 5년째, 마이크는 상급 소를 사육하며 현명한 소비자들에게 음식과 서비스를 제공하는 일을 매우 즐긴다. 예전에 마이크는 경제학자로서 공공 부문과 사기업의 리더들과 함께 일하며 많은 보수를 받았다. 그때와 비교하면 사업을 하며 얻는 수익은 미미하지만, 지금 그는 어느 때보다 행복하고 건강하다. 마이크는 이 일을 하면서 얻는 진짜 소득은 유기농 쇠고기를 먹을 수 있는 것, 지혜와 경험이라고 말한다.

요약

50세 이후에 열정이 더해진 특별한 재능을 발휘하려면 삶과 일, 여가에 변화를 줄 필요가 있음을 충분히 이해했을 것이다. 이제 익숙하지만 즐겁지 않은 일을 그만둘 준비가 되었는가, 아니면 갈고 닦은 재능을 새로운 방식으로 활용하거나 좋아하지만 이전에는 계발할 기회가 없었던 재능을 드러내기 바라는가? 우리는 노년에 많은 재능과 특별한 개인적 관심사가 있을 확률이 높다. 이런 재능과 관심사가 자신의 정체성을 뒷받침하고 발전시킨다고 생각하는가? 그렇지 않다면 바로 지금이 가치 있게 생각하는 일, 자신에게 즐거움을 주는 일을 시작할 절호의 기회다. 그 재능이 계발됐든, 그렇지 않든 관계없다.

나를 포함해서 많은 전문 상담가와 코치들이 자주 사용하는 "당신의 열정을 좇으세요"라는 말은 다소 수동적이다. 열정이 무슨 소라도 된단 말인가? 열정은 들판을 돌아다니며 몰아서 울타리 안에 넣어야 하는 소가 아니다. 열정은 바로 '당신'이다. 열정은 당신의 궁극적인 표현이다. 댄서이자 안무가인 마사 그레이엄이 말했다. "당신 안에는 행동으로 보여줄 수 있는 활기, 생명력, 에너지, 흥이 있다. 그리고 당신은 언제나 유일한 존재이기 때문에 이런 자기표현도 특별하다. 당신이 이런 자기표현을 막는다면 그것을 대신 표현해줄 사람은 아무도 없으며, 이내 사라지고 말 것이다. 그리고 세상은 그 재능을 갖지 못할 것이다. 그렇기 때문에 우리 모두 마음을 활짝 열고 자신을 자극하는 열정이 무엇인지 깨달아야 한다." 다시 말해 세상은 특별한 당신의 재능을 필요로 한다. 당신만이 그 재능을 제대로 표현할 수 있다. 그러기 위해서 그 방법을 적극적으로 찾아야 한다!

예전의
행동 방식과
인간관계에서
벗어나기

"10년 전에는 얼간이 같은 행동을 해도 용서받을 수 있었다. 하지만 지금은 그렇지 않다."

— 변호사에서 은퇴하고 예술가가 된 남자, 과거 자신의 변화를 회상하며

"회사를 그만둔 날, 홀가분한 마음으로 집에 돌아왔다. 그런데 아내가 자기도 일에서 은퇴하겠다고 했다. 나는 갑자기 새로운 문제에 맞닥뜨렸다. '이제 내 저녁 식사는 누가 차려주지?'"

— 은퇴하던 날을 회상하는 물리학자

"나는 원래 나서길 좋아하는 사람이다. 그래서 뭔가를 조직하고, 일을 만들고, 성취하는 것을 즐긴다. 하지만 30년 동안 근무한 이 회사에서 은퇴하면 뭔가 새로운 것을 시도해야 한다. 그때가 오면 나는 누구한테 지시를 내려야 할까, 우리 집 개한테? 이 회사를 그만두면 뭔가를 성취하고자 하는 욕구를 대체 무엇으로 채워야 할까?"

— 자신의 성격을 생각하며 앞일을 고민하는 여성 임원

과거와 현재의 행동 돌아보기

1. 지난 10년 동안 당신은 직장에서, 집에서, 인간관계에서 얼마나 잘해왔는가?

| 아쉬운 부분이 많다. 내 행동은 직장과 인간관계에서 최선의 결과를 이끌어내는 데 항상 방해가 된다. | 전체적으로 양호하다. 예전에 좀더 성숙한 행동을 했다면, 나와 다른 사람들에게 더 좋았을 것 같다는 아쉬움이 있다. | 모든 면에서 성공적이다. 거의 모든 상황에서 대다수 사람들과 잘 지낸다. 내 행동 방식 때문에 성공했고, 존경도 받았다. |

2. 지금까지 여러 가지 일을 성취하게 만든 자신의 행동을 돌아보라. 다가올 노후를 위해 자신에게 어떤 변화가 필요하다고 생각하는가?

| 노후를 더욱 재미있고 성공적으로 이끌기 위해, 사람들과 더 잘 지내기 위해 많은 변화가 필요하다. | 내게는 좋은 점도 있고, 고칠 점도 있다. 지금 내 행동에서 몇 가지만 고치면 더 좋아질 것이다. | 내 행동이 인생의 모든 면에서 성공하는 토대가 되었기 때문에 특별히 나를 바꿀 필요가 없다. |

정말 어려운 습관 바꾸기

우리는 직장에서 성공하는 데 도움을 준 행동이나 습관이 반드시 가정이나 사회생활에서도 좋은 결과를 주지 않는다는 사실을 깨닫는다. 이를테면 매사 간단명료하게 결정을 내리는 임원은 회사에서 직원들의 아이디어를 경청하고, 그것에 대응하는 일에 익숙하다. 회사 임원은 다른 직원들의 아이디어에 귀 기울이는 법을 배워야 한다. 귀를 쫑긋 세우고, 제때 사람들과 눈을 맞추며, 항상 돈 냄새를 맡을 줄 알아야 한다. 회사에 무엇이 필요한지, 그 핵심은 무엇인지 분명한 지식도 필요하다. 새로운 아이디어가 가치 있다고 판단되면 앞으로 어떤 행동을 취할지 정하고, 기민하게 결정해야 한다.

이런 임원은 회사에서 과감함, 전략적인 사고, 추진력 등을 인정받는다. 하지만 이런 특성 때문에 일상적으로 마주하는 가족과 친구들에게는 오히려 둔감하고 건방진 사람으로 낙인찍힐 우려가 있다. 이를테면 회사 임원은 집에서 배우자에게 잔소리 좀 그만 하라는 말을 자주 듣는다. 배우자는 문제의 해답을 그에게 듣고 싶어하지 않고, 그에게 감사할 마음도 없다. 회사에서는 임원이 앞으로 나갈 방향을 제시하고 문제를 풀어가면 그에 따라 인정받지만, 집에서는 가족의 말에 공감하며 가족에게 동정심을 느끼는 것이 더 필요하다. 노후에 서로 보살피는 관계가 꼭 필요하다고 느낀다면 더욱 그렇게 행동해야 한다.

우리는 회사에서 좋은 실적을 내기 위해, 회사 문화에 적응하기 위해 정해진 방식대로 행동한다. 그러다 보면 그 행동이 체화되어 다른 곳에 가서도 똑같이 행동한다. 몸에 밴 행동 때문에 실망스런 결과가 생기는 경우도 있다. 우리는 직장에서 요구하는 행동을 부지불식간에 체화하기 때문에, 직업 인성work persona을 자기 본연의 모습인 양 착각한다.

내가 전에 상담한 여성 경제학자를 예로 들어보자. 그녀는 자기 직업에서 필요로 하는 비판적 사고를 잘 발달시켜서, 주변의 모든 것을 비판적으로 분석했다. 자신의 인간관계는 물론 성인이 된 자녀들, 심지어 식사 메뉴까지 모든 것을 분석하고 따졌다. 그녀는 무슨 일이든 상당히 비판적인 평가를 내릴 수 있다. 그녀는 분석적인 태도로 직장에서 이목을 끌었고, 다른 사람을 주눅 들게 만드는 업무 스타일은 소문이 자자했다. 다들 그녀가 군 장성과 붙어도 능히 벌벌 떨게 만들 수 있으리라 생각했다. 하지만 독불장군 같은 그녀의 태도가 직장에서 통했을지 몰라도, 일상생활에서는 전혀 통하지 않았다. 그녀에게는 남편도 없고(세 남자가 그녀를 떠났다), 친구도 없다. 그녀는 딸이 엄마인 자신을 증오한다고 생각한다.

과거의 행동 방식을 재평가하고, 이로운 방향으로 행동을 수정하는 일은 노후에 기쁨과 만족감을 얻는 데 큰 효과가 있을 것이다. 하지만 행동을 바꾸는 게 말처럼 쉽지 않다. 지난 세월 동안 특정한 행동 방식으로 직장에서 성공한 경우라면 더욱 어렵다. 사람들은 직장에서 '올바른' 행동을 다양한 방식으로 강화한다. 이를테면 어떤 행동은 승진에 도움이 되고, 어떤 행동은 회사에서 쫓겨나는 원인이 된다. 이렇게 행동하면 회사에서 인정받고, 저렇게 행동하면 불이익을 당한다. 회사 간부들은 업무 능력을 향상하기 위해 리더십 교육도 받는다. 이들은 1년에 한 번씩 인사고과를 받고, 동료 임원들에게 자신이 주어진 임무를 잘 수행했는지 다면평가를 받는다. 하지만 가정과 사회생활에서는 인사고과 같은 평가 도구가 없기 때문에 행동을 바꾸기 훨씬 더 어렵다. 신선한 공기가 차고 넘칠 때도 말이다.

최근 우리 집에서 일어난 일을 보면 나도 정곡을 찔린 듯하다. 아내 팻은 얼마 전 우리가 다니는 독서 모임에서 지금까지 고수해 온 행동 방식을 바꿔야 한다고 주장했다. 여자들만 식사를 차리고 모임 준비를 하지 말고 남자들도 동참하라는 것이다. 솔직히 나도 인정한다. 남자들은 제시간에 약속 장소에 나타나서 좋은 포도주와 맛있는 음식을 즐기며 잡담하기 일쑤다. 여자들은 식사 준비를 하느라 바빠서 남자들이 대화를 독점한다. 열렬한 페미니스트인 아내는 기분 좋게 제안했다. 우리가 고수해온 남녀의 역할이 성차별적이니, 앞으로 열 명이 모일 때 필요한 일을 누가 얼마나 맡을지 정해서 남녀가 공평하게 일을 분담하자고 말이다.

그 제안은 환영 받지 못했다. 오히려 팻의 제안 때문에 열띤 논쟁이 벌어졌다. 남자들은 예전에 하던 방식이 편하니 변화를 원하지 않았다. 놀라운 것은 그 자리에 모인 부인 한두 명 역시 팻의 제안에 강한 거부감을 드러냈다는 사실이다. 그녀들은 남편의 요리 실력을 믿지 않았다. 자기 남편이 요리하면 주방을 난장판으로 만들 것이라고 했다. 그녀들이 덧붙이길, 남자들은 요리하지 않는 대신 실외에서 필요한 일을 거들어준다고 했다. 주목할 만한 사실은 이 모임에 참석한 이들이 50대 이상이고, 하루 종일 일할 필요가 없는 사람들이라는 점이다. 이들은 모두 건강하고 교육도 많이 받았으며, 흥미로운 취미 활동을 할 수 있다. 이들은 자신이 진보적이고 수용적이며, 열린 사람이라고 생각한다. 그런데도 다섯 쌍의 부부는 남녀의 역할을 아주 조금만 바꿔보자는 팻의 제안에 강하게 반발했다.

이런 점을 감안하면, 자신이 수십 년 동안 받아들이고 발전시킨 행동을 바꾼다는 것은 얼마나 어렵겠는가?

새로운 인생에서 성공하려면
행동을 바꿔라

우리는 대부분 실제로 행동을 바꾸기는커녕 바꿔야 한다는 생각조차 하지 못한다. 지난 수십 년 동안 생산성을 높이고, 마감 시간을 지키는 등 직장에서 받는 여러 가지 스트레스에 적응하며 살다가 갑자기 그런 패턴을 버리기란 쉽지 않다. 직장에서 성공해 높은 지위를 얻었거나, 한 직업에서 특별하게 성공한 사람들이 바뀌기는 더욱 어렵다. 내가 상담한 사람 중 하나는 이런 고민을 털어놓았다. "예전처럼 든든한 회사 직함도 없는데, 중요한 전화를 어떻게 하지요?"

우리는 직장 생활에서 필요하던 행동이 노후에 방해가 된다는 사실을 깨닫는다. 이제 회사 때문에 누리던 지위나 영향력 없이 다른 사람들과 관계 맺는 법을 배워야 한다. 덜 위압적이고 덜 비판적이며, 결과에 덜 치중하는 태도를 배워야 한다. 내가 사람들에게 사랑스런 존재인지, 영향력을 줄 수 있는 인물인지, 직업에서 얻은 전문 지식으로 깊은 인상을 줄 수 있을지 이전보다 덜 전전긍긍해야 한다. 출세에 목매는 태도를 버려야 한다. 이런 변화의 과정에서 꼭 세상에 맞춰 살 필요도 없고, 더 창의적으로 생활하며 순간의 기쁨을 온전히 인식할 수 있는 기회를 맞이했다는 사실이 기쁘고 감사할 수도 있다.

그러나 그 단계까지 이르기가 결코 쉽지 않다. 우리가 가장 옳다고 생각하는 행동은 수십 년 동안 그 행동을 익혔기 때문이다. 그런데도 우리는 행동을 바꿀 수 있다. 앞으로 어떤 태도를 발전시키고 싶은지 정하고, 그것을 습관으로 만들겠다는 의지가 있다면 말이다. 익숙한 습관도 처음에는 배워서 익힌 것이기 때문에, 앞으로 발전시키고 싶은 태도 역시 익히면 된다. 이를 위해 세 가지 단계를 기억하라.

첫째, 어떤 행동을 바꾸고 싶은지 깨닫는 것이다. 스스로 깨닫지 못하면 어떤 행동도 바꿀 수 없다. 직장에서 자신의 장점과 단점을 파악하게 해주는 것이 정기 실적 평가다. 실적 평가를 통해서 회사의 목표와 기대에 부합하려면 나의 어떤 자질을 높여야 하는지 알 수 있다. 하지만 회사에서 은퇴한 뒤의 상황은 완전히 다르다. 이제는 자신에게 어떤 행동이 긍정적인지, 어떤 행동을 바꿔야 할지 가늠해줄 방안을 찾아야 한다. 당신은 정기적으로 다른 사람에게 물어서 자신의 행동을 평가받거나, 자기반성 하는 시간을 통해 진실하고 느긋하게 자신의 행동을 돌아보고 싶어할지도 모른다. 자신에게 문제가 있음을 깨닫는 것이 최우선이다. 그러나 문제를 아는 데서 그치면 안 된다.

둘째, 당신이 고치고 싶은 행동을 언제 하는지 알아채고 그 자리에서 행동을 수정하는 일이다. 잘못된 방향으로 가기 직전에 말이다. 나는 경험을 통해 즉시 행동을 고치는 일의 중요성을 실감했다. 최근에 내가 강연을 하며 "음…" 하고 뜸을 들이는 습관이 있다는 사실을 알았다. 그 습관을 지적해준 사람은 나의 "음…" 하는 습관 때문에 주의가 산만해진다고 말했다. 그는 친절한 태도로 나쁜 습관을 고치라고 조언했다. 그 조언에 나는 충격을 받았고, 약간 '불쾌한' 기분도 들었다. 내게 그런 성향이 있다는 사실을 전혀 몰랐기 때문이다. 그래서 다른 사람들에게 내가 공개 강연 때 진짜 그렇게 하는지 물었다. 나의 잘못된 습관은 사실이었다. 머지않아 나의 잘못된 습관에 대한 조언을 가슴 깊이 새기기 시작했다. 뜸 들이는 습관이 있다는 것을 인식하자, 그 습관을 없애기 위해 노력할 수 있었다. "음…" 하는 소리를 내기 직전에 알아차리는 것이었다. 내가 발견한 또 다른 사실이 있다. 손자·손녀가 내 사소한 말버릇을 금세 따라 한 것이다! 알아차리는 게 습관을 바꾸는 데 중요하다는 사실은 분명하다. 하지만 더 중요한 사실은 알아차리기만 해서는 행동을 바꿀 수 없다는 것이다.

셋째, 새로운 습관을 만드는 일이다. 예전 습관을 바꾸려면 반드시 새로운 습관을 들여야 한다. 그리고 예전 습관대로 행동하려고 할 때마다 그 사실을 알아차려야 한다. 내 경우 "음…" 하는 소리를 내기 직전에 조용히 한두 번 숨을 고르는 습관을 들이자, 예전 습관이 대부분 사라졌다.

잘못된 습관을 깨닫고, 고치고, 새로운 습관으로 바꾸는 일. 이 모든 과정에서 필요한 것이 주의 집중, 의지, 실행력이다. 물론 각 단계를 실행하고 완전히 익히려면 시간이 필요하다. 예전 습관을 고치고 새로운 습관을 들이기까지 불편한 시기를 거칠 수밖에 없다. 우리가 의식적으로 잘못된 습관을 깨닫고 새로운 습관을 들이려고 노력하는 동안 실수도 할 수 있고, 노력이 주춤해질 수도 있다. 그러나 새로운 습관을 몸에 익히면 의식하지 않아도 새롭고 생산적인 행동을 한다. 나는 이제 나쁜 습관을 고치고 "음…" 하지 않는 사람 대열에 합류하려고 한다. 당신은 어떤 습관을 고치고 싶은가?

이전의 인간관계에서 벗어나
새로운 사람들을 만나라

인간의 중요한 욕구 중 하나가 사람들과 관계를 맺는 것이다. 우리는 직장에서 일하고, 전문가로서 직업 정체성을 얻으며, 사업가적인 기질도 발휘한다. 하지만 더 중요한 사실은 직장에서 소속감을 얻고, 다른 사람과 소통하며 원하는 결과를 만들어내고, 직장의 내부 시스템을 통해 개인의 자부심을 높일 수 있다는 것이다. 직장은 사회적 상호작용을 하는 공간이다. 우리는 직장에서 커피를 마시며 대화를 나누고, 정수기 옆에서 상사에 대한 험담을 하고, 동료들과 점심을 먹으며 친해지기도 한다. 사업상 새로운 사람을 만나고, 함께 문제를 해결해나가며, 회사 행사나 회식, 생일 파티 같은 특별한 날을 공유한다. 이렇듯 직장에 뿌리를 둔 인간관계의 역사는 수십 년 동안 계속되었다. 은퇴하며 긴 시간 함께 일한 사람들에게 작별 인사를 할 때 우리의 심경은 복잡하다. 지난 세월이 주마등처럼 떠오르고, 앞으로 이들 없이 어떻게 살아야 하나 걱정이 밀려온다. 보다 근원적인 문제는 이들과 작별하면 소속감을 채우고 싶은 욕구를 해소할 곳이 없어진다는 점이다.

    나이 들면서 친구와 인간관계가 어느 때보다 중요해진다. 애비게일 트래포드는 『나이 듦의 기쁨』에서 50세 이후 덤으로 얻은 인생에서 '사회적 자본 social capital'을 쌓으라고 조언한다. 다시 말해 노후에 버팀목이 될 사회적 관계망을 구축하라는 것이다. 노후의 사회적 관계망도 직업에서 관계망과 마찬가지로 쌍방향이다. 우리는 적어도 받은 만큼 다른 사람에게 돌려줄 줄 알아야 한다. 계속 연락하고 지내는 친구나 마음이 맞는 사람들이 곁에 있을 때 우리는 서로 응원해줄 수 있고, 필요할 때 도움을 주고받을 수 있으며, 사회에 속해 있을 때 느끼는 자신감을 얻을 수 있다.

트래포드는 친한 친구가 없는 사람은 건강을 해친다는 결과를 보여주는 연구 사례를 제시했다. 연구에 따르면 사회적으로 고립된 사람일수록 수명이 단축된다고 한다. 이들은 최근에 조사된 평균수명보다 일찍 사망했다. 트래포드는 "사회적으로 고립될수록 사망할 가능성이 높아진다. 두 변수의 연관 관계는 부실한 음식 섭취, 운동 부족, 음주나 흡연과 사망 위험의 연관 관계보다 훨씬 높다"고 결론 내렸다. 친구가 거의 없는 사람은 일찍 죽을 뿐만 아니라, 감기에 걸릴 확률도 높다고 한다. 인간관계의 질에 따라 면역력이 크게 좌우된다는 것은 의심할 여지가 없다. 면역력이 높으면 육체적·정신적 문제를 보다 쉽게 피해갈 수 있다.

전반적인 행복 수준도 인간관계의 질과 직접적인 관계가 있다고 밝혀졌다. 미국의 건강·의료 서비스업체 캐니언 랜치에서 '삶의 질 향상 프로그램'을 맡고 있는 댄 베이커 박사는 인간의 '행복' 심리학(실증주의라고도 부른다) 연구 분야의 권위자다. 그는 『What Happy People Know(행복한 사람들이 아는 것)』에서 우리가 건강하고 행복하게 살기 위해 가장 중요한 것은 자신이 좋아하는 일을 하고, 사랑스런 인간관계 속에서 살아가는 것이라고 결론지었다. 베이커 박사는 수년간 수백 명을 직접 치료하면서 연구한 성과를 바탕으로, 행복하고 건강하게 살기 위해서는 자신과 타인을 사랑할 줄 알아야 한다는 결론을 내렸다. 그가 말하는 자기란 세상 사람 하나하나가 나타내는 삶의 기적에 감사하고, 소중한 삶을 선물로 받았다는 사실에 감사하는 것을 뜻한다. 사람들과 사랑스런 관계를 맺으면서 불행하기는 어려운 노릇일뿐더러 물리적으로도 불가능하다. 물론 우리가 매순간 최고의 기쁨을 누리며 살아갈 수는 없다. 베이커 박사가 말하고자 하는 것은 인생에 대한 우리의 일반적인 태도다.

베이커 박사의 연구 결과를 인용하면, 행복은 사람들과 얼마나 사랑스런 관계를 맺느냐는 것과 불가분의 관계다. 사랑스런 관계는 돈, 권력, 명예, 육체적 매력 혹은 그 어떤 다른 요인보다 행복에 중요하다. 인간관계란 그만큼 중요한 것이기에 직장을 떠날 때도 현명하게 처신해야 할 두 가지가 있다.

첫째, 옛 동료와 친구들에게 작별 인사하는 일이다. 그들과 작별하는 일은 생각보다 어려워서, 우리는 수년이 지난 뒤에도 떠나던 그날을 갈망한다. 나는 대학 부설 상담소를 떠난 지 15년이 흘렀지만, 지금도 그때 같이 일하던 사람들이 그립다. 심지어 내가 싫어한 동료들까지 말이다! 그 시절 상대하기 어렵고 짜증스럽던 동료들마저 나와 다른 이들에게 도움이 되었다는 사실을 지금에야 깨닫는다. 나는 그들 덕분에 자신을 다른 각도에서 바라볼 수 있는 기회를 얻었다. 그들의 행동 덕분에 나의 문제 해결 능력도 향상되었다. 그들을 통해 나의 원대한 목표를 훼방 놓는 것처럼 보이는 사람들을 다루고 연민하는 방법을 배웠으며, 그들의 반대 의견도 가끔 일리가 있다는 사실을 깨달았다. 그들이 내게 보낸 호의나 비난이 더 행복하고, 건강하고, 생산성이 높은 일터를 만드는 데 도움이 되었다는 사실도 알았다. 직장을 떠나면서 작별 인사를 할 때, 오랜 세월 함께 일한 모든 동료들이 결국 나에게 선물이었음을 인정하는 것이 중요하다. "잘 지내요"란 말은 "이제 얼굴 볼 일 없으니 속 시원하네"가 아니라 "신의 가호가 있기를…"의 줄임말이다.

둘째, 예전 직장을 떠나 새로운 곳에서 새로운 사람들을 만나는 일이다. 애비게일 트래포드가 말한 것처럼 인간관계는 우리에게 사회적 자본이다. 우리에게는 인생의 맑은 날에는 축하해주고, 흐린 날에는 격려해줄 친구가 필요하다. 친구를 많이 사귀면 다른 사람과 긍정적인 교감을 통해서 얻을 수 있는 다양한 새 길이 열린다. 그러나 새로운 인간관계를 위해서는 개인의 의지와 사교성이 모두 필요하다. 부끄러움을 잘 타고 내성적인 사람들은 자신이 사교적이고 외향적인 사람들보다 새 친구를 만들기 훨씬 어렵다고 생각할 것이다. 외향적인 사람들은 어느 곳에서 누구를 만나도 편안하게 생각하는 것처럼 보인다. 그들이 느끼는 어려움이란 수많은 사람 중에서 진정으로 깊은 인간관계를 만들 수 있는 사람을 제대로 골라야 한다는 것이다. 즉 기쁠 때나 어려울 때 함께해줄 사람을 찾아야 한다.

다른 사람의 따뜻한 이해가 필요한 순간, 믿을 수 있는 오래된 친구보다 귀한 재산은 없다. 힘든 시기를 겪을 때 옆에 있어주고, 요즘 내 손자가 재롱떠는 이야기처럼 사소한 일에도 귀 기울여주며, 나의 꿈이나 희망을 같이 이야기할 수 있는 친구 말이다. 외향적인 사람이 내성적인 사람보다 쉽게 많은 친구들을 사귈지 모르지만, 깊은 인간관계를 맺는 데는 내성적인 사람이 유리할 수 있다. 내성적인 사람은 천성적으로 조용히 사색하고 내면의 소리를 듣는 것을 좋아하기 때문에 몇몇 사람들과 깊은 인간관계를 맺는 경향이 있다. 부담 없이 만날 수 있는 다양한 친구를 사귀길 좋아하는 외향적인 사람과 정반대다. 내성적인 사람에게도 힘든 점은 있다. 이들은 이제 새로운 환경에서 새로운 친구를 사귀며, 그들과 자신의 속 깊은 이야기를 나눠야 한다. 그때 상대에게 힘이 되는 깊은 신뢰를 바탕으로 한 우정을 쌓을 수 있다. 내성적인 사람에게 자기와 관심사가 같은 사람을 찾는 일은 더 어려울 수 있다. 내성적인 사람은 외향적인 사람처럼 다양한 장소에서 여러 사람을 만나려고 하지 않기 때문이다. 관심사가 같은 사람들이 모인 동호회나 단체에 가입하는 것은 내성적인 사람에게 (외향적인 사람에게도) 새로운 친구를 사귀는 좋은 방법이 될 수 있다.

'새로운' 것이 항상 더 좋다는 뜻은 아니다. 새롭다는 것은 단순히 '현재'를 뜻한다. 그리고 지금 우리가 사는 '현재'는 과거가 있었기에 가능하다. 새 친구를 사귀고 새로운 인간관계를 만드는 것이 중요하다고 해서 오래된 인간관계를 전부 끊으라는 말이 아니다. 오래된 친구나 동료는 곁에 있든 없든 항상 우리 삶의 일부분이다. 어느 시인이 말했듯이, 살아오면서 누구를 만났느냐가 지금의 나를 결정한다.

그런 깨달음은 내 칠순 잔치 때 더욱 절실하게 다가왔다. 나는 지금 새로운 10년을 앞두고 지난 삶을 회고하는 과정에 있는지도 모른다. 하지만 최근에는 옛 친구나 동료들과 다시 연락을 하고, 다른 사람에게 옛 시절 이야기를 하는 것이 중요해졌다. 이를 두고 아내는 '참전 용사 증후군' 혹은 '노인네 증후군'을 조심하라고 핀잔을 주었다. 여럿이 둘러앉아 옛날얘기나 재탕하는 노인처럼 되지 말라는 소리다. 나는 평소 아내의 말을 주의 깊게 듣는 편이다. 하지만 '죽마고우'와 함께 지나온 삶을 돌아보는 일 역시 중요하다는 사실을 잘 안다. 우리는 오랜 친구와 지난날을 회고할 때 지나온 삶이 어떤 의미인지 이해하고, 그들과 만남으로써 자신의 뿌리를 찾는다. 오래된 친구는 무엇으로도 대체할 수 없다. 오랜 우정을 살아 있는 동안 끝까지 이어가는 사람은 정말 운이 좋은 사람이다. 하지만 좋든 싫든 세상에 변하지 않는 사람은 없다. 오랜 우정도 마찬가지다. 오랜 우정이 계속 의미를 잃지 않으려면 우정 또한 변하고 성장해야 한다. 이유야 어떻든 오랜 우정이 항상 노년까지 이어지는 것은 아니다. 어쩌면 노년까지 변치 않는 우정이란 새로운 모습으로 거듭날 때만 가능할 것이다.

은퇴 후 찾아오는 부부 관계의 위기

노년기에 접어들면서 오래된 인간관계에서 벗어나 새로운 사회적 자본을 쌓는 일이 중요하다고 말했다. 이 시기에 중요한 일이 하나 더 있다. 배우자에게 충분한 관심을 기울이고 잘 보살펴서 그 관계가 성장하고 꽃피도록 만드는 일이다. 배우자와 함께 나이 들어갈 때 상대에 대한 사랑과 감사의 마음에 그 깊이를 더할 수 있다. 그러나 처음 맞는 노년기에 두 사람은 함께 지내는 방식에 변화를 겪고, 보통은 새로운 문제점을 발견한다.

노년기에 접어들어 새로운 생활 방식에 적응하려는 수백 명과 상담하면서 나는 모든 부부들이 겪는 공통적인 문제점을 몇 가지 발견했다. 다음은 일반적인 부부의 사례다. 하지만 지금껏 내가 상담한 경험에 비춰보면, 비전통적인 성 소수자(GLBT : 게이, 레즈비언, 양성애자, 트랜스젠더) 부부들도 비슷한 문제를 겪는다. 이를테면 주거지를 결정하는 문제는 모든 부부들이 겪는 어려움 중 하나다. 다음 장에서는 부부가 선호하는 주거지가 다를 때 생기는 문제를 다룰 것이다. 노년기에 접어들면 주거지를 결정하는 문제 외에도 생각지 못한 문제들이 많이 발생한다. 아래 예시를 읽어보고 자신에게 해당하는 얘기라면 메모하라.

- 그 부부는 처음에 서로 다른 성격과 기질에 매력을 느꼈다. 하지만 오랫동안 하루하루 일상에 적응하면서, 두 사람은 자신이 생각하는 이상적인 배우자의 모습에 상대방을 끼워 맞추려고 애쓰고 있다. 두 사람은 직장에서도 은퇴했기 때문에 더 많은 시간을 들여 상대방을 바꾸려고 안간힘을 쓴다.
- 남편은 외향적인 사람으로 사교 활동을 좋아한다. 반대로 아내는 내성적인 사람이라 혼자 일하기를 즐기고, 홀로 있는 시간을 소중히 여긴다. 남편은 더 자주 밖에 나가고 싶어하고, 아내는 조용히 사색하고 자기 일을 하는 데 시간을 보내고 싶어한다.
- 아내는 이제 막 새 직업을 구했고, 남편은 직장을 그만두고 아내와 더 많은 시간을 보내고 싶어한다.
- 아내는 점점 과감해지고, 남편에게 전보다 훨씬 덜 싹싹하게 대한다. 반면 남편은 전보다 성격이 부드럽고 온화하며, 사려

깊어졌다. 은퇴 후 부부가 많은 시간을 함께하자, 두 사람은 자신이 예전에 생각한 만큼 상대에 대해 잘 모른다는 사실을 새삼 깨달았다. 그리고 변해가는 상대의 모습을 정말 좋아하는지 확신하지 못한다.
- 두 사람은 새로운 상황에 직면했다. 둘 다 전 배우자와 사별했거나 이혼했기 때문이다. 한 사람은 재혼을 서두르거나 가급적 빨리 살림을 합치고 싶어한다. 다른 사람은 사귀는 것에는 동의하지만, 재혼하거나 살림을 차릴 마음의 준비가 전혀 되지 않았다.
- 아내는 은퇴 후에도 바쁘게 생활한다. 많은 사람을 만나고, 자주 놀러 가고, 봉사 활동에도 적극적이다. 반면 곧 은퇴할 남편은 그런 일에 쓸 시간도, 관심도 없다. 아내는 남편이 은퇴 후 아무 계획도 없이 둘이 시간을 보내자고 할까 봐 겁이 난다.

은퇴한 모든 부부가 이와 같은 일을 겪는 것은 아니며, 전혀 문제가 없는 경우도 있다. 하지만 위의 사례를 보면 배우자와 심각하게 논의해야 할 문제점을 발견하는 데 도움이 될 것이다. 두 사람의 다른 점을 발견하고, 차분히 대화를 나눠보라. 그리고 문제점을 창의적으로 해결할 방법을 함께 연구해보라. 이 과정은 두 사람의 관계를 처음처럼 활력 있게 만드는 데 기여할 것이다.

타드가 아내 니나의 심정을 잘 알아주었다면 두 사람은 지금도 같이 살지 모른다. 하지만 타드는 감정적으로 위로받고, 자신의 지적 재능을 발산하고 싶어한 니나의 마음을 알아주지 못했다. 당시 타드는 일에 빠져서, 둘 사이에 있는 심각한 문제를 해결할 엄두도 내지 못했다. 니나는 이전에 대우가 좋은 전문직을 버리고 타드를 따라 남미로 갔다. 타드가 마지막 직장 생활을 그곳에서 보내고 싶어했기 때문이다. 이사한 첫해에 니나는 새로운 환경에 그럭저럭 적응했다. 아름답게 꾸며진 집과 10대인 딸을 돌보며 새로운 문화를 즐겼다. 그러나 딸이 대학에 들어가자 니나는 다른 가치 있는 일이 필요했다. 한편으로는 남편 뒷바라지를 위해 직업을 포기했다는 억울함이 차오르기 시작했다. 그러는 사이, 타드는 회사에서 고액 연봉을 받고 다른 여러 가지 혜택도 누렸다. 타드는 높은 직책에 걸맞은 존경도 얻었고, 그 생활을 즐겼다. 그러나 가정에서 진짜 심각한 문제가 곪아가는 것을 전혀 몰랐다.

　타드의 행복한 삶은 일순간 무너져 내렸다. 본사에서 지난 7년 동안 타드가 운영하던 남미 사무소를 없애고 그를 퇴직시키기로 결정하면서 불행은 시작되었다. 꽤 많은 퇴직금을 받고 회사에서 나온 것은 그나마 다행이었다. 그러나 매일 할 일이 없어지자, 타드는 정체성의 혼란에 빠졌다. 회사에서 늘 받아오던 존중감을 상실했기 때문이다. 불행은 여기에서 그치지 않았다. 직장을 잃고 정체성도 흔들린 타드는 아내에게 위로받고 싶었다. 그러나 니나는 타드를 동정하기는커녕 헤어지자고 폭탄선언을 했다. 니나는 일에 파묻혀 사는 남편 뒤치다꺼리하는 데 신물이 났고, NGO에 일자리를 구해놓은 상태였다. 니나는 타드를 홀로 남겨두고 새 둥지로 떠났다. 타드는 니나에게 부부 관계 상담을 받아보자고 애원했지만, 그의 노력은 너무 늦었다. 니나는 타드와 사는 데서 미래를 찾을 수 없었다.

　내가 마지막으로 타드를 만났을 때 그는 우울해하고 있었다.

타드는 작은 식당에 앉아 커피나 마시며 동네 영감들과 수다 떠는 자신의 형편없는 모습(이것이 내가 앞에서 언급한 '노인네 증후군'이다!)을 그려보았다. 나는 그가 교육 수준이 높고, 점잖고, 돈 많고, 외모도 준수하기 때문에 다시 재미있게 살아갈 거라고 확신한다. 그러나 타드는 제일 먼저 현실을 받아들여야 한다. 아내가 떠났다는 사실, 직장인으로서 자신의 정체성이 사라졌다는 사실, 아빠를 사랑하지 않는 딸의 존재를 인정해야 한다. 타드는 아내와 가족이 얼마나 소중한지 뒤늦게 깨달았다. 타드는 지난날을 회상하며 자신이 화려한 직업과 엄청난 성공에 도취되어 정작 중요한 것을 놓쳤음을 깨달았다. 강물이 거슬러 갈 수 없듯 한번 저지른 일은 돌이킬 수 없다. 우리는 타드와 비슷한 실수를 저지른 사람들이 암담한 시절을 뚫고 다시 항해할 수 있는 힘을 찾기를, 의미 있는 새 삶을 위한 지도를 다시 그릴 수 있기를 바랄 뿐이다.

  우리는 일을 통해 자신의 재능과 열정을 활용하며 보람을 얻을 수 있다. 하지만 일 때문에 진정으로 관심을 기울여야 할 대상을 보지 못할 수도 있다. 자칫하면 집안의 해결하기 힘든 문제는 외면하고, 일과 직업 정체성에서 대신 위안을 찾기 쉽다. 일은 집안에 산적한 문제들과 달리 해결책을 빨리 찾을 수 있고, 그에 따른 보상도 쉽게 얻을 수 있기 때문이다. 우리는 심지어 가족 간의 갈등을 피하는 도피처로 일을 택한다. 그러나 가족 간의 풀기 어려운 문제를 피하다가 가장 가깝고 소중한 주위 사람들을 잃을 수도 있다.

배우자를 바꾸려는 마음, 피그말리온 프로젝트

사람들은 대부분 연인 관계에서 각자 바라는 것이 있다. 하지만 나중에 배우자를 선택하게 만드는 동기는 본인의 의식적인 선택도, 엄청난 연애 경험도 아닐 가능성이 크다. 임상심리학자 데이비드 커시David Keirsey 박사는 『나를 제대로 아는 법 남을 확실히 읽는 법(Please Understand Me Ⅱ)』에서 우리가 이성에게 매력을 느끼는 네 가지 기질과 성향을 제시한다. 커시가 제시한 유형은 이 책 7장에서 논의한 개인의 성향 유형과 전반적으로 비슷하다. 커시에 따르면 자신과 반대 성향인 이성에게서 느껴지는 매력이 배우자 선택에 영향을 주는 것은 맞지만, 그것은 정도의 문제라고 한다. 강한 끌림 역시 배우자(들)와 우리를 묶어주는 한 요인일 수 있다. 그러나 그런 힘은 의식의 저 밑바닥에서 작동한다. 즉 무의식적 끌림은 우리가 의식하거나 통제하지 못하는 심리 작용 때문에 생기며, 관계가 지속되는 초기 몇 년 동안 계속된다. 처음에는 차이점 때문에 끌리지만, 시간이 지나면서 그 차이점이 두 사람 사이에 구멍을 낸다. 이 때문에 우리는 자신의 무의식적 성향을 완전하게 인식하고, 그런 성향을 의식적으로 통제하는 연습을 해야 한다. 특히 노후에 부부 관계가 완전히 꽃피길 바란다면 더욱 그렇다.

커시 박사는 지난 50년 동안 인간 본성을 관찰해온 경험을 바탕으로 분석적이고 사색적인 유형(AT), 영적 통찰력이 있는 유형(MI), 격려하며 영감을 주는 유형(NI)은 평생 배필로 만나는 경우가 많다는 사실을 발견했다. 커시 박사는 그 이유를 이런 사람들에게 두 가지 성향이 동시에 나타난다는 점에서 찾았다. 하지만 더 명백한 이유는 이들이 추상적인 사고를 잘하는 공통점이 있다는 사실이다. 이들은 대화 방식과 세계관이 비슷하고, 마음이 잘 맞는다. 우리가 여러 가지 가능성, 하늘색의 개념, 다양한 일반론 등과 같이 추상적인 영역에 아주 친숙하다면, 그런 영역에 관심 있는 사람을 만나고 싶어할 것이다. 추상적인 사고에 익숙한 사람이 현실적이고 구체적으로 생각하는 사람과 연애하면 짜증스러울 뿐이다. 두 사람의 생각은 극과 극이다. 일반적으로 현실적인 사고를 지향하는 사람(7장에서 논의한 조정하고 조직하는 유형[CO], 기교와 기술이 있는 유형[AC], 쾌활하게 행동하는 유형[PP])은 추상적인 사고에 익숙한 사람들이 하는 '이상한 행동'을 못 견디고 짜증스러워한다.

추상적으로 생각하는 사람은 추상적으로 생각하는 사람끼리, 단순하게 생각하는 사람은 단순하게 생각하는 사람끼리 연애할 확률이 매우 높다. 자기 성격과 반대인 이성에 대한 호감 역시 이런 범주에서 일어난다. 추상적으로 생각하는 사람들이라고 다 같은 것은 아니지만, 그들 사이의 차이가 추상적으로 생각하는 사람과 단순하게 생각하는 사람의 차이보다 훨씬 적다. 그래서 추상적으로 생각하는 사람은 나비가 꽃가루를 찾듯, 영적 통찰력이 있는 유형(MI)과 격려하며 영감을 주는 유형(NI)의 로맨틱함, 감성, 이상주의 같은 매력에 끌린다. 반대로 영적 통찰력이 있는 유형(MI)과 격려하며 영감을 주는 유형(NI)은 매사에 신중하게 접근하는 인상과 생각하며 사는 분석적이고 사색적인 유형(AT)의 모습에 매료된다.

단순하게 생각하는 사람(질서를 좋아하고 전통을 지키려는 조정하고 조직하는 유형[CO], 순간을 즐기는 기교와 기술이 있는 유형[AC], 쾌활하게 행동하는 유형[PP])도 자신과 비슷한 사람 사이의 차이점에서 매력을 느낀다. 이를테면 조정하고 조직하는 유형(CO)은 자신의 심각하고 비관주의적인 본성을 기교와 기술이 있는 유형(AC)이나 쾌활하게 행동하는 유형(PP)의 인생을 즐기고, 모험을 좋아하며, 활동적인 성격과 조화를 맞추려고 한다. 반대로 기교와 기술이 있는 유형(AC)이나 쾌활하게 행동하는 유형(PP)은 순간순간 즐겁게 살아가는 자신의 성향을 조정하고 조직하는 유형(CO)의 계획적이고, 정돈되고, 독립적인 성향을 통해 보완하려는 경향이 있다.

부부가 몸을 부대끼고 살면서 처음 상대방에게 느낀 멋진 분위기는 점점 사라진다. 사랑과 욕망에 대한 찬란한 상상은 평생 배우자로 선택한 사람의 본모습을 보고 실망으로 바뀐다. 이런 순간이 오면 사람들은 배우자를 더 나은 사람으로 바꾸려는 프로젝트에 뛰어든다. 이런 성향은 잘 알려진 사실이기 때문에, 이에 관한 유머도 진화를 거듭하고 있다.

결혼을 앞둔 예비 신부가 초조하고 불안해서 목사에게 도움을 청했다. 목사는 그녀의 스트레스를 덜어주려고 결혼식은 기억하기 쉬운 3단계만 거치면 끝난다며 안심시켰다. 첫째, 신부는 신랑과 서로 절한 다음 "네I will"라고 말하면 된다고 했다. 둘째, 제단 altar 앞에서 약혼한 신랑과 무릎을 꿇고 기도를 올리는 것이라고 했다. 셋째, 찬송가hymn가 울려 퍼지는 동안 신부는 신랑과 팔짱을 끼고 행진한 뒤 교회 밖으로 나가면 정식 부부가 된다고 했다. 드디어 결혼식 날이 되자 신부는 초조해졌다. 입장하면서 신부는 목사의 충고를 떠올리고 머릿속으로 다음과 같이 되뇌었다. "네I will, 제단altar, 찬송가hymn. 네I will, 제단altar, 찬송가hymn. 남편 고치기I will alter him." ('제단altar'에서 철자를 하나만 바꾸면 '고치기alter'가 되고, '찬송가hymn'와 '그him'의 발음이 같다. —옮긴이)

커시 박사는 이렇게 배우자를 바꾸려는 성향을 '피그말리온 프로젝트'라고 불렀다. 이 명칭은 그리스신화에서 아프로디테를 사랑한 키프로스 섬의 왕 피그말리온의 이름을 딴 것이다. 아프로디테를 완벽한 여성으로 생각한 피그말리온은 그녀의 조각상을 만들고, 결국 그 조각상과 사랑에 빠졌다. 피그말리온은 큰 돌덩이와 따뜻하고 만족스런 관계를 맺는다는 것이 얼마나 어려운 일인지 절감했다. 피그말리온을 측은히 여긴 아프로디테가 그 조각상을 아름다운 여인 갈라테아로 변신시켰고, 두 사람은 결혼하여 행복하게 살았다.

우리도 피그말리온처럼 자신이 꾸며낸 이상형과 사랑에 빠지는 경향이 있다. 매력적인 사람을 발견하면 자신의 이상형을 그 사람에게 투영하는 것이다. 그러면 상대방은 원래 그(녀)가 아니라 우리가 사랑하는 '대상'이 된다. 연애 초기에는 사랑하는 감정 때문에 그(녀)가 어떤 사람인지 정확히 알기 어려운 경우가 많다. 하지만 시간이 지나면 콩깍지가 벗겨지고, 내 반대편에 앉아 있는 사람의 실체가 보이기 시작한다. 이렇게 상상이 깨지는 순간에 상대방의 모든 면을 완전히 좋아하는 사람은 드물다.

우리도 피그말리온처럼 사랑을 투사하는 힘이 강하기 때문에 배우자를 자신의 완벽한 이상형에 맞추려고 애쓴다. 배우자를 바꾸려는 노력은 배우자를 자기가 바라는 대로 바꾸는 데 집중된다.

우리는 배우자가 내 성향에 따라 행동하기를 원한다. 그 점과 관련하여 조정하고 조직하는 유형(CO)은 잘 놀고 태평스러운 기교와 기술이 있는 유형(AC)이나 쾌활하게 행동하는 유형(PP)인 배우자에게 좀더 책임감 있고, 검소하며, 약속을 잘 지키고, 계획을 잘 세우고, 현재에 너무 집중하지 말라고 잔소리한다. 한편 기교와 기술이 있는 유형(AC)이나 쾌활하게 행동하는 유형(PP)은 자꾸 자기에게 책임감을 강조하는 조정하고 조직하는 유형(CO)인 배우자가 점점 더 못마땅하다. 그래서 그들은 배우자에게 좀더 가볍게 생각하고, 너무 심각하게 살지 말라고 몰아세운다. 감성을 중시하는 타입, 이를테면 영적 통찰력이 있는 유형(MI)이나 격려하며 영감을 주는 유형(NI)은 매사 냉정하고 이성적으로 판단하려는 분석적이고 사색적인 유형(AT)인 배우자에게 점점 싫증을 느끼고, 그에게 좀더 따뜻하고 감성적인 사람이 되라고 요구한다. 분석적이고 사색적인 유형(AT)은 곧 영적 통찰력이 있는 유형(MI)이나 격려하며 영감을 주는 유형(NI)의 환상에서 깨어난다. 그리고 배우자의 비현실적인 기대, '지나친 낙천주의', 기분대로 행동하는 습성을 고쳐서 배우자가 조심스럽고 신중하게, 엄정한 논리에 따라 행동하기를 바란다.

    하루 종일 일하고 생활에 치이다 보면 배우자를 바꿀 시도조차 할 시간이 없지만, 은퇴한 뒤엔 상황이 달라진다. 우리는 넉넉한 시간을 활용해 배우자를 자신에게 완벽한 배우자의 모습으로 바꾸려고 한다. 하지만 그 결과 상대방이 완벽한 배우자로 바뀌기는커녕 사이가 더 나빠질 수 있다. 사실을 바로 보자. 다른 사람이 자신을 바꾸려고 할수록 원망만 늘어날 뿐이다. 다른 사람에게 행동을 고치라고 잔소리하면, 그 사람은 자신이 인정받지 못한다고 느끼고 위축된다. 상대방이 달가워하지도 않는데 계속 배우자를 바꾸려고 애쓰다 보면, 배우자는 점점 더 자신을 향한 비판에 무감각해지고 저항한다. 혹은 배우자가 단념한 채 상대방의 요구 사항을 수동적으로 받아들인다.

배우자와 '전쟁'에서 승리해 그를 바꿔놓는다고 달라질 것은 없다. 이런 노력은 뜻하지 않게 배우자를 화내는 사람으로 만들거나, 자신이 사랑하고 존중한 사람과 완전히 딴판인 사람으로 만든다. 애완견처럼 순종적인 사람과 누가 결혼하고 싶겠는가? 어느 누가 인간으로서 자신의 온전한 모습을 모욕하는 사람과 함께 가정을 꾸리고 살 수 있겠는가? 이런 대우에 지칠 대로 지친 배우자가 부부 관계를 정리하고, 예전의 자신감을 되찾고 싶어할지도 모른다. 이혼이 사회적으로 널리 용인되는 분위기가 되다 보니 모든 연령대의 사람들이 쉽게 이혼한다. 노년층도 마찬가지다. 부부가 같이 사는 일에서 긍정적인 면보다 부정적인 면이 커 보이기 시작할 때 부부는 신뢰와 사랑에 활기를 불어넣을 수 있는 방안을 찾거나, 과감히 관계를 끝낼 수 있는 용기가 필요하다.

사람은 바꿀 수 없지만 행동은 바꿀 수 있다

배우자를 내 맘대로 바꾸려고 애쓰는 것은 현명하지 못한 행동이지만, 배우자의 나쁜 행동을 고치는 일은 불가피하다. 하지만 그 전에 성격과 행동의 차이를 확실히 알아야 한다. 행동이란 우리가 어떤 행위를 하는가에 대한 문제다. 반면에 성격이란 우리의 본성

혹은 본질에 관한 문제다. 성격은 어찌할 방법이 없다. 우리는 태어날 때부터 특정한 성격과 성미가 몸에 배어 있기 때문이다. 바로 그런 점에서 당신은 아무 문제없는 사람이고, 나 또한 마찬가지다. 한 사람의 기질은 삶의 경험에서 나온다. 좋은 경험은 좋은 성격의 밑거름이 되고, 나쁜 경험은 그 반대가 된다.

우리가 자신의 지나온 삶이나 성격을 바꿀 여지는 거의 없다. 하지만 좋든 싫든 자신의 행동은 바꿀 수 있다. 인간의 마음속에는 히틀러와 테레사 수녀가 있다고 믿는 심리학자들이 많다. 그렇다고 해서 우리가 히틀러와 같은 인간의 본성을 시험해볼 필요는 없다. 대신 우리는 테레사 수녀 같은 착한 본성대로 행동하는 것을 선택할 수 있다. 그런 선택을 한다면 우리는 인간이 할 수 있는 모든 행동(건설적인 행위부터 평범한 행위, 파괴적인 행위에 이르기까지)을 통제하는 법을 배울 수 있을 것이다.

분석적이고 사색적인 유형(AT)의 본성은 지적이고, 비판적이며, 세심하게 생각하는 것이다. 하지만 분석적이고 사색적인 유형(AT)의 행동이 너무 비판적으로 변하면, 그 행동은 파괴적이 될 수 있다. 격려하며 영감을 주는 유형(NI)이 자신의 감정을 통제하지 못하고 무례하게 표출하는 것도 지나친 행동이다. 쾌활하게 행동하는 유형(PP)은 순간순간 인생을 즐기면서 살아간다. 그러나 본성이 그렇다고 해서 그들이 다른 사람에게 무책임하고 신의 없이 행동할 권리를 부여받은 것은 아니다. 마찬가지로 규칙을 잘 지키고 관습을 중요시하는 조정하고 조직하는 유형(CO)도 다른 사람에게 자신의 도덕관이나 행동 원칙을 강제할 권한은 없다. 즉 개인의 성격이 다른 사람에게 파괴적인 행위를 하는 어떤 변명거리도 되지 못한다.

　흠잡을 데 없이 행동하는 사람은 아무도 없다. 따라서 자신의 행동을 개선하려고 노력하면 누구나 그 혜택을 누릴 수 있다. 자신의 잘못된 행동을 고치길 거부하는 사람은 자존심이 너무 세거나 과장된 자아를 믿고 있다는 신호다. 물론 자신이 의식하지 못하는 행동을 고칠 수는 없는 노릇이다. 우리의 행동 가운데 의식의 범위를 넘어서는 행동이 많다. 우리는 무의식적으로 다른 사람의 감정을 해칠 수 있다. 예를 들면 추상적으로 생각하는 사람은 흔히 친구를 알아보지 못하고 지나가거나, 배우자가 새로 산 물건을 알아채지 못한다. 그 이유는 정신적인 문제에 너무 집중하기 때문이다. 그들은 자신의 생각에 집중한 나머지 현재에 주의를 기울이지 못하고, 가끔은 주변에 무슨 일이 일어나는지 까맣게 모르는 상태에 빠진다. 이런 유형을 속칭 '넋 빠진 교수absent-minded professor'라고 부르는데, 나도 가끔 그럴 때가 있다. 내 칠순 잔치 때는 이런 문구를 선물로 받기도 했다. "나는 항상 웃어요. 지금 무슨 일이 일어나는지 전혀 모르기 때문이죠." 나는 여태껏 이 문구를 내 상담사 자격증과 나란히 벽에 걸어둔 적이 없다.

　배우자의 기질이 그의 행동에 어떤 영향을 주는지 이해하면, 우리의 예상이나 바람을 벗어난 배우자의 행동이 부정적인 의도에서 나온 것이 아니라는 사실을 깨닫는다. 반대로 자신의 기질이 다른 사람, 특히 내게 소중한 사람에게 어떤 영향을 미치는지 이해하는 것도 중요하다. 모든 사람들이 관계가 잘 유지되도록 행동하고 싶어한다. 하지만 아무리 가까운 사이라도 각자의 행동이 상대에게 어떤 영향을 미치는지 알려줄 필요가 있다. 나쁜 행동이 일어나지 않도록 재치 있게 피드백을 해주면 관계가 시들해지는 것을 막을 수 있다.

덧붙이면 피드백은 충고와 다르다. 피드백은 상대방의 모습을 있는 그대로 말해주는 것이다. 그래서 그 사람이 다른 사람의 눈을 통해 자신의 행동을 반추해볼 수 있다. 반대로 충고는 다른 사람에게 반드시 무엇을 해야 한다고 말하는 행위다. 부탁받지 않은 충고는 대부분 마이동풍 馬耳東風이다.

관계를 개선하기 위해서는 이 점을 알아둘 필요가 있다. 즉 다른 사람의 성격에 장점이 있음을 인정하고, 그 사람이 특별하다는 사실을 칭찬할 만한 이유와 기회를 찾는 것이다. 그 사람의 착한 행동에 감사를 표하는 것도 관계 개선에 도움이 된다. 상대방의 불쾌한 행동에 대해서는 그에 맞설지, 무시할지 분명하게 정해야 한다. 우리에게는 나이와 상관없이 늘 10대 철부지의 마음이 있다. 하지만 우리는 자식이나 손자·손녀를 키우면서, 다른 인생 경험을 통해서 깨닫는다. 우리가 진심으로 관심을 기울여야 할 대상은 곁에 있는 사람이라는 것을.

그렇다면 배우자가 짜증을 잘 내는 10대 청소년처럼 굴면서 자꾸 당신과 싸우고 싶어할 때 차라리 그의 응석을 받아주는 편이 나은가, 무시하는 편이 나은가? 배우자가 TV를 너무 크게 틀어서 소리 좀 줄이라는 당신의 말을 무시하거나 흘려듣는 상황이라면 어떻게 하겠는가. 잠시 조용한 곳에 가서 마음을 가라앉히고 TV 소리가 그래도 참을 만하다는 사실을 인정할 수 있을 때까지 기다리겠는가, 청소년처럼 구는 상대방에 맞서 더 철부지처럼 TV를 확 꺼버리고 리모컨을 빼앗아 산산조각 내겠는가? 배우자가 당신의 의견도 묻지 않고 일을 결정하는 사람이라면 그가 당신의 의견을 물어볼 때 고맙다고 말하겠는가, 내 의견도 묻지 않고 결정한 일에 대가를 치르게 하고 싶은가?

이만큼 살았다면 우리는 오래전부터 착한 행동은 칭찬해주고, 나쁜 행동은 말리는 법을 배웠을 것이다. 그럼에도 당신은 지난 세월 동안 배우자의 긍정적인 면보다 부정적인 면에 집중해온 것은 아닐까? 당신은 남편이나 아내에게 사랑과 존중의 말을 자주 하는 편인가? 배우자가 오늘 한 일 중에서 내가 감사해야 할 일은 무엇인가? 당신은 그 일을 얼마나 분명하고 확실하게 알고 있는가? 감사한 마음을 얼마나 열정적이고 아름답게 표현하는가?

피드백 그리고 행동 바꾸기

흔히 "당신의 행동이 곧 당신이다"라고 말한다. 일리 있는 말이다. 다른 사람이 관찰할 수 있는 것은 당신의 행동뿐이다. 다른 사람은 행동 뒤에 깔린 당신의 가치와 기질, 태도, 감정을 알 수 없다. 정도의 차이는 있지만, 이 모든 요소들이 함께 작용해서 특정한 시기에 특정한 행동으로 나타난다. 우리는 논리적이고 의식적으로 행동하기도 하고, 상황에 감정적으로 대응하기도 한다. 하지만 자신이 하는 행동을 정확히 의식하지 못하고 습관에 따라 행동하는 경우가 대부분이다.

우리는 노후를 맞이할 때쯤 특정한 행동에 잘 적응되어 있다. 하지만 아직 건강하다면 나이를 불문하고 행동을 개선할 여지는 충분하다. 특히 자신의 행동에 대해서 기꺼이 정직한 피드백을 받고, 귀 기울일 준비가 되었다면 말이다. 예를 들어 당신이 매사에 비판적이거나 무감각하지 않은지, 오만하거나 아주 강한 성격은 아닌지 알아둘 필요가 있다. 이에 못지않게 자신의 장점은 무엇인지 다른 사람에게 들어보는 일도 중요하다. 세상에 비친 당신은 어떤 모습인가? 당신은 방을 환하게 만드는 미소를 짓는가, 아니면 유쾌한 웃음으로 다른 사람들까지 웃게 만드는가? 진심으로 다른 이의 말에 귀 기울여 다른 사람에게 깊은 이해와 통찰력을 얻도록 돕는가? 피드백 없는 삶이란 벌거벗고 도시를 활보하는 것과 같다. 다른 사람들이 발가벗고 걸어가는 당신을 보고 놀란다는 사실도 모른 채 말이다.

피드백에는 네 가지가 있다. 좋은 피드백, 나쁜 피드백, (당신이 아는 사실을) 재확인하는 피드백, (당신이 놀라서 소스라치는) 귀에 거슬리는 피드백이다. 좋은 피드백은 상대방이 당신의 행동을 있는 그대로 정확하게 말해줄 때 가능하다. 나쁜 피드백은 편견에 치우친 것이다. 나쁜 피드백은 말해주는 사람이 계속 부정적인 정보에 치중하거나, 정확한 인식보다 말해주는 사람의 시각이 많이 반영되었을 때 일어난다. 따라서 우리는 항상 피드백에 호기심을 보이되, 너무 믿지는 말아야 한다. 나는 상담자들에게 피드백을 받되, 그중에서 유념할 것이 무엇인지 잘 가려서 마음에 새기라고 조언한다. 즉 행동을 바꾸기 전에 다른 사람들도 똑같이 생각하는지 물어보라는 것이다.

자신이 아는 사실을 피드백 받았을 때는 자신의 특성을 다시 한 번 확인할 수 있겠지만, 행동을 고치는 데는 별 도움이 되지 않을 수 있다. 반면 말해주기는 쉬워도 받아들이기 힘든 냉정한 피드백은 자신의 행동을 개선할 여지가 크다. 이런 피드백을 심리학 용어로 '인지 부조화cognitive dissonance'라고 부른다. 인지 부조화란 스스로 생각하는 자신의 모습과 다른 사람에게서 받는 피드백이 상반되는 경우를 말한다.

마이클을 예로 들어보자. 어느 날 마이클은 아내 알렌에게서 심각한 피드백을 받았다. "심각한 이야기를 할 때마다 당신은 날 비판적으로 바라보고, 사사건건 시비를 걸어요." 마이클은 충격을 받았다. 자신은 지금껏 아내에게 도움이 되려고 노력해왔다고 믿었기 때문이다. 마이클은 문제가 있으면 비판적으로 들어본 뒤 더 넓은 관점을 제시하려고 애썼다. 마이클이 생각하는 자신의 모습과 알렌이 생각하는 마이클의 모습은 확실히 부조화를 이루었다. 알렌은 마이클의 의도와 행동을 잘못 이해했다. 하지만 마이클 역시 알렌이 그렇게 오해한 데는 자신의 탓이 크다는 것을 전혀 인식하지 못했다. 마이클은 알렌이 하는 말을 들을 때 눈과 눈썹을 찡그리는 습관이 있었는데, 알렌은 이를 부정적인 동작으로 이해한 것이다. 마이클은 이제부터 알렌이 하는 말을 잘 듣고 주의를 기울일 필요가 있다. 그의 부주의한 행동으로 의도하지 않게 두 사람 사이에 큰 갈등이 생겼기 때문이다. 알렌도 마이클이 나쁜 의도로 그런 동작을 하는 것이 아님을 이해해야 한다.

자신에 관한 충격적인 평가를 듣고 마음이 불편해질 수도 있다. 자신을 불안하게 만드는 피드백을 받으면 이에 반박하고, 방어적으로 대응하는 것이 일반적인 반응이다. 그 점을 분명히 보여주기 위해, 이 사례에서는 알렌이 부정확한 추측을 근거로 마이클의 행동을 잘못 해석하고 있다고 가정한다. 하지만 알렌이 오해하는 것에 마이클이 덩달아 화내고 방어적으로 대응하면 두 사람의 싸움은 더 커질 것이다. 비록 무의식적으로 하는 행동이라도 상대를 오해하게 만드는 마이클의 동작에 대해서 알렌이 공격하기로 마음먹는다면 결과는 어떨까? 알렌의 공격 때문에 마이클은 방어적으로 돌변할 것이다. 둘이 말다툼하다 보면 결국 누가 옳고 그른지 격하게 대립한다. 이런 사소한 충돌 때문에 관계가 손상되기도 한다. 특히 두 사람이 의견이 다를 때마다 싸우면 문제는 심각해진다.

마이클은 알렌과 의견이 충돌했을 때 방어적으로 반응하신 대신 좀더 긍정적으로 반응할 수 있다. 이를테면 마이클은 "피드백을 해줘서 고마워. 그 얘길 듣고 충격 받은 것은 사실이지만, 당신이 지적해줘서 고마울 따름이야. 내 행동이 당신한테 어떤 영향을 주는지 전혀 몰랐어. 나는 말싸움 때문에 우리 관계가 틀어지는 걸 절대로 원치 않아"라고 인정한다. 그리고 알렌에게 자신의 어떤 점 때문에 오해했는지, 좀더 긍정적인 대화를 위해 자신이 앞으로 어떻게 하면 좋을지 물어볼 수 있을 것이다.

더 좋은 관계 만들기

피드백은 관계를 개선하는 유용한 수단이지만, 피드백을 제대로 주고받을 줄 아는 사람은 사실 별로 없다. 우리는 대부분 효과적으로 피드백을 주고받는 방법을 배우지 못했다. 내가 어릴 적에 부부 싸움에 관한 한 롤모델은 아버지였다. 아버지가 화가 나서 문을 쾅 닫고 나가면, 어머니도 아버지의 부당한 행동에 화가 나서 대화를 거부했다. 우리 집에서 분쟁의 용암은 땅속에 깊이 묻혀 있는 것이 아니라, 늘 폭발하기 직전이었다. 학교에서도 마찬가지다. 학교에서는 피드백을 잘 주고받는 법을 배우기보다 이차방정식을 배우는 데 신경 썼다. 회사도 예외가 아니다. 회사가 직원들의 상호 관계와 생산성 향상에 연관 관계가 있다는 사실을 깨달은 지는 불과 10년이 넘지 않는다.

지금은 다면 평가, 리더십 교육, 코칭 프로그램 등을 통해서 저조한 실적, 낮은 생산성, 사기 저하와 같은 부정적 결과를 낳는 직원들의 단점을 발견하고 개선할 수 있다. 하지만 아직까지 우리가 개선할 방법을 찾지 못하는 분야가 가정생활과 가정에서 관계 맺기다. 이런 문제에 관해서는 심리 치료사나 전문 상담사에게 도움을 청할 수 있는 몇몇 사람들을 제외하고는 모두 스스로 행동을 고쳐나가야 한다.

가정과 인간관계에서 행복감을 맛보려면, 관계 개선 계획을 수립해보길 권한다. 그 출발점을 자신의 행동 방식을 더 잘 이해하고, 나의 행동이 배우자와 가족, 친구에게 어떤 영향을 미치는지 깨닫는 데서 시작하면 좋을 것이다. 관계 개선을 위해 필요한 점을 찾아보라. 그리고 나와 관계가 그저 그런 사람이나 좋지 않은 사람과 친해짐으로써 자신에게 어떤 이득이 생길지 따져보라. 이런 정보를 얻기 위해서는 한 가지 방법밖에 없다. 당신에게 중요한 그 사람에게 직접 물어보는 것이다. 서로 편안함을 느끼는 조용한 장소에서 한 명씩 만나 이야기를 나눠보라. 당신에 대한 평가를 절대로 한 다리 건너는 방식으로 묻지 마라. 자신에 대한 평가를 간접적으로 들으면 정보의 진실성이 떨어질 우려는 말할 것도 없고, 삼자 대화가 되어 혼선이 생길 뿐이다. 진짜 피드백은 직접 들은 말에서 나온다는 사실을 기억하자.

진짜 피드백을 듣기 위해서 사람들에게 다음과 같이 말해볼 수 있을 것이다. "지금 나에 대한 평가 작업을 하고 있어. 내가 우리 관계를 정말 소중하게 생각하는 거 너도 잘 알지? 앞으로 내가 좀 더 협조적이고 긍정적인 사람이 되기 위해서 무엇이든 할 준비가 되었다는 걸 알아줬으면 좋겠어. 나는 내 행동을 내 입장에서 바라보기 때문에, 내 행동이 너한테 어떤 영향을 주는지 알 길이 없어. 우리 사이를 더 돈독히 하는 데 내가 할 일이 있을 거야. 물론 내가 고쳐야 할 점도 있겠지. 그래서 하는 말인데 네가 나에 대한 피드백을 좀 해줄래? 네 의견 말이야. 내 행동에 어떤 좋은 점, 나쁜 점이 있다고 생각하니? 구체적으로 말해주면 더 좋고. 너는 내가 정말 많이 신경 쓰는 사람이고, 나도 우리 사이에 뭔가 긍정적인 역할을 하고 싶어."

당신의 행동이 달라졌을 때 그 모습이 얼마나 좋을지, 당신의 장점이 두 사람 사이에 충분히 기여할지 떠올려보라고 부탁하라. 그리고 사람들에게 받은 모든 피드백에 감사하라. 피드백이 긍정적이든 부정적이든, 심지어 속을 따끔거리게 하는 것이라도 말이다. 당신은 서서히 그 쓰라림을 극복할 것이고, 언짢은 기분을 느끼면서 이전에는 깨닫지 못한 사실을 발견할 수 있을 것이다. 상대의 언짢은 소리 덕분에 자신의 진실한 모습을 보고, 자유로워질 것이다. 관계를 개선하고 그 관계를 충분히 즐길 수 있는 유일한 방법은 진실(이 경우 진실이란 다른 사람의 생각)을 아는 것이다. 다른 사람의 생각을 알아내려면 약간의 위험을 감수해야 한다.

피드백을 주고받는 데 다른 사람의 의도를 파악하기란 정말 어렵다는 사실을 명심하라. 우리는 모두 어떤 가정을 근거로 다른 사람의 행동을 판단한다. 어떤 사람이 당신의 행동을 오해하고 있다면 그 사람이 당신을 잘 '이해'할 수 있는 방향으로 자신의 행동을 왜 고쳐야 하는지, 무엇을 고칠지 고민해보라. 사람들과 대화할 때 자기가 먼저 결론을 내리고 하지 않는지 곰곰이 돌아보라. 마이클과 알렌의 사례에서 발견한 것처럼, 어떤 사람은 특정한 상황에서 자기 몸이 어떻게 움직이는지 모른다. 가정에 따라 행동하기 전에 당신의 가정을 시험해보라. 다른 사람이 당신이 화가 났다거나, 짜증을 낸다거나, 불안해한다고 오해할 때 왜 그렇게 생각하는지 그들에게 물어보라.

아내와 나의 일을 예로 들겠다. 어느 날 내 행동 때문에 몹시 짜증이 난 아내는 대화 도중 내가 화를 내고 무례하게 굴었다며 따졌다. 나는 전혀 그렇지 않았기 때문에 아내가 나를 오해하는 것에 충격을 받았고 화가 났다. 처음에는 나도 화를 내고 아내에게 반박했지만, 피드백 훈련을 떠올렸다. 그래서 아내가 나를 오해한 것에 분개하는 대신 내가 당신에게 그런 인상을 주었다는 사실에 놀랐다고 말했다. 그런 뒤 내가 왜 무례하고 화를 내는 것처럼 보였는지 아내의 의견을 물었다. 그러자 아내는 화난 듯한 내 표정을 따라 해보려고 얼굴을 찡그리고, 내 말과 억양도 흉내 냈다. 아내의 그런 반응 덕분에 분노가 폭발하기 직전의 상황이 반전되었다. 나는 아내 입장에서 내 표정이 얼마나 이상한지 직접 보았다. 그리고 내 모습을 장난스럽게 흉내 내는 아내 덕분에 우리는 배꼽을 잡고 웃었고, 그 순간 긴장감은 눈 녹듯 사라졌다.

웃음의 치유력은 대단하다. 특히 자신의 행동에 대해서 크게 웃을 수 있을 때 강한 치유력을 발휘한다. 나와 아내의 일화에서 내가 본성대로 싸우고 따지려는 마음을 따랐다면, 우리는 서로 화내고 답을 찾지 못했을 것이다. 그 일이 있은 뒤 나는 아내와 의견이 충돌할 때마다 얼굴을 펴고, 좀더 부드럽게 아내를 응시하며, 좀더 온화하고 정중한 음성으로 말하려고 노력한다. 앞으로도 의견이 충돌하는 일이 있을 거라는 사실을 잘 안다. 그래서 나는 이런 문제가 생길 때마다 쓸데없이 성질부리려는 마음을 다스리려고 노력하며, 난감한 상황을 기적적으로 바꿔놓을 유머는 없는지 작은 단서라도 찾으려고 애쓴다. 한 인간으로서, 남편으로서 나는 결코 완벽하지 못하다. 하지만 조금씩 나를 바꿔가는 노력은 도움이 된다. 한 시스템에 에너지를 투입하면 다른 시스템도 변한다는 '시스템 이론'처럼, 인간관계 역시 한쪽에서 관계가 좋아지면 다른 여러 곳에서 관계가 개선되는 효과가 나타난다. 우리가 관계에 긍정적인 에너지를 투입할수록 긍정적인 관계를 맺을 확률은 더욱 높아진다.

나쁜 행동에 대처하는 법

피드백을 주는 원칙은 우선 다른 사람의 어떤 행동이 불쾌한지, 그 행동이 어떻게 불쾌한지 그 사람에게 알려주는 것이다. 그런 뒤 행동이 어떻게 바뀌면 받아들일 수 있을지 설명해준다. 예를 들어보자. 배우자가 당신에게 "어쩌면 그렇게 멍청할 수가 있어?"라고 말한다면 당신은 어떻게 반응하겠는가? 어떤 공격적인 행동보다 사람을 무시하는 말에 당신은 충분히 화낼 만하다. 그 상황이 사람들이 많은 곳에서 벌어졌다면, 당신이 기분이 확 상했다고 해서 비난할 사람은 아무도 없을 것이다. 모든 감각이 어떻게 하면 상대에게 날카로운 말을 던질까 하는 데 집중될 것이다. 복수의 말을 생각하는 와중에 당신은 점점 아무 생각 없이 하는 말, 불친절한 말, 불쾌한 말을 던져서 배우자와 전면전을 벌일지도 모른다. 말을 다 뱉어버리면 속이 시원하겠지만, 당신이 원한 것과 반대되는 결과가 나올 가능성이 크다. 상대방의 불쾌한 행동에 건설적인 방식으로 맞서기 위해서는 상대를 깎아내리지 말고 당신의 기분과 한계를 설명하는 것이 좋다.

아무도 불쾌한 행동을 지속적으로 당하는 피해자가 돼서는 안 된다. 물론 우리 모두 잘못 행동할 때가 있고, 항상 올바르게 행동하고 반응하는 사람은 없다. 가끔 나쁜 행동에 빠지는 것은 사람인 이상 어쩔 수 없는 일이다. 우리의 행동 때문에 다른 사람이 상처를 받았거나 불쾌감을 느꼈다면, 여기에 올바르게 대응하는 방법은 하나다. 먼저 사과하고 잘못이 있으면 무엇이든 고치는 것이다. 하지만 우리가 습관적으로 나쁜 행동을 한다는 것을 알고 있다면 그 행동을 그만두고 더 바르게 행동하는 방안을 강구할 필요가 있다. 이를 위해 개인 코치나 심리 치료사, 목회자, 현명한 친구에게 도움을 받을 수도 있다. 나쁜 행동을 계속하는 데는 어떤 변명이나 긍정적인 면도 있을 수 없다. 다른 사람에게 해가 되는 행동은 관련된 모든 사람에게 상처를 주고, 관계를 깨뜨리며, 심지어 사랑을 증오로 바꾼다.

다른 사람이 우리에게 나쁜 행동을 할 때, 그 자리에서 어떻게 행동하는 것이 적절할까? 어떻게 하면 그 사람이 자신의 행동을 돌아보고 긍정적으로 바뀌도록 유도할 수 있을까? 화가 났을 때 그 상황에 적절히 대응하기 위해서는 감정 조절이 필요하다. 나는 그런 상황에 화를 억누르는 방법을 이용하는데, 이는 꽤 도움이 된다. 이를테면 1부터 10까지 세거나, 긴 숨을 내쉬는 방법이다. 이렇게 하면 감정에 치우치던 마음이 이성을 찾고, 상황을 분석하는 쪽으로 옮겨진다. 그런 뒤라야 상황에 적합하게 반응할 수 있다. 잠시 멈추는 것은 중요하다. 우리의 뇌는 충동적이고 순간적으로 반응하기 때문이다(싸우기 혹은 도망가기 현상). 의식적으로 충동을 멈추면 느리게 반응하는 이성 두뇌가 상황을 파악할 시간을 벌고, 이성적으로 행동할 수 있는 여건이 마련된다.

반복적으로 나쁜 행동을 당한 피해자는 자존감에 상처를 받는다. 그렇기 때문에 파괴적인 행동과 상황을 바꾸기 위한 노력은 아주 중요하다. 하지만 문제를 건설적인 방향으로 다루는 것 역시 그에 못지않게 중요하다. 다른 사람에게 피해를 주지 않는 한 우리는 얼마든지 자신의 본성을 지키고, 타고난 잠재력을 개발할 권리가 있다. 그러나 우리에게 자신의 완벽한 배우자상을 충족하기 위해 배우자의 본성을 바꿀 권리는 없다. 그런 행위야말로 배우자의 고유한 성격과 성향을 부인하는 행위다.

잘 헤어지는 법

우리의 바람과 달리 모든 결혼 생활이 천국은 아니다. 어떤 결혼 생활은 생지옥과도 같다. 당신의 결혼 생활이 도저히 개선될 수 없을 만큼 비참하다면 왜 이혼하지 못하는지 자문하라.

모욕적인 관계 속에 있으면 점차 관계의 활력이 감퇴하고 성격도 어두워진다. 세상에는 수많은 학대가 있다. 감정 학대는 신체 학대보다 해로울 수 있다. 한 인간으로서 폄하되고 무시당하는 일은 몸이 묶이거나 매맞는 일보다 치명적일 수 있다.

관계를 회복할 수 없다면 상황을 바꿔야 한다. 나는 절대로 우리가 고통 받기 위해서 이 땅에 태어났다고 생각하지 않는다. 현재 고통을 당하면 내세에 그 보답을 받는다고도 믿지 않는다. 내 믿음에 따르면 우리가 이 세상에 태어난 것은 자신의 가능성을 최대한 발휘하고, 삶이란 선물을 누리며, 하늘이 주신 재능을 세상에 나눠주기 위해서다. 부부 관계에서 이런 사명을 달성하지 못한다면 헤어져야 한다. 학대 받는 관계에서 벗어나는 것은 절대 실패가 아니다. 진짜 실패는 인생이란 짧은 무대를 즐기지 못하고, 자신의 능력을 잠식시키는 관계 속에 묶여 있는 것이다.

말이 쉽지 헤어지기 어렵다는 것은 나도 잘 안다. 나와 아내가 친하게 지내는 한 사람은 자신에게 필요한 일을 하기까지 수년이 걸렸다. 50세가 넘은 그들 부부는 각자 배우자를 잃고 너무 빨리 재혼한 것이 문제였다. 비극적인 사고로 남편을 잃은 나딘은 외로워서 사이좋게 지낼 수 있는 이성을 절실히 찾았다. 나딘은 굉장히 활동적이고 외향적인 성격으로, 솔로가 된 자신이 원하는 사회

생활을 누리지 못할까 봐 두려워했다. 그러다가 데본을 만났다. 데본은 그녀에게 순식간에 빠져들었다. 데본은 인물이 좋고, 매력적이며, 배려심도 있었다. 데본은 나딘에게 선물 공세를 퍼부었고, 그녀가 좋아하는 운동도 아주 잘했다. 하지만 알고 보니 데본은 여자관계가 복잡했다. 그는 연애에 실패할 때마다 상대방에게 잘못을 돌렸다. 그러나 새로운 관계에 들떠 서둘러 결혼하려는 나딘에게 데본의 단점은 보이지 않았다. 두 사람은 만난 지 몇 달 만에 결혼했다. 결혼을 서두른 이유는 두 사람 다 자신이 원하는 것이 무엇인지 잘 알았기 때문이다. 두 사람은 함께 있는 것이 좋고, 빨리 결혼하고 싶었다.

그러나 결혼하고 불과 몇 달 지나지 않아, 두 사람은 서로 가치관이 많이 다르다는 사실을 깨달았다. 두 사람은 여러 가지 활동을 같이 즐겼지만, 가치관이 다르다 보니 계속 싸움이 일어났다. 나딘은 자기가 결혼하려고 한 사람과 실제 결혼 생활을 하는 사람이 무척 다르다는 사실을 발견했다. 데본의 실체를 천천히, 고통스럽게 알아가는 동안 나딘은 지난 세월 동안 데본이 관계에 연이어 실패했다는 사실을 알았다. 그의 학대 성향도 경험했다. 나딘은 그제야 자신이 큰 실수를 저질렀음을 깨달았다. 나딘은 데본과 그의 과거를 살펴보는 데 시간을 너무 적게 들인 것이다. 데본이 도움이 필요한 사람, 특히 도움이 필요한 여성을 구제해주는 영웅이라고 스스로 치켜세우는 허풍쟁이라는 사실도 몰랐다. 둘 사이에는 점점 말다툼이 심해졌다. 나딘은 심한 모욕을 당하는 상황에서 스스로 빠져나와야 했다. 결국 둘은 씁쓸하게 이혼했다. 두 사람은 사소한 부분까지 다투었고, 나딘은 금전적·인간적으로 엄청나게 손해를 봤다.

데본은 이혼이 마무리되기도 전에 다른 사람을 찾아 떠났다. 하지만 나딘은 데본과 관계를 정리한 뒤 자존감을 회복하기까지 수년이 걸렸다. 나딘은 전보다 현명해지고 조심스럽게 변했다. 나딘은 이제 완전한 삶을 위해 반드시 결혼할 필요는 없다고 느낀다. 지금 그녀는 남자들과 즐겁게 교제하면서 삶을 충분히 즐긴다. 그녀는 좀더 독립적으로 변했고, 즐겁게 사는 새로운 방식을 발견했다. 단언컨대 나딘은 앞으로 결혼이나 동거할 가능성이 있는 상대를 찾으면, 자신이 지금 뛰어드는 상대가 누구인지 제대로 파악하려고 노력할 것이다. 그녀가 또다시 결혼한다면(실제로 그럴지는 조금 의심스럽지만), 상대는 사려 깊은 사람일 것이다. 사랑스럽고, 친절하며, 그녀의 가치와 잘 맞는 사람 말이다.

깊이 간직한 가치는 우리의 믿음과 행동을 형성할 뿐만 아니라, 삶의 방식을 선택하게 만든다. 두 사람의 라이프스타일이 완전히 다른 경우, 때로는 그 차이를 물질로 메울 수 없다. 내 친구 케빈과 마비스가 그렇다. 노년에 만난 두 사람은 몇 년 전에 만족스럽지 못한 결혼 생활을 정리한 상태였다. 음악가인 케빈은 사람들을 좋아하고, 구속받지 않는 삶을 즐겼다. 케빈이 주관하는 워크숍에서 그를 만난 마비스는 우아한 삶을 즐기는 부유한 여성으로, 상류층답게 명품을 좋아했다. 서로 다른 라이프스타일에도, 아니 바로 그런 점 때문에 마비스는 케빈에게 호감을 느꼈다. 그리고 다양한 방법으로 케빈의 환심을 사려고 애썼다. 결국 마비스는 케빈을 꾀는 데 성공했다. 케빈이 독특한 삶의 방식을 버리고, 마비스의 '핑크빛 궁전'에서 상류사회 생활을 하게 만든 것이다.

마비스는 케빈에게 요트 조종법을 가르치고, 컨트리클럽에 가입시켰다. 케빈은 처음에는 이런 것들에 놀라며 자신의 요트는 욕조에 묶어둔 플라스틱 장난감에 불과하다고 농담을 했다.

그러나 두 사람의 라이프스타일과 포부가 너무 달랐기 때문에 곧 마찰이 생겼다. 케빈은 아침 일찍 일어나 동네 커피숍에 들르는 것이 낙이었다. 그곳에서 근처에 사는 예술계 종사자들, 이를테면 화가나 카페 주인과 한담을 나누었다. 반면 마비스 늦게 잠자리에 들고, 점심시간에야 일어나 카드놀이를 하면서 하루를 시작했다. 마비스는 남은 오후 시간을 사교 활동을 계획하고 준비하는 데 보냈다. 마비스가 케빈과 더 많은 시간을 보내기 위해 사교 활동 시간을 줄이기는 했지만, 둘 사이에는 극복하기 어려운 차이가 있음이 곧 명백해졌다. 예컨대 마비스는 세상을 구경하고 여행하며 살고 싶어했다. 마비스는 지중해 연안에 별장을 사서 둘이 멋진 삶을 즐기고, 경치를 구경하며 좋은 음식과 술을 마시고 싶어했다. 반면 여행을 많이 해본 케빈은 이제 자기가 사는 곳에 정착해서 그 일원이 되고, 자녀와 손자들과 더 많은 시간을 보내고 싶어했다. 케빈은 처음부터 사치스런 삶과 거리가 먼 사람이었고, 지금은 오히려 그런 삶을 싫어했다. 그런 라이프스타일이 자신의 신체적·경제적 안녕에 방해가 되었기 때문이다.

두 사람은 자신의 라이프스타일을 바꿀 의사가 전혀 없고 관심사도 바꿀 수 없음이 명백해지자, 헤어지는 것이 최선이라는 결론을 내렸다. 두 사람은 상대를 아꼈지만, 서로 다른 삶의 방식을 사랑하지는 못했다. 그리고 서로 다른 라이프스타일 때문에 항상 논쟁했다. 헤어진 두 사람은 각자 고유한 스타일을 살릴 수 있는 삶을 즐기고 있다. 케빈은 지역 예술가들 사이에서 중심인물이 되었고, 손자들과도 즐거운 시간을 보낸다. 마비스는 여전히 그림을 그리지만, 은퇴자를 위한 최고급 주택단지로 이사했다. 그곳은 마비스가 자신의 능력 한도에서 마음껏 사치하고, 언제든지 멋지게 여행도 떠날 수 있는 곳이다.

사람과 헤어지는 일은 무척 어렵고 골치 아픈 일일 수도 있다. 이혼에 반대하는 온갖 종교적·사회적 구속이 존재한다. 우리 사회는 이혼하거나 오래 지속하던 관계를 끝내면 큰 죄를 짓는 기분을 느끼게 만든다. 자녀나 손자가 있는 경우에는 압박이 더 심하다. 힘든 상황을 억지로 견딜 때보다 관계를 끝낼 때 많은 상황 판단 능력과 용기가 필요하다. 물론 관계를 끝내는 일은 신중하게 생각해야겠지만, 나쁜 상황에 계속 끌려다녀서도 안 된다. 관계에 큰 상처가 났다면, 그 상처가 저절로 치유될 가능성은 거의 없다. 두 사람의 관계가 치통처럼 고통스럽다면, 치통을 치료할 방법을 찾아야 한다. 이때는 전문가를 찾아 조언을 구하라.

사랑하는 것으론 충분하지 않다

모든 관계에는 노력이 필요하다. 소통하고, 이해하며, 공감할 줄 알아야 한다. 기꺼이 도움을 주고받을 의지도 필요하다. 아무리 관계가 단단하다고 해도 다툼은 늘 일어나게 마련이다. 하지만 관계가 단단한 커플은 다툼을 다루는 방법을 알고, 문제점을 극복하는 계기로 삼는다. 관계가 발전하기를 바라는 커플은 자신의 안전지대에서 과감히 벗어나, 어떻게 하면 더 좋은 관계를 만들지 새로운 방법을 찾는 데 주저하지 않는다. 그들은 상대에 대한 이해가 깊어지면서 애정 또한 깊어진다. 하지만 이 모든 것은 믿음이 바탕이 되어야 가능하다. 커플은 서로 믿어야 한다. 그 믿음은 자신이 속마음을 온전히 드러냈을 때 상대방이 비웃지 않을 거라고 확신할 만큼, 자기 약점을 털어놨을 때도 상대방이 악용하지 않을 거라고 믿을 만큼 강해야 한다. 즉 각자 좀더 편안한 관계, 서로 응원하는 관계를 만들기 위해 반드시 노력해야 한다는 의미다.

  서로 보살펴주는 관계의 밑바탕에는 사랑과 연민, 상대를 통해 얻는 기쁨이 있다. 오래된 관계가 점점 똑같이 반복되거나 지루해졌다면, 더 나아가 만족스럽지 못하고 모욕하는 관계로 변했다면 두 사람 모두 이를 심각하게 여기고 문제 해결에 나서야 한다. 모든 책임을 상대에게 떠넘기기는 쉽다. 하지만 한 사람이 행동을 고쳐도 해결되지 않는 경우가 대부분이다. 그보다 두 사람 모두 자신의 우선순위를 되짚어보고, 자신의 행동이나 생활 방식을 바꾸려는 노력이 필요하다. 이것저것 조금씩 손보면 해결되는 경우도 있다. 반면에 관계를 전반적으로 점검해야 하는 경우 함께 상담을 받아보거나, 문제에서 몇 발짝 물러나 바라볼 필요가 있다. 심각한 문제를 발견한다고 해도 그것에 반응하는 방법은 우리가 선택할 수 있다. 일어난 문제에 대해 화내고 시무룩하게 반응하는 대신 사랑과 존중으로 극복하려면 훨씬 더 많은 노력이 필요하다. 문제에 긍정적으로 접근하면 안전한 상황을 만들 수 있고, 이를 통해 관계를 치유하고 성장할 수 있다. 당신이 관계를 소중하게 생각한다면 활력이 넘치고 재미있는 관계, 서로 응원하는 관계가 유지되도록 적극적으로 대책을 마련해야 한다.

관계를 유지하기 위한 가이드라인

좋은 관계를 유지하는 것은 지속적으로 대화하는 것을 의미하고, 지속적으로 대화하려면 노력이 필요하다. 관계가 불안정한 시기에는 더욱 그렇다. 나는 수십 년간 상담하면서 한 사람 혹은 두 사람 모두 불안정한 시기를 겪을 때 몇 가지 자주 관찰되는 점들이 그들에게 도움이 된다는 사실을 발견했다.

첫째, 세상에서 유일한 존재인 상대방을 있는 그대로 인정하고, 상대방이 최선의 모습으로 살아갈 수 있도록 응원하는 것이다. 개인의 성장과 두 사람의 관계에서 높은 곳에 있을 때나 저 밑바닥에 있을 때나 함께한다는 의미다. 모든 것이 뜻대로 잘될 때는 유리같이 빛나는 바다 위를 우아하게 비행하듯 그 상황을 편안하게 즐기라는 뜻이기도 하다. 그러나 관계가 항상 100퍼센트 만족스러울 거라는 생각은 아주 비현실적이다. 존 덴버도 'Some days are Diamonds'에서 "어떤 날은 다이아몬드와 같이 빛나고, 어떤 날은 먼지만 가득하네 some days are diamonds, and some are dust"라고 노래하지 않았나.

둘째, 화려함이 사라진 시기가 보석 같은 파트너의 존재와 그 관계의 소중함을 깨닫는 때라는 것이다. 보석과도 같은 관계의 소중함을 확실하게 표현해서 '러브 비전'을 만들어라. 이를 통해 관계의 긍정적인 면을 마음속에 계속 간직할 수 있다. 당신의 러브 비전을 꺼내어 반짝반짝 빛나게 하라. 힘든 시기에는 더욱 그렇게 하라. 당신의 비전을 배우자와 공유하라. 당신이 관계의 긍정적인 면을 서랍 속에 가둬두면 그것을 알기 어렵다. 일상의 문제점에 대해 정기적으로 대화하라. 중요한 문제에 대해 얘기할 완벽한 시간을 기다리면 그때는 너무 늦을지도 모른다.

셋째, 배우자의 특정한 헌신이나 행동을 인정해주는 것이다. 그 행위는 반드시 배우자의 존재 자체를 이해하는 데서 출발해야 한다. 당신이 기대하는 모습을 기준으로 인정해서는 안 된다. 이것에 관해서는 이 장의 앞부분에서 피그말리온 프로젝트로 설명했다. 당신의 아내가 아주 매력 있고 외향적이라면, 당신은 그녀가 사교 모임에서 자신의 감정을 억누르는 것을 원치 않을 것이다. 그렇다면 그때마다 일어나는 불안감과 질투심을 어찌지 못해 고민할 필요가 없다. 대신 다른 사람들과 재미있고 활기차게 대화하는 그녀의 장점을 인정하라. 그 과정에서 당신은 아내와 자신에 대해서 뭔가 배울 기회를 얻는다. 선물과도 같은 배우자에게 감사함을 느끼려면, 이렇게 생각해보라. 인생에서 당신의 배우자가 어느 날 갑자기 사라진다면 당신은 무엇을 잃는가. 이런 가정은 어느 날 현실이 될 수도 있다. 그렇기 때문에 두 사람 관계의 고유한 생명력을 보물처럼 생각하라. 삶의 마지막 순간이 오기 전에 말이다. 이런 사실을 마음에 새기면 다툼이 있을 때 배우자를 즉각 비판하는 대신 긍정적인 말을 건넬 수 있을 것이다.

두 사람이 온전히 응원하고 보살피는 관계가 되려면 무엇이 두 사람을 가장 기쁘게 하는지, 두 사람에게 가장 기쁜 순간이 언제인지 함께 찾아보라. 그리고 각자 삶에 의미와 목표를 가지고 감사하며 살 수 있도록 서로 필요한 부분을 도와주어라.

관계를 개선하는 법 정리

다음의 열 가지 가이드라인은 내가 상담한 사람들이 노후의 대인관계에 많은 도움을 받았다고 증언한 내용을 정리한 것이다.

1. **소속감을 느낄 새로운 곳을 찾아라** 당신은 하루 종일 일하던 직장을 그만두고 인생의 새로운 장을 맞이했다. 직장에서 느끼던 소속감을 대신할 곳을 찾아 새로운 관계를 맺어라.
2. **자신의 생각과 감정을 배우자와 공유하라** 매일 정해진 시간에 대화하라. 아침에 커피를 마시면서 해도 좋고, 저녁에 칵테일 한잔 기울이면서 해도 좋다. 매주 한 번은 생각과 감정을 폭넓게 공유할 수 있는 기회를 만들어라. 이 시간을 부부 관계를 깊이 있게 하는 시간이라고 생각하라. 걱정거리나 기쁜 일, 희망, 꿈 등 말하고 싶은 것은 무엇이든 과감하게 털어놓아라. 상대방이 이야기하는 도중에 끼어들지 마라. 번갈아가며 조용히 상대방의 이야기를 경청하라. 상대방의 말 중에 이해가 가지 않는 부분이 있다면, 이야기가 끝날 때까지 기다렸다가 당신이 좀더 알고 싶거나 확인하고 싶은 부분에 대해 질문하라. 불평불만은 접어두고, 탓하는 말은 다음에 하라.
3. **감사하는 마음을 연습하라** 하루가 저물면 배우자와 함께 그날 당신이 배우자에게 감사한 일 세 가지를 주의 깊게 찾아

보라. 하루하루 일어나는 크고 작은 일을 즐기면 당신에게 축복이 내린다. 당신의 정신 대차대조표에서 하루에 감사할 일보다 비판할 일이 많아지도록 하지 마라. 그리고 당신이 주변 사람들에게 얼마나 감사하는지 알리는 것을 미루지 마라.

4. **가정假定을 재점검하라** 우리는 늘 어떤 가정을 근거로 행동한다. 하지만 가끔은 시간을 내어 두 사람이 서로 같은 가정에 근거해서 살아가는지 물어보라. 각자 어떤 상황이나 상대에 대한 가정을 분명히 할 때, 열차 사고처럼 큰 감정적 다툼을 피할 수 있다. 상대의 가정을 확인한 뒤에는 상대가 인정할 만한 수준으로 자신의 행동을 바꿔라.

5. **공감하는 연습을 하라** 공감이란 자신이 다른 사람의 입장에 서 있는 것처럼 다른 사람의 말을 경청하는 행위다. 자신이 그 상황에 놓였다면 어떤 기분이 들지 자문해보라. 조언하는 자신을 발견한다면, 당신은 지금 경청하는 대신 상대방이 원하지도 않는 당신의 생각을 설명하는 것이다. 듣는 사람이 당신에게 조언해달라고 부탁할 때가 아니면 조언을 아껴라. 조언이 필요한 경우라고 생각이 들면 당신은 조심조심하며 조금씩 조언하고 싶을 수도 있다. 상대방에게 자기 계발을 하라고 조언할 때 더욱 그럴 것이다. 상대방이 먼저 조언을 구한 경우, 당신은 살얼음판을 걷듯 조언해주고 싶지 않을지도 모른다. 이때는 오히려 질문하라. 그 시기에 그 사람에게 최선의 행동이 무엇인지 스스로 발견할 수 있도록 유도하는 질문 말이다.

6. **각자의 공간을 제공하라** 너무 둘만 같이 있다 보면 금세 질린다. 함께 즐길 만한 활동과 각자 즐길 만한 활동을 찾아보

라. 집 안에 자기 방을 따로 두거나, 그것이 여의치 않으면 자신만의 작은 공간이라도 만들어라. 침실의 작은 책상도 좋고, 차고의 작업대라도 좋다. 누구나 방해받지 않고 고독을 즐길 만한 공간이 필요하다.

7. 피드백을 받아라   자신의 행동에 대해서 친한 사람들에게 피드백을 받아라. 그들에게 최근 자신의 어떤 행동은 괜찮고, 어떤 행동은 개선할 필요가 있는지 물어라. 자신의 행동과 태도의 강점을 살리기 위한 행동 개선 계획을 세워라. 그리고 개선이 필요한 분야를 정해서 그런 점을 고치기 위해 노력하라.

8. 새로운 습관을 만들어라   당신이 원하는 결과를 낳지도 못하는 습관을 왜 아직 버리지 못하는가? 직장에서 잘 통하던 습관도 새로운 삶에서는 생산적인 결과를 낳지 못할 수 있다.

9. 긍정적으로 생각하라   당신이 대단한 비판가나 무슨 일이든 단점만 기가 막히게 찾아내는 사람이라면, 인생을 긍정적으로 바라보는 법을 배우기 힘들 것이다. 그러나 긍정적으로 생각하면 건강하게 오래 살며 좋은 인간관계를 만들 수 있다. 뼛속까지 비관적인 사람과 관계를 맺는 것은 감정적으로 자신을 소모하는 행위다. 그렇다고 당신에게 항상 신이 나 있고, 인생의 고난을 초월하여 폴리애나(Pollyanna : 지나친 낙천주의자를 지칭. 미국의 아동문학 작가 엘리너 포터의 작품에 나오는 인물 이름에서 유래—옮긴이)처럼 살라고 강요하는 것은 아니다. 하지만 인정할 것은 인정하자. 긍정적인 사람 주위에 있으면 우리는 좀 더 기뻐지고, 에너지가 솟고, 희망적으로 변한다. 긍정적으로 생각하는 것은 자신에게도 도움이 된다. 세상을 부정적으로 보

면 길가에 핀 장미도 그냥 지나친다. 그런 사람은 장미의 날카로운 가시에 집중하기 때문이다.

10. **세상에서 하나뿐인 배우자가 있음을 축복하라** 항상 마음속에 러브 비전을 품고 이를 개발하라. 세상에 하나뿐인 배우자를 얻는 축복을 받았다는 사실을 떠올려라. 배우자가 나쁜 행동을 할 때(누구나 나쁜 행동을 할 때가 있다) 그 행동은 지적하되, 자존감에 상처를 내지 마라. 그리고 자신이 한 나쁜 행동도 고백하는 것을 잊지 마라! 우리 모두 때때로 실수한다는 사실을 기억하라. 배우자의 행동이 모욕적인 것이 아니라면 그 행위를 지적하고, 용서한 뒤에는 깨끗이 잊어라. 배우자에게나 자신에게나 항상 친절하고 자비롭게 대하라.

귀향
살기 좋은 곳 찾기

"당장이라도 도시에서 벗어나 훌륭한 골프 코스가 있는 교외로 이사할 마음이 있다. 하지만 아내는 대도시를 좋아하고 자기 일에 빠져 있다. 난 아내를 사랑하고 결혼 생활을 유지하고 싶기 때문에 앞으로도 차와 교통 체증에 시달리며 아내에게 최대한 맞춰 살 수밖에 없다."

— 교외에서 목가적인 생활을 꿈꾸는 은퇴 교수

"난 전생에 정찰병이었나 보다. 항상 여행하고 세상을 탐험하는 걸 원하기 때문이다. 하지만 남편은 여행이라면 질색한다. 따라서 난 흥미 있게 푹 빠질 만한 다른 일을 찾아야 한다."

— 여행에 대한 관심을 대체할 새로운 일을 찾는 은퇴한 전문직 여성

"남편은 은퇴 후 노스캐롤라이나의 윌밍턴에서 살고 싶어한다. 하지만 그곳은 내게 도무지 맞지 않는다. 윌밍턴은 해안가에 있어서 집의 정면밖에 활용할 수 없기 때문이다. 난 노스캐롤라이나의 롤리에 집을 얻는 게 좋다. 그곳은 사방이 탁 트여서 사람들을 만나고 새로운 친구를 사귀는 데 제격이다."

— 은퇴 후 살 집의 조건을 이야기하는 정보 통신 전문가 여성

살기 좋은 곳,
어디가 적당할까?

노후를 즐기며 살기 좋은 곳은 어디일까? 수많은 광고에서 완벽한 실버타운이 정답이라고 말한다. 광고에 따르면 당신이 해야 할 일은 그 완벽한 공간에 가서 행복을 찾는 것뿐이다. 물론 우연히 광고를 본 당신은 그곳이 정말 매력적이라고 생각할 수도 있다. 광고에는 드넓은 골프 코스와 수영장 옆에서 음료수를 마시며 즐겁게 웃는 노인들이 등장할지 모르지만, 그런 모습은 소비자를 유혹하는 전략이다. 당신은 그것이 유료 광고라는 사실을 다시 한 번 떠올려라. 기업은 소비자에게 특정한 장소에 가면 행복이 있다는 생각을 심어주려고 광고에 어마어마한 돈을 쓴다. 당신이 골프와 클럽 하우스를 즐기는 라이프스타일을 원한다면, 18홀을 갖추고 사계절 골프를 즐길 수 있는 어느 곳이라도 괜찮은 장소가 될 것이다. 그러나 당신의 관심사가 골프 이상이라면, '은퇴 후 살기 좋은 곳 10선' 같은 목록을 읽거나 광고를 본다고 해서 이상적인 거주지를 찾기는 매우 어려울 것이다. 삶의 만족감을 원한다면 당신의 재능을 가장 잘 발휘할 수 있는 곳, 당신이 가장 편한 곳을 찾아야 한다. 그곳은 사람마다 다르다.

"어디를 가든 그곳에 내가 있다 Where I go, there I am"는 속담이 있다. 감정적인 문제나 개인의 실수가 장소를 바꾼다고 해서 없어

지지 않는다는 의미다. 하지만 자신의 본성과 그 변화를 남들보다 훨씬 편안하게 받아들일 수 있는 특별한 장소가 존재하는 것도 사실이다. 50대 이후 거주지를 선택하는 문제에서 삶의 만족감을 줄 수 있는 여러 가지 요소를 무시하면 좌절감에 빠질 것이다.

이 점을 설명하기 위해서 한 부부의 모습을 상상해보자. 이 부부는 광고에서 '이상적인 실버타운'이라는 문구를 보고, 그곳을 거주지로 선택한다. 이 특별한 곳으로 이사한 부부는 이상적으로 보이던 그곳이 자신들이 꿈꾸던 곳과 전혀 다르다는 사실을 깨닫는다. 두 사람은 진취적인 은퇴자 공동체를 꿈꿔왔다. 그들은 근처에 참여할 만한 환경 단체와 좋아하는 분야를 배울 수 있는 강의 코스, 시민사회에서 중요한 역할을 담당할 기회가 있는 곳을 원했다. 하지만 그들이 선택한 곳은 인근에 작은 대학이 있고 공동체 윤리가 강한 마을이 아니라, 몇 킬로미터를 가도 주택단지와 골프장만 나타나고 근처 번화가에는 상점과 식당뿐이었다.

자신의 노후에 가장 이상적인, 적어도 가장 적합한 거주지는 어떤 곳일지 생각하기 전에 할 일이 있다. 노후에 어떤 열정과 목표를 가지고 살지 명확하게 그림을 그려봐야 한다. 은퇴를 준비하는 사람들은 왜 노후 거주지를 선택하는 문제를 그토록 중요하게 여길까? 아마도 거주지처럼 무엇이라도 확실하게 정하는 일이 충만한 삶을 위해 자신의 열정을 발견하는 일보다 훨씬 쉽기 때문일 것이다. 열정은 그만큼 발견하기 어렵고, 한 번에 드러나지 않는다. 노후 거주지는 당신의 삶을 풍성하고 만족스럽게 만드는 곳이어야 한다.

도나와 프랭크의 깨달음

심리학자인 프랭크와 대학교수인 도나 부부는 은퇴할 시기가 되었다고 판단하고, 연중 따뜻한 지역으로 이사하기로 결정했다. 그들은 캐롤라이나 구릉지에 위치한 고풍스런 마을이 가장 이상적인 거주지라고 믿어 의심치 않았다. 그곳은 두 사람이 예전에 여행하면서 발견한 곳이다. 부부는 일을 그만두고 캐롤라이나의 작은 마을로 이사했다. 처음에 두 사람은 즐거웠다. 이삿짐을 풀고, 사랑스러운 시골집을 수리하면서 재미를 느꼈다. 동네 레스토랑을 이곳저곳 둘러보며 맛을 비교하고, 이웃과 사귀기 시작했다. 그러나 곧 이 작은 마을에서 이웃과 친해지기란 예상보다 훨씬 어려운 일임을 절감했다. 남과 어울리기를 워낙 좋아해 어디에서나 친구를 쉽게 사귀는 도나조차 힘들어했다. 평생 이곳에서 살아온 마을 사람들은 말수가 적고, 타지 사람을 신뢰하지 않았다. 두 사람은 그래도 이곳에 살면서 누리는 혜택이 많다고 확신했다. 근처 식당에 가면 맛있는 남부 지방 음식을 맛볼 수 있고, 아름다운 경치를 구경할 수 있는 곳도 많다. 게다가 겨울 날씨가 온화하고, 범죄도 잘 일어나지 않는 곳이다.

하지만 시간이 흐르면서 두 사람 모두 극복하기 어려운 점을 발견했다. 그 모든 혜택에도 시골 생활이 지루해지기 시작한 것이다. 이곳에는 전문직 종사자로서 다양한 사람들과 교류하며 바쁘게 일하던 부부가 할 일이 별로 없었다. 두 사람은 하루가 너무 길게 느껴졌고, 하루 종일 붙어 다니는 것도 지겨웠다. 게다가 메인에서 나고 자란 두 사람에게는 이곳의 여름이 너무 더웠다.

도나와 프랭크는 은퇴 후 마련한 작은 천국에서 사는 일이 지옥에 있는 듯 지루하다는 것을 어떻게 말해야 할지 엄두가 나지 않았다. 둘 다 이곳에 온 것을 후회했고, 이렇게 불행하려고 많은 돈과 시간을 쏟아 부었나 하는 생각이 들었다.

노후의 행복이란

일반적인 심리 상태로 행복이란 충만감을 맛보며 살고 있다고 느끼는 것이다. 그러기 위해서는 자신이 성장하고, 세상에 기여하며, 존재 가치가 있음을 자각해야 한다. 우리는 물질적인 충족이나 시간을 때울 수 있는 활동만으로 행복해질 수 없다.

시골집에 대한 도나의 환멸은 극에 달했고, 마침내 이 생활이 행복하지 않다고 고백했다. 그런데 프랭크 역시 도나와 같은 마음이라고 털어놓는 게 아닌가. 프랭크는 도나가 먼저 그 문제를 수면 위로 꺼내줘서 안심이 되었다.

두 사람은 자기 성찰과 몇 시간에 걸친 토론 끝에 시골집을 팔고, 메인의 포틀랜드로 이사하기로 결정했다. 그들을 고향으로 끌어당기는 어떤 힘이 있는 것 같았다. 도나와 프랭크는 포틀랜드로 이사한 뒤 이전보다 훨씬 자신의 본성에 충실할 수 있었고, 원하는 일도 마음껏 할 수 있었다. 두 사람은 금방 고향 생활에 적응해서, 각자 하고 싶은 여러 가지 일에 푹 빠졌다. 프랭크는 심리 치료 면허를 갱신하고, 시간제로 심리 치료 업무를 시작했다. 도나는 예쁜 것에 관심이 많았기 때문에, 중고 장식품을 파는 가게를 열었다. 도나 가게의 중고 장식품은 여느 장식품과 달랐다. 그 소품들은 동네 할머니들이 수십 년 동안 다락방이나 지하실에

고이 모셔둔 물건이다. 중고 판매업의 특성 덕분에 도나는 다양한 사람들을 만날 수 있었다. 사람들은 그녀의 가게를 좋아해서 집에 다른 장식품은 없는지 구석구석 찾는 것은 물론, 친구들에게 도나를 소개해주기도 했다. 얼마 지나지 않아 도나의 작은 가게는 자리 잡았으나, 도나는 돈보다 재미를 추구했다. 프랭크 역시 도나의 가게 일을 즐겁게 도왔고, 도나가 '중고품 사냥'을 하러 나갈 때 따라나서기도 했다. 사람들에게 말을 거는 일은 도나의 몫이었다. 중고품 가게는 그들의 멋진 집 지하에 마련했다. 예전에 이 집은 선장의 집이었다. 두 사람은 지하실에서 중고 장식품을 닦고, 이전의 빛나는 모습으로 돌려놓으며 즐거움을 느꼈다.

부부는 소속감을 북돋울 곳도 찾았다. 두 사람은 활동적인 교회를 발견했고, 그곳의 성가대에 가입했다. 두 사람 다 목소리가 훌륭하고 노래 부르는 것도 좋아했다. 도나와 프랭크는 포틀랜드에서 접할 수 있는 풍성한 문화 활동을 적극적으로 활용했다. 공연 관람을 위한 정기권을 끊고, 아마추어 극단에 가입해 배역도 맡았다. 도나는 근처의 헬스클럽에서 레인이 있는 수영장을 찾았고, 노인들로 구성된 수영 팀에 들어갔다. 두 사람은 메인의 겨울이 유독 춥고 길다는 사실을 익히 알고 있었다. 겨울이면 장작이 타닥타닥 타는 소리를 들으며 벽난로에 불을 지피고, 우중충하거나 눈 내리는 날에는 밖으로 나갈지 말지 선택했다. 두 사람은 모든 것에 감사했고, 이들의 삶은 풍성하고 충만했다.

프랭크는 이제 저녁 식사 때 술을 한두 잔 해도 이성을 잃을 정도로 취하지 않았다. 프랭크는 자신이 예전에는 우울함을 떨쳐내려고 술에 의존했다는 것을 발견했다. 그러나 은퇴 후 마련한 이 집에서 활기를 되찾았기에 프랭크는 일부러 기분 좋게 하려고 술에 취할 필요가 없어졌다.

거주지를 결정할 때 중요한 문제들

노후에 부유하고 시설이 좋은 곳에 살기를 원하는가, 아니면 노후를 편안하게 보낼 수 있는 곳을 원하는가? 당신은 한곳에 머무르는 스타일인가, 아니면 길을 나서야 행복한 여행가 스타일인가? 당신은 공기가 맑고 조용한 시골 생활을 동경해왔는가, 복잡한 도시 생활을 동경해왔는가? 아니면 철학이나 역사 강의를 듣고 싶었지만, 그동안 너무 바빠서 혹은 벽지에 살아서 그럴 기회가 없었는가? 앞으로 거주지를 결정하는 사람 혹은 요소는 무엇인가? 과거의 타성 때문에 계속 이곳에 살 것 같은가, 아니면 방랑벽 때문에 세계 방방곡곡을 떠돌아다닐 것 같은가?

여기까지 책을 읽고도 자아실현에 필수적인 요소들이 없는 곳에 정착한다면, 당신은 돈과 시간을 낭비한 것이다. 충만하게 살 수 있는 곳에 정착하는 일은 당신을 위해, 배우자가 있다면 당신과 배우자를 위해 중요하다. 다음 항목을 통해 노후의 거주지를 결정하는 데 가장 중요한 요소가 무엇인지 평가해보라.

| 거주지 결정을 위한 우선순위 정하기 |

우선순위를 정하기 위해서는 다음 3단계를 거쳐야 한다.

1. 당신에게 중요하다고 생각되는 모든 항목에 표시한다.
2. 앞으로 당신에게 가장 중요한 일곱 가지 항목에 동그라미를 친다.
3. 일곱 가지 항목에 1위부터 7위까지 순위를 매긴다.

☐ (예술 관람, 박물관, 유적지 등) 문화 활동의 접근성

☐ (전문대학이나 대학교 부설 강의 과정 등) 교육 기회

☐ (조깅, 자전거 타기, 카누 타기, 새 관찰하기 등) 자연에서 즐기는 활동

☐ (온화한, 화창한, 사계절 등) 기후

☐ '활기찬' 도시

☐ 조용한 시골 생활 혹은 전원생활

☐ (부동산, 세금, 상품과 서비스 가격 등) 생활비 수준, 즉 물가

☐ (맛있는 음식점, 스포츠 행사, 공연장 등) 오락거리

☐ (산, 바다, 물, 사막 등) 지형

☐ 지리적 위치 : 미국(남부, 북부, 서부, 중서부, 뉴잉글랜드, 동부 연안), 남미, 캐나다, 유럽, 아시아, 태평양의 섬

☐ 손자·손녀, 가족, 친구들과 접근성

☐ (요가, 무술, 온천, 헬스클럽, 명상 등) 자기 계발 기회

☐ 수준 높은 의료 시설

☐ (보트, 낚시, 골프, 테니스, 캠핑, 산책, 자전거, 스키 등) 취미 활동

- ☐ (컨설팅, 시간제 일자리, 새로운 일자리 등) 일할 기회
- ☐ (보람을 느낄 수 있는) 자원봉사 활동
- ☐ (시골, 도시, 교외, 진보적인, 분주한, 조용한, 보수적인, 같은 민족이 사는, 여러 세대가 함께 사는, 50대 이상만 사는 등) 선호하는 문화적 배경
- ☐ (다문화, 고학력, 예술인, 예스러운, 부유층, 중산층, 요트 클럽 회원, 골프를 치는, 친절한, 관대한, 진보적인, 보수적인, 단호한, 소박한 등) 선호하는 이웃
- ☐ (신앙생활이나 정신 수양을 할 수 있는) 종교·영적 활동의 기회
- ☐ 나이 든 부모나 가족을 찾아가기 좋은 위치
- ☐ 그 밖의 요소들 : _____

거주지를 결정할 때 의견 차이 극복하는 법

노후에 혼자 살고 싶은 거주지를 결정하기도 여간 어려운 일이 아니지만, 둘이서 같이 정할 때는 그 어려움이 배가 된다. 서로 헌신하는 관계인 부부끼리 거주지 문제 때문에 사이가 (물리적 거리도) 멀어진다면 어떻게 해야 할까?

- 아내는 자녀와 손자·손녀들의 집에서 더 가까운 곳으로 이사하고 싶어한다. 반면 남편은 멕시코로 이사하길 원한다. 지금 사는 곳이나 아내가 이사하고 싶어하는 곳은 집세가 비싸 부담이 크지만, 멕시코로 가면 은퇴 자금으로 더 오래 넉넉한 노후 생활을 누릴 수 있기 때문이다.
- 남편은 여행하고 세상을 경험하는 것을 사랑한다. 반면 아내는 집에서 정원을 가꾸고, 친구들을 만나며, 손자·손녀들과 귀중한 시간을 보내고 싶어한다.
- 아내는 이사해서 친구를 만들고, 새롭게 살고 싶어한다. 반면 남편은 집에 계속 머무르기 원한다. 집에는 지난 30년 동안 키워서 다 자란 나무와 관목들이 있고, 완벽한 작업실도 있다. 뿐만 아니라 그 집에서는 남편이 지난 수년간 명성을 키워온 시민 단체의 회원들에게 조언을 해줄 수도 있다.
- 아내는 도시 생활을 사랑한다. 남편은 은퇴 후 좋은 골프 코스와 음식점이 있는 조용한 지역으로 이사하기를 꿈꾸고 있다.
- 남편은 은퇴 후 대학이 있는 도시에 정착해 시간강사로 일하기 바라고, 아내는 레저용 자동차 RV를 사서 여행하고 싶어한다.
- 남편은 비행기를 사고 지역 민간 비행 정찰대에 가입해 인명 구조 업무를 하고 싶어한다. 반면 아내는 비행기가 전혀 다니지 않고 유적지가 있는 시골에서 B&B 숙박업소를 운영하기 원한다.
- 아내는 중·상류층이 사는 지역에 새 집을 짓고 살기 원한다. 그러나 남편은 유서 깊은 지역에 있는 오래된 집을 구입해서 개조하고 싶어한다.

이런 사례는 노후의 이상적인 거주지를 정할 때 부부들이 겪는 어려움 중 일부다. 차이점을 극복하고 두 사람 모두 승자가 되기 위해서는 창의적인 생각뿐만 아니라 문제를 해결하려는 의지, 상대에 대한 존중이 반드시 필요하다. 의견 차이를 극복하지 못하면 두 사람 관계에 심각한 문제가 생길 수 있다. 수용을 잘하는 쪽이 자신의 욕구를 포기하고 마지못해 상대방 '꿈의 프로젝트'를 따르거나, 두 사람 모두 고집을 꺾지 않아 제 갈 길을 가야 한다.

지난 세월 동안 나는 50대 이상인 사람들 수백 명과 상담하는 과정에서, 은퇴 후 거주지 문제를 흥미롭게 처리한 부부들을 목격했다. 어릴 때 부모님과 함께 베트남에서 피란 온 여성이 있었다. 그녀는 고향으로 돌아가서 21세기 베트남을 경험하고 싶었다. 반면 남편은 이탈리아 해안 살레르노에 빌라를 한 채 사서 그곳의 풍부한 문화유산을 즐기고 싶었다. 더 복잡한 문제는 성장한 자녀들이 둘 중 어느 곳으로도 가기 싫어한다는 것이다. 자녀들은 만사 편안한 미국이 좋았다. 이 부부는 베트남에서 5년을 산 뒤 이탈리아로 가기로 결정했다. 자녀들은 미국에 남겨두고 대신 아이들을 자주 방문하기로 했다.

폴라와 로버트 부부는 은퇴 후 거주지에 대해 서로 다른 계획이 있었다. 아내 폴라는 은퇴한 변호사로 내성적이었다. 그녀는 조용한 시골로 가서 숲 근처에 예쁜 집을 짓고 살자고 했다. 로버트는 외향적인 성격으로 사람들과 어울리길 좋아했다. 그는 국무부 외교관으로 근무하다 은퇴했는데, 워싱턴이나 런던, 파리와 같이 이동하기 쉬운 국제적인 도시의 북적이는 아파트에서 살기를 원했다. 하지만 로버트가 너그럽게 양보했다. 두 사람은 오랫동안 도시에서 바쁘게 일해왔기 때문이다. 그들은 적당한 거주지를 찾아 나섰고, 강가의 절벽 위에 숲을 끼고 있는 땅을 구입했다. 강가의 전경이 아름다운 곳이었다. 두 사람은 그곳에 외관이 예쁘고 난방비도 적게 드는 일본식 집을 지었다.

폴라는 그곳에서 행복을 찾았다. 애완견 두 마리, 수 킬로미터에 이르는 산책길, 요리하는 즐거움을 주는 현대식 주방, 원하는 강의를 한두 개 들을 수 있는 인근의 대학, 숲 속에서 만난 몇몇 흥미로운 이웃까지. 한편 로버트는 그곳에서 행복해지려고 노력했지만, 도시 생활을 좋아하고 외향적인 자신에게 이 마을은 너무 작았다. 로버트의 욕구를 충족하기 위해 두 사람은 파리나 런던, 마드리드 같은 도시를 자주 여행했다. 하지만 로버트는 가끔 여행하는 것으로는 도시의 분주함을 느끼고 싶은 자신이 욕구를 채울 수 없다는 것을 깨달았다.

두 사람은 딜레마를 해결하기 위해 부에노스아이레스 중심지에 아파트를 장만했다. 로버트는 1년에 서너 번 그곳에 꽤 오랜 기간 머무르며 도시의 외향적인 사람들과 만나고, 부에노스아이레스의 풍성하고 다채로운 모습을 경험한다. 폴라는 애완견 두 마리와 집에서 지내거나, 남편과 해외여행을 한다. 두 사람은 다른 점을 이해하고 존중함으로써 타협점을 찾았다. 뜻밖의 보너스도 얻었다. 떨어져 지내다가 만나면 신혼 같은 설렘을 느낀 것이다.

그러나 모든 부부가 타협점을 찾을 수 있는 것은 아니다. 아트와 재닛은 은퇴 후 거주지에 대해 논의했지만, 차이를 극복할 수 없었다. 심리 치료사로 바쁜 재닛은 런던에서 나고 자란 '대도시 여자'다. 반대로 아트는 미국 남부의 오클라호마에서 성장한 '시골 남자'다. 두 사람은 아트가 해외 근무 중일 때 런던에서 만났다. 둘은 금세 사랑에 빠졌고 결혼한 뒤 워싱턴으로 이사했다. 아트는 그 지역의 대학에서 교수 자리를 얻었고, 재닛은 집에서 아이들을 키우며 시간제 비서 일을 했다. 하지만 재닛은 곧 뭔가가 더 필요하다고 느꼈고, 중년에 직업을 바꾸려는 노력 끝에 심리 치료사가 되었다. 재닛이 한참 심리 치료 일을 할 때, 은퇴한 골프광 아트는 도심의 번잡함을 벗어나 조용한 마을로 이사하고 싶었다. 재닛은 일을 그만둘 생각이 없었고, 에너지를 충전 받는 도시 생활을 청산하고 떠날 생각은 더더욱 없었다.

아트와 재닛은 타협점이 보이지 않는 딜레마에 빠진 것을 발견했다. 그들은 인생의 새로운 장에서 무엇을 원하는지 진지하게 묻고 받아들여야 했다. 재닛은 수년 전에 런던을 떠나 아트와 함께 미국으로 이주했고, 남편을 위해 아이들을 맡아서 키우며 그의 대학원 생활을 뒷바라지했다. 재닛은 이제 자기 차례라고, 자신이 전문성을 키워야 한다고 생각했다. 주변의 문화적 혜택을 누릴 만한 여유를 얻은 지금, 그것을 포기하고 싶지 않았다.

두 사람은 결국 도시에 남았다. 아트는 아내를 사랑했고, 결혼 생활을 유지하길 원했다. 그는 도시 생활에서 즐길 만한 것과 시골 생활을 즐길 방법을 찾았다. 아트는 가끔 소형 트럭에 낚싯대를 싣고, 시내가 흐르는 산으로 향했다. 아트와 재닛은 여행을 즐긴다. 두 사람은 종종 마음이 맞는 다른 부부와 함께 여행한다. 아트는 희망이 생겼다고 말한다. 재닛도 언젠가 은퇴할 테고, 시골 생활에 대해 다시 생각해볼 여지가 있기 때문이다. 물론 여전히 의문은 남는다. '대도시 여자' 재닛이 쇼핑몰이 수 킬로미터나

떨어진 시골집에서, 지금 부부의 삶에서 중요한 부분을 차지하는 손자·손녀들과 떨어져 살아도 행복할 수 있을까 하는 점이다.

서로 만족할 만한 거주지 찾기

다음은 부부가 서로 다른 거주지를 원할 때 생기는 갈등을 해소하는 세 가지 방안이다.

1. **새총 쏘기 식 갈등 해결하기** 한 사람의 바람을 먼저 수용하고, 다음 사람의 바람을 들어준다.
2. **타협하기** 완전히 만족하지는 못하지만, 배우자 각각의 바람이 어느 정도 수용된다.
3. **선택하기** 한쪽 배우자가 특정한 지역에서 특정한 라이프스타일을 고집하며 다른 지역에서는 행복할 수 없다고 주장하는 경우다. 이때 상대 배우자는 자기의 바람을 미루거나 그곳을 떠나는 방안 중에서 선택해야 한다.

물론 모든 부부가 노후 거주지에 대해 상반된 견해를 보이는 것은 아니다. 어떤 부부는 선택의 여지가 너무 많아서 당황한다. 선택의 범위가 넓은 경우, 어떻게 해야 할지 모를 수 있다. 어떤 부부는 노후 거주지를 결정하는 데 전혀 갈피를 잡지 못해 그냥 살던 곳에 머무르거나, 완벽한 실버타운이라는 광고에 혹하기도 한다. 당신이 노후 거주지를 결정하는 데 진퇴양난에 빠졌다면 그 문제를 해결하는 괜찮은 방법이 있다. 부부가 함께 노후 거주지 계획을 세워보는 것이다. 두 사람의 최고 관심사를 파악해서 만족할 만한 선택을 하라. 나는 이런 과정이 효과가 있다고 단언한다. 아내와 나도 이 방법을 통해 이상적인 거주지를 찾았기 때문이다. 나는 이 방법에 대한 기본적인 아이디어를 제공한 딕 볼레스 Dick Bolles에게 감사한다. 이 방법은 『The Three Boxes of Life and How to Get Out of Them(삶의 세 가지 상자에서 빠져나오는 법)』에 소개되었다. 당신은 아래의 '이상적인 거주지 찾기'를 통해 자신에게 딱 맞는 거주지를 찾는 데 필요한 여러 가지 가능성을 깨닫고 발견할 것이다.

| 이상적인 거주지 찾기 |

1단계　부부는 상의하지 않은 채 1단계를 수행한다. 작성한 '거주지 우선순위 정하기'를 참조하여 가장 선호하는 거주지 7곳을 떠올려보라. 특정한 지역으로 못 박지 말고 우선 당신이 좋아하는 곳의 특징을 생각해보라. 이를테면 애리조나 세도나라고 적지 말고, '뉴에이지를 추구하는 사막 고지대 마을'이라고 적어보자.

2단계　이 단계도 각자 수행한다. 'Part Ⅰ: 좋아하는 거주지 우선순위 정하기' 항목에 당신이 선호하는 7곳을 적어라.

3단계　이제 상대가 선호하는 거주지의 성향을 살펴보자. 서로 작성한 목록의 공통점과 차이점을 살펴보자. 공통점에 표시하고,

차이점이 있다면 그것이 시골 선호 대 도시 선호처럼 분명한지, 유지비가 거의 들지 않는 아파트 선호 대 전 세계의 흥미로운 지역 선호와 같이 불분명한지 토론해보자.

4단계   이 단계도 같이 수행한다. 두 사람의 우선순위를 비교하여 공통적인 거주지 7곳으로 합쳐보자. 'Part Ⅱ : 공통 관심사와 흥미로운 장소 찾기'에 그 7곳을 적어라. 우선순위가 다르면 더 토론해서 가급적 합의하라. 그 차이가 별로 중요치 않다면 동전을 던져서 앞뒤 순위를 결정해도 좋다.

5단계   이제 두 사람이 공통으로 작성한 우선순위에 걸맞은 거주지 20곳의 목록을 작성하라. 특정한 지역이 떠오르지 않으면 지금껏 다녀본 곳 중에서 흥미로운 장소를 적어보자. 잡지나 여행 가이드를 이용해도 좋고, 친구나 동료와 머리를 맞대고 생각해보거나, 구글에서 '동양학 강의가 있는 대학교' '큰 강을 끼고 있는 도시' '북동쪽의 유서 깊은 도시'처럼 구체적인 장소를 찾아봐도 좋다.

6단계   노후 거주지 예상 목록을 주의 깊게 살펴보자. 가장 흥미롭게 느껴지는 곳을 택해 10곳으로 압축하라. 그리고 두 사람이 그곳을 직접 방문할 계획을 세워보자.

7단계   후보지 10곳을 조사하고 방문한 뒤에는 후보지가 두 사람의 공통 기준을 만족시킬 만한 곳인지 평가한다. 두 사람의 기준에 완전히 부합하면 10점, 전혀 부합하지 않으면 0점을 준다.

8단계   최고 후보지를 선택했다면 또다시 해당 후보지를 며칠간 방문할 계획을 세워라. 후보지에 대해 더 많이 알 수 있다면 당신은 할 수 있는 건 다하고 싶을 것이다. 가능하면 최고 후보지를 여러 계절에 걸쳐 서너 번 방문하길 권한다. 이렇게 하면 후보지의 계절별 특징을 파악할 수 있다. 여름이 너무 덥고 습하지 않은지, 가을에 관광객이 너무 많은 곳은 아닌지, 겨울에 너무 추워 상점들이 문을 닫는 곳이 아닌지 살펴보라.

이 과정을 어떻게 수행하는지 구체적으로 알고 싶다면, 다음에 나오는 나와 팻의 사례를 참고하라. 아내와 내가 작성한 Part Ⅰ과 Part Ⅱ를 살펴보면, 우리가 어떻게 이상적인 거주지와 꿈에 그리던 집을 발견했는지 알 수 있을 것이다.

Part Ⅰ : 좋아하는 거주지 우선순위 정하기

우선순위	배우자 A	배우자 B
1		
2		
3		
4		
5		
6		
7		

Part II : 공통 관심사와 흥미로운 장소 찾기

우선순위	공통 관심사	후보지	점수
1			
2			
3			
4			
5			
6			
7			

팻과 데이브가 최고의 거주지를 탐색하다

50대 후반에 접어들자 대학교 직원으로 일하던 내게 정체기가 왔다. 일과 삶을 새롭게 할 목표가 필요했다. 나는 때가 왔다고 결론을 내렸다. 직장을 떠나서 라이프 코치와 경영 컨설팅 업무를 하는 사무실을 내기로 한 것이다. 그때 나는 대도시 교외에서 사는 데 지친 상태라, 규모가 작은 지역으로 이사하고 싶었다. 지역 정체성이 있고 지역 정서가 살아 숨 쉬는 곳이라면 흥미로운 일이 많이 일어날 것 같았다. 이 문제를 팻과 상의했다. 당시 아내는 50대 초반으로 기업에서 홍보 업무를 맡고 있었다. 아내와 상의하며 우리에게 변화할 시기가 무르익었다는 사실을 발견했다.

팻은 높은 급여에 혜택도 많은 직장에서 근무했다. 하지만 아내는 사람들의 요구를 들어주느라, 더 많은 급여를 당연한 듯 내놓으라는 직원들의 끊임없는 불평을 받아주느라, 더 높은 홍보 효과를 요구하는 고객들의 요청에 응하느라 녹초가 되었다. 아내는 오래전부터 그림을 배워 수채화가가 되기를 소망했다. 팻은 일류 화가이자 최고 미술 강사인 친구에게서 수년 동안 미술 지도를 받았으나, 일과 가족에 대한 의무감이 미술에 대한 열정을 가로막았다. 하지만 이제는 달라졌다. 아이들은 제 앞가림을 하는 나이가 되었고, 팻 역시 일과 거주지를 바꿀 준비가 되었다.

우리가 살던 교외 지역은 최상의 문화 활동을 즐길 수 있는 대도시 근처다. 우리는 박물관도 구경하고, 예술 공연에 참여하고, 전국적으로 유명한 공연장에서 콘서트와 연극을 즐겼다. 직장까지 20분이면 출퇴근할 수 있는 거리고, 아이들을 데리러 가기도 편리했다. 그러나 우리는 무분별한 도시 확대와 소음, 공해, 교통체증에 점점 넌더리가 났다. 부정적인 면이 긍정적인 면보다 커졌다. 우리는 고풍스러운 시골로 떠날 준비가 되었다. 이를 위해 우리는 다양한 지역을 돌아다니며 각 지역에서 어떤 라이프스타일과 취업 기회를 얻을 수 있는지 확인하기 시작했다. 당시 우리 재정 상태로는 계속 소득이 필요했고, 둘 다 일하길 원했다.

우리는 수년 동안 여러 곳을 방문했다. 변화가 필요하다는 점에 공감했지만, 거주지를 선택하는 데 공통된 기준이 필요했다. 우리는 각자 좋아하는 거주지 조건을 정의하고, 우선순위 일곱 가지로 범위를 좁혔다. 7이라는 숫자에 특별한 의미가 있는 것은 아니다. 한 사람이나 부부가 한 번에 효율적으로 생각해낼 수 있는 숫자가 7이기 때문이다. 팻과 나는 각자 우선순위 목록을 작성한 뒤, 종이 한 장을 반으로 나눠 양쪽에 우선순위를 적고 공통점과 차이점에 대해 토론했다. 우리가 노력한 결과물은 다음과 같다.

▎예시 : 팻과 데이브가 각자의 취향을 확인하다

Part Ⅰ : 좋아하는 거주지 우선순위 정하기

우선순위	배우자 A 팻이 선호하는 지역	배우자 B 데이브가 선호하는 지역
1	블루리지산맥이나 메인 근처의 아름다운 마을.	유서 깊고 매력적이며, 맛있는 음식점이 있는 중소 도시.
2	강이나 호수, 바닷가 혹은 만 근처의 사계절이 있고 일조량도 많은 지역.	호수나 바닷가 혹은 경치 좋은 강가. 카약이나 카누를 즐길 수 있고, 자연에서 산책할 수 있는 곳.
3	예술가 모임이 있는 지역. 사람들을 만나고 예술가들에게 배울 수 있으며, 내 작품을 전시할 수도 있는 곳.	근처 전문대학이나 대학교에서 시간강사로 성인을 위한 강의를 할 수 있는 지역. 역사와 세계종교를 공부할 수 있는 지역.
4	자녀의 집에서 멀지 않아 그들을 자주 방문할 수 있는 곳. 하지만 손자들을 늘 돌봐줘야 하는 부담에서 벗어날 만큼 떨어진 곳.	진보적인 고학력자들이 사는 지역. 이웃과 커피 한잔하며 흥미로운 대화를 나눌 수 있고, 독서 모임에 참여할 수 있는 곳.
5	사회정의를 실현하고, 성인 대상 교육을 활발하게 펼치는 진보적인 개신교 교회가 있는 곳.	컨설팅 업무와 인생 코치 업무를 할 수 있을 만큼 인구가 많은 지역.
6	산책, 자전거 타기, 카약 등 야외 활동을 할 수 있는 곳.	자녀를 방문하기 적당한 거리면서, 손자들을 자주 돌봐주기에는 먼 지역.
7	극장, 박물관, 미술관 등 문화생활을 즐길 수 있는 도시와 가까운 지역.	로터리클럽, 라이온스클럽, 엘크 클럽Elks Club 등 지역 시민 단체가 있는 곳.

집 찾기

선호 거주지 목록을 훑어보며 팻과 나는 흥미로운 대화를 나눴다. 우리는 둘 다 지역사회에 동참할 수 있는 진보적인 정서가 있고, 흥미로운 사람과 활동이 많은 소도시에서 살고 싶었다. 어려운 점도 있었다. 예술가 마을에 사는 것이 소망인 팻과 컨설팅 회사를 차리고 싶은 나의 바람이 대립했기 때문이다. 선호 목록을 합치는 데 대립하고 절충하는 과정이 필요했다. 하지만 우리는 일치하지 않는 부분을 협의할 때도 기꺼이 대화를 나눴다. 때때로 잠시 쉬었다가 다시 이야기를 시작해 의견 차이를 좁혔다. 이런 휴식 시간 덕분에 선호 목록을 수정한 적도 있다. 우리는 마침내 통합된 선호 거주지 목록을 작성했다.

통합한 선호 거주지 목록은 우리가 적합한 거주지를 찾는 데 기반이 되었다. 다음 단계로 우리는 지금껏 다녀본 곳, 들어본 곳 중에서 흥미로운 곳을 떠올려보았다. 지도를 열심히 살피고, 친구나 지인들에게 정보를 구하기도 했다. 그 결과 집에서 가까운 곳과 먼 곳을 포함하여 흥미로운 후보지 30곳을 취합했고, 그 목록을 다시 15곳으로 압축했다.

하지만 동시에 15곳에서 살 수는 없는 노릇이다. 우리는 가장 적합한 곳을 찾아야 했다. 이를 위해 '이상적인 거주지 찾기' 8단계 과정에서 추천한 10점 만점으로 점수 매기기를 시도했다. 뉴햄프셔의 월폴과 같이 친숙한 지역을 평가하기는 쉬웠다. 뉴잉글랜드에 있는 이 고풍스런 마을은 예전에 우리가 친구들을 만나러 갔을 때 들른 곳이다. 우리는 월폴의 아름다운 경치에 반했고, 재미있는 마을 사람들도 좋아했다. 하지만 중요한 이유 때문에 7점밖에 주지 않았다. 자녀들의 집에서 너무 먼 거리가 문제였다. 우리는 보고 싶을 때 바로 자녀들과 손자들을 만나기 원했다. 그림 같은 경치에 생기가 넘치는 미네소타의 노스필드도 마찬가지 이유로 제외했다. 노스필드가 강을 낀 숲 속에 있고, 주변에 괜찮은 대학 두 곳이 있는 점이 아주 마음에 들었지만 하는 수 없었다. 미네소타에 살면 확실히 내게 유리했다. 나는 미네소타에서 나고 자란데다, 고향에는 가족과 친구들이 있기 때문이다. 하지만 팻은 노스필드가 우리 아이들 집에서 너무 멀다는 것 말고도, 겨울에 무척 추울뿐더러 자기가 사랑하는 애팔래치아산맥과 켈트 문화에서도 많이 벗어난 지역이라고 말했다. 그래서 둘이 합산한 노스필드의 점수는 6점에 불과했다(팻은 4점, 나는 8점을 주었다).

우리는 점수를 다 매긴 뒤 최고 점수를 받은 지역을 보고 놀랐다. 몇 년 전에 웨스트버지니아의 셰퍼즈타운이 어디냐는 질문을 받았다면 우리는 세상에 그런 지역도 있느냐고 했을 것이다! 포토맥강의 절벽을 따라 위치한 미국 식민지 시대 마을에 방문했을 때 우리는 첫눈에 반했다. 셰퍼즈타운에는 큰 전문대학 하나와 최고급 음식점들이 있고, 문화생활도 충분히 누릴 수 있다. 그리고 미국에서 가장 경치 좋은 산과 강을 낀 산책로가 있으며, 각양각색의 예술가를 열렬히 환영하는 마을이다. 심지어 팻과 내가 그토록 찾던 활기 넘치는 교회도 있다. 셰퍼즈타운은 내가 늘어나는 컨설팅 업무를 위해 타고 다니던 워싱턴행 통근 열차를 이용하기 편리하고, 차로 몇 시간만 달리면 자녀들을 볼 수 있는 곳이다.

◀ 예시 : 팻과 데이브가 살 집을 찾다

Part II : 공통 관심사와 흥미로운 장소 찾기

우선순위	공통 관심사	후보지	점수
1	블루리지산맥이나 메인 근처의 숲이 있는 중소 규모의 마을.	☐ 애슈빌(노스캐롤라이나)	9
		☐ 월폴(뉴햄프셔)	7
2	팻이 그림을 배우고, 작품을 전시할 수도 있는 예술가들이 사는 마을.	☐ 이타카(뉴욕)	8
		☐ 애머스트(매사추세츠)	6
		☐ 셰퍼즈타운(웨스트버지니아)	10
		☐ 샬로츠빌(버지니아)	8
3	데이브가 컨설팅과 인생 코치 업무를 할 수 있을 만큼 인구가 많은 지역.	☐ 뉴헤이븐(코네티컷)	7
		☐ 신시내티(오하이오)	6
		☐ 유니티빌리지(미주리)	6
4	자녀의 집에서 너무 멀지 않아 그들을 자주 방문할 수 있지만, 손자들을 '붙박이'로 돌봐줘야 하는 부담에서 벗어날 만큼 떨어진 곳.	☐ 다트머스(뉴햄프셔)	6
		☐ 벌링턴(버몬트)	6
		☐ 미들베리(버몬트)	7
		☐ 워터퍼드(메인)	7
		☐ 포틀랜드(메인)	6
5	데이브가 근처 전문대학이나 대학에서 시간강사로 일하고, 역사와 세계종교를 공부할 수 있는 곳.	☐ 노스필드(미네소타)	6
		☐ 렉싱턴(버지니아)	
6	산책, 자전거 타기, 카약 등 야외 활동을 할 수 있는 경치 좋은 강가 주변 혹은 시골 마을.		
7	교육 수준이 높은 사람들이 다니는 진보적인 교회가 있고, 견실한 시민 단체와 관대한 신앙 공동체, 흥미로운 독서 클럽이 있는 곳.		

가슴으로
집 찾기

당신의 진심 어린 소망을 행동으로 옮길 때, 새롭게 열리는 기회의 문을 찾아라. 기회의 문은 종종 전혀 기대하지 않은 곳에서 열린다. 적어도 이 말은 우리 부부에게 맞아떨어졌다. 우리가 살 지역을 결정하자, 놀랍게도 그런 일이 벌어졌다. 우리는 이상적인 거주지를 찾는 과정에서 원하는 집의 모습도 상상해보았다. 꿈에 그리던 집의 모습을 마음속으로 상상하던 어느 날, 우리 눈에 셰퍼즈타운의 포토맥 강가가 들어왔다. 그곳을 바라본 순간 우리가 꿈꾸는 곳의 모습이 뚜렷해졌다. 숲이 우거지고 깎아지른 듯한 강가 절벽 근처에 위치해서 강과 산이 한눈에 바라보이는 장소는 쉽게 구할 수 없었다. 작고 사랑스러운 셰퍼즈타운에서도 마찬가지다. 셰퍼즈타운은 당시 볼티모어나 워싱턴의 대기업에서 은퇴한 사람들이 살기에 아주 매력적인 지역으로 부각되었다. 초기에 정착한 사람들이 근처 강가의 부동산을 대량 매입한 상태였고, 새로 정착한 사람들은 어디 남은 땅이 없는지 눈에 불을 켜고 찾는 듯했다. 이들은 대부분 구미에 맞으면 무엇이든 살 수 있지만, 우리는 꿈꾸던 곳을 찾아낸다 해도 구입하기 어려울 것 같았다. 하지만 가끔은 꿈이 현실이 되기도 한다.

모든 일이 뜻밖에 일어났다. 팻은 그 일을 우리의 능력으로는 도저히 이룰 수 없는, "어떤 알 수 없는 힘이 기적적으로 주관한 일"이라고 표현했다. 우리는 셰퍼즈타운을 향후 거주지로 결정한 뒤 그곳에서 몇 주 동안 머무르며 주변을 둘러보고 마을 사람들과 이야기를 나누었다. 그러다가 우연히 새로 만난 이웃과 저녁 식사를 했다. 그 자리에서 팻은 별 뜻 없이 전망 좋고 숲이 우거진 강가에 집이 있다면 우리가 금방이라도 이사 올 수 있을 것이라고 이야기했다. 그때 같이 식사 중이던 이웃이 마침 자기 아버지가 강가에 있는 집을 팔기로 했다며, 집을 아직 시장에 내놓지 않았다고 귀띔해주었다. 흥분한 나는 집을 좀 볼 수 있겠냐고 물었고, 다음 날 아침 일찍 그 집을 방문하기로 했다. 우리는 그 집을 보자마자 지금껏 꿈에 그리던, 아니 그 이상의 집을 드디어 발견했다는 사실을 알아챘다. 경사가 급한 강가 절벽 부근에 있는 그 집에서는 포토맥강의 경치가 한눈에 들어왔다. 멀리 서쪽에는 블루리지산맥이 자리 잡고 있었다. 우리는 1초도 망설이지 않고 집주인을 찾아가 이 집을 살 수 있는지 물었다.

  우리는 밥이 그 집을 아무에게도 팔지 않으리라는 것을 깨달았다. 수년 전부터 그 집을 보러 온 사람들이 많았지만, 밥은 여러 가지 이유를 들어 집을 팔지 않았다고 한다. 밥과 이 집에 관해 이야기하는 동안 우리는 그가 일종의 테스트를 하고 있다는 것을 알았다. 밥은 우리가 이 특별한 집을 맡아서 관리할 '적임자'인지 시험해본 것이다. 자연경관이 참으로 아름다운 그 집은 밥과 그의 가족에게 오랜 세월 동안 큰 의미가 있었다. 밥은 집 주변 삼림지의 키 큰 아치 모양 나무들이 자신의 성소가 되어주었다고 설명했다. 밥은 굳이 교회에 나갈 필요를 느끼지 못하고 살았다고 한다. 산비탈에 서 있거나 숲 속을 거닐기만 해도 그가 상상할 수 있는 '가장 거룩한 종교 체험'이 된다는 것이다.

  팻과 나 또한 마치 성지에 서 있는 것처럼 느꼈다. 하지만 우리가 밥의 '테스트'를 통과할 수 있을까? 밥과 대화하는 동안 우리는 특이한 경험을 했다. 훗날 팻은 이를 "찰칵 소리를 들은 순간"이라고 표현했다. 이야기하다 보니 밥은 수십 년 전에 내가 다니던 대학교에서 지질학 강의를 개설한 사람이었다. 게다가 밥의 가장 절친한 친구가 내 지도 교수님이었다. 결국 지질학에 대한 인연이 일을 성사한 것처럼 보였다. 밥이 우리에게 집을 팔기로 했기 때문이다. 밥은 세 가지 조건을 달았다.

첫째, 밥이 결정한 가격을 우리가 받아들여야 한다는 것이다. 팻과 나는 조건을 듣자마자 아무 생각도 하지 않고, 심지어 그 집을 살 여유가 되는지 따지지도 않고 덜컥 그 가격을 받아들였다. 뒤늦게 안 사실이지만, 우리가 산 가격은 그 집의 엄청난 가치를 생각할 때 상당히 괜찮은 것이었다. 우리는 기적처럼 그 집을 살 수 있었다. 밥이 내건 둘째 조건은 그가 키우던 발가락 여섯 개 달린 도둑고양이를 맡아달라는 것이다. 그 고양이는 비록 음지에서 살지만 밥의 다리를 문지르는 것을 좋아한다고 했다. 그 조건은 우리에게 아무런 문제가 되지 않았다. 우리는 오히려 고양이가 그 집에 놀러 온다는 사실이 매우 기뻤다. 밥의 셋째 조건은 자신이 세상을 떠나면 유해를 집 근처 강가에 뿌리고 싶다는 것이다. 이 또한 나중에 안 사실이지만, 그때 밥이 집을 팔려고 한 가장 큰 이유는 건강 악화 때문이었다. 우리는 그 시점에 벌써 밥이 좋아졌고, 그가 세상을 떠난다는 생각조차 하기 싫었다. 결국 우리는 셋째 조건을 오랫동안 지키지 못하길 바라며 그 조건도 받아들였다. 이렇게 아름다운 숲과 강줄기가 밥의 마지막 유해의 안식처가 된다고 생각하니 조금 마음이 놓였다. 그 집은 밥의 꿈의 결정체였고, 이제 팻과 내가 그 꿈을 물려받을 참이었다. 우리는 그 자리에서 집을 계약했다. 우리는 "고마워요, 밥"이라 말하고 그의 마음이 변할까 봐 절대 뒤돌아보지 않았다.

우리가 그 집을 산 것은 수년 전 일이지만, 미국의 젖줄인 포토맥 강가에 위치한 꿈에 그리던 집을 사게 해준 수많은 행운을 생각하면 아직도 놀라울 뿐이다. 그 집을 팔 것이라는 정보를 아는 사람이 몇 명 없을 때 우리는 어떻게 그중 한 사람을 우연히 만났을까? 그 확률은 도대체 얼마나 될까? 팻은 왜 하필 그 자리에서 우리가 꿈꾸던 집 얘기를 꺼냈을까? 더 놀라운 것은 우리가 세 번에 걸쳐 셰퍼즈타운을 방문하려는 계획을 세웠는데, 늘 방문 일정을 변경했다는 점이다. 그때 방문하지 않았다면 그 집은 매물로 나오지 않았을 테고, 매물로 나온 뒤 하루만 늦게 방문했어도 그 집은 먼저 온 사람에게 팔렸을 것이다. 누구에게나 뜻밖의 행운이 생길 수 있다. 하지만 무엇보다 자신이 원하는 꿈을 확실하게 정하는 일이 중요하다. 그래야 자기 앞에 선물 같은 행운이 왔을 때 알아챌 수 있기 때문이다. 팻과 내가 꿈을 확고하게 정해두지 않았다면 우리가 필요한 것을 요청하지 못했을 테고, 이 특별한 곳이 꿈에 그리던 집이라는 사실도 알아채지 못했을 것이다.

몇 년 전 밥이 세상을 떠났다. 유족이 밥의 유해를 예전의 안식처로 모셔와 강가에 뿌렸다. 밥은 이제 영원히 그 특별한 장소와 함께할 것이다. 그리고 우리는 밥의 꿈을 간직하는 지킴이로서 지난 9년 동안 그 집에 사는 기회를 얻은 것에 항상 감사한다.

꿈꾸고 행동하기

『이상한 나라의 앨리스』에서 앨리스가 체셔 고양이에게 묻는다. "이 길은 어디로 이어지지?" 체셔 고양이는 활짝 웃으며 대답한다. "이 길의 끝이 어디였으면 좋겠는데?" 나머지 이야기는 잘 알테니 넘어간다. 지금 어디로 가는지 모른다면 그 목적지를 어떻게 알 수 있는가? 더구나 언제 도착할지 감이나 잡을 수 있겠는가? 인생의 새 장이 펼쳐질 때 살고 싶은 최적의 장소를 찾는 일도 마찬가지다. 배우자를 찾는 일이나 딱 맞는 직업을 찾는 일, 그 어떤 특별한 꿈을 찾을 때도 그렇듯이 말이다. 나는 이렇게 생각한다. 창조주께서 우리가 가슴으로 느끼는 열정을 좇고 그 열정을 실현 가능한 목표로 바꾸길 원하지 않았다면 아마도 우리에게 꿈을 꾸고 꼼꼼한 계획을 세우는 능력을 주지 않았을 거라고.

자신의 열정을 찾고 그 열정을 좇고 싶다면 꿈꿀 용기가 있어야 한다. 그러려면 인생을 항상 긍정적으로 바라봐야 한다. 인생을 비관적으로 바라보는 사람들은 꿈을 키우는 일을 시간 낭비라고 생각한다. 그들은 꿈이 헛된 희망이고, 환멸을 가져올 뿐이라고 단언한다. 하지만 지난 수년간 수많은 연구 결과(참고 문헌에 있는 마틴 셀리그먼, 댄 베이커의 저서를 참고하라)에 따르면 긍정적인 사람이 부정적인 사람보다 인생과 일에서 성공할 가능성이 크다고 한다. 내가 수십 년 동안 수백 명과 상담한 경험에 따르면 반복적인 일상에서 과감히 벗어나 미래를 향한 새로운 꿈을 그리는 사람들이 자신의 꿈을 현실로 만드는 길로 나아간다. 여러 인생 이야기를 듣고 또 들어봐도, 올바른 길을 선택하면 행운이 저절로 다가온다는 사실은 분명하다. 물론 뜻하지 않은 행운이 다가왔을 때, 어떤 대가를 치르더라도 그 행운을 잡고자 하는 용기와 안목이 필요하다.

팻과 나는 당시 밥이 제시한 가격이 현실적인지 알아보기 위해 재무 상담을 받거나, 주변 부동산 시세를 알아볼 겨를이 없었다. 하지만 우리는 많은 시간을 공들여 꿈꾸고, 토론하고, 여러 군데를 돌아다니며 우리가 어떤 곳을 원하는지 정확히 알았다. 그리고 우리가 꿈꾸던 집이 눈앞에 나타났을 때, 그 기회를 알아채고 거기에 뛰어들었다. 우리는 밥의 진실함을 신뢰했고, 우리가 해낼 수 있다는 직감을 믿었기에 바라던 것을 얻었다.

우리가 꿈에 그리던 집은 일종의 휴식처가 되었다. 우리 부부와 자녀들뿐만 아니라 다른 가족, 친구, 직장 동료들에게도 안식처가 되었다. 우리는 사람들을 초대해 꿈을 나누는 일을 사랑했다. 이사 후 몇 년 동안, 뒤뜰에서 포토맥강 너머로 지는 해를 바라보거나 넓은 거실에서 벽난로의 마지막 불씨가 사그라지는 모습을 지켜보면서 우리의 다른 꿈도 알을 깨고 세상 밖으로 나왔다. 우리가 그때 절호의 기회를 잡지 않았다면 아직도 "~하면 좋을 텐데…"라는 바람만 되뇌고 있을 것이다.

우리는 그때 꿈을 좇은 일을 결코 후회하지 않는다. 우리는 이 집에 오자마자 다른 꿈을 키웠다. 집 옆에 딸린 기둥과 대들보가 드러난 주택의 크기를 두 배로 늘리고 싶었다. 하지만 수년간 이곳에 점점 더 많은 시간과 에너지, 돈을 투자하면서 우리는 꿈 하나를 내려놓고 다른 꿈을 찾는 지혜도 필요하다는 사실을 깨달았다. 꿈에 그리던 4만 8500제곱미터(약 1만 5000평) 규모의 집은 점차 부담으로 다가왔다. 아내와 내가 각각 60대와 70대에 접어들면서 집은 육체적으로나 금전적으로 부담스러웠다. 게다가 손자들이 놀러 올 때면, 집 주변의 가파른 절벽 때문에 마음을 놓을 수가 없었다. 우리는 마음이 무겁지만 미래지향적인 꿈을 안고, 한편으로는 다음 집을 기대하는 마음에 위안을 얻으며 그 꿈의 집을 특별한 집과 '딱 어울려' 보이는 젊은 부부에게 팔았다.

당신은 지금쯤 자기가 선호하는 거주지를 찾기 위해 굳이 이 장에서 나온 과정을 거쳐야 하는지 의문이 들 것이다. 이 장에 나온 두 부부(프랭크와 도나, 나와 아내)의 사례를 통해 알 수 있는 사실은 아무리 조심스럽고 사랑스럽게 가꿔온 꿈이라도 그 수명이 길지 않다는 것이다. 프랭크와 도나처럼 당신도 어떤 꿈에 대해 오판하거나 지나치게 이상화하는지 모른다. 혹은 팻과 나의 사례를 보며, 삶의 어느 시기의 꿈이 그다음 시기에도 항상 유효하지는 않다는 사실을 깨달았을지도 모른다.

모든 것은 변하게 마련이다. 영국 출신의 철학자이자 경제학자 찰스 핸디는 『Beyond Certainty(확실성을 넘어서)』에 "모든 것은 그 목적을 달성한 뒤에도 효과가 지속된다. 그리고 한때 합리적으로 보이던 것이 지금은 미친 짓으로 여겨진다. 따라서 우리는 과거에 목맬 필요가 전혀 없다"라고 썼다. 핸디는 기업을 염두에 두고 한 말이지만, 나는 이 말을 개인에게 적용해도 다르지 않다고 믿는다. 기업도 그 구성 요소인 사람처럼 숨 쉬고, 살아가고, 진화한다. 즉 변화란 우리 내부와 주변에서 항상 일어나고 있음을 알아야 한다.

팻과 나는 지난 9년 동안 꿈에 그리던 집에 산 것을 항상 감사한다. 그리고 그 시기를 우리 인생의 황금기 중 하나로 생각한다. 하지만 지금 사는 집에도 그에 못지않게 감사한다. 지난날을 회상해볼 때 우리가 50대에 꿈꾸던 집을 발견하고 그 꿈이 실현되는 과정을 겪지 못했다면, 현재 우리에게 새로운 꿈으로 상징되는 이 아늑한 집에 살지 못했을 것이라는 생각이 든다. 15년 전에 우리가 모든 연령대의 구미에 맞는 구불구불한 골프 코스를 끼고 있는 별장에 살 것이라고는 전혀 예상하지 못했다.

지금 우리가 사는 집은 당시에 존재하지도 않았다. 더 중요한 사실은 당시에 셰퍼즈타운은 우리가 노후를 보낼 후보지로 생각조차 하지 않았다는 점이다. 우리는 최적의 후보지를 발견하는 과정을 거쳐야 했다. 우리는 웨스트버지니아의 작은 삼림지대에 살면서 비싼 유지비와 손자들의 안전에 대한 걱정 외에도, 사람들의 교류가 많고 모든 것이 잘 구비된 마을에서 살고 싶은 마음이 간절해졌다.

우리는 그 꿈의 집을 쉽게 팔 수 없었다. 그곳에서 결혼식, 생일 파티, 졸업식, 팻의 목사 안수식, 잊을 수 없는 명절 모임 등 인생의 특별한 순간을 많이 경험했기 때문이다. 처음에 우리는 다른 곳에서 산다는 것을 도무지 상상할 수 없었다. 하지만 그 집을 팔기로 결심을 굳히자, 올바른 길로 가고 있다는 확신이 들었다. 우리는 예전처럼 우선순위를 정할 필요는 없다고 느꼈다. 계속 셰퍼즈타운에서 살고 싶었기 때문이다. 우리는 셰퍼즈타운에서 새로 개발되는 지역을 둘러본 뒤, 곧 이사하기로 결심했다. 그리고 우리 구미에 딱 맞는 별장을 짓는 일에 착수했고, 덕분에 새로운 꿈을 꿀 수 있었다. 새로운 꿈이란 팻에게는 작업실을 만드는 것이고, 나에게는 당구대를 놓을 만한 휴식 공간을 만드는 일이었다. 처음 꿈 덕분에 다음 꿈이 실현되었다. 우리에게 첫 번째 꿈은 아직도 뭔가를 주는 선물이 되고 있다. 그런 점에서 우리는 운이 좋은 사람들이다.

  당신은 다음에 어떤 일을 하고 싶은가? 꿈은 확실하게 정했는가? 꿈에 그리던 집은 어디인가? 당신에게 다가올 뜻밖의 행운은 무엇이며, 그 행운을 잡을 준비가 되었는가?

변하는 세상에서
젊게 살기

RETIREMENT 50

10

"약간은 위험한 목표를 세우는 것이 나를 계속 나아가게 하는 데 중요한 역할을 한다. 여기에서 위험은 성공이 보장되지 않는 새로운 일을 해보라고 내 등을 떠미는 위험이다."
— 음악 학사 학위를 취득하려고 대학에 입학한 68세의 은퇴한 내과 의사

"내 부모님은 은퇴한 뒤 죽을 날만 기다리며 살았다. 나는 마지막 숨을 내쉬는 순간까지 삶에 참여하고 싶다. 그래서 요가 수업을 받기 시작했고, 고객들이 영혼의 욕구와 조화되는 집을 꾸밀 수 있도록 도와주는 사업을 시작했다."
— 건강 문제로 새로운 삶을 개척해야 하는 65세의 경영관리 코치

"11년 전, 내가 갑자기 세상을 떠난다면 얼마나 아쉬워하고 후회할지 깨달았다. 그 순간 내가 소유한 법률 회사를 팔고, 개발해야 하는 내면의 것들을 탐구하기로 결심했다."
— 워싱턴 D.C.에 법률 회사를 설립했으나 예술가가 되기 위해 회사를 떠난 68세의 변호사

| 심리적 나이 측정하기 |

1. 정신 건강과 신체 건강 면에서 당신은 현재 나이가 얼마나 들었다고 느낍니까?

← --- --- --- --- --- --- --- --- →

나는 대대적인 정비가 필요한 낡은 자동차와 같다.

상태가 좋을 때도 있고, 그렇지 않을 때도 있다. 나는 주행거리가 길지만 성능은 괜찮은 자동차와 같다.

나 자신이 팔팔하고 젊게 느껴진다. 나는 쌩하고 튀어나갈 준비가 된 고성능 스포츠카 같다.

2. 당신은 열정적으로 살아갈 가능성에 대해 어떻게 봅니까?

← --- --- --- --- --- --- --- --- →

생각하기도 귀찮다. 나는 늙은 말과 같다. 목장에서 풀이나 뜯게 해달라.

가능성은 있지만, 일어나서 다시 움직이려면 비타민을 잔뜩 먹어야 할 것 같다.

당연히 가능하다. 나는 원기 왕성하고 새로운 도전을 할 준비가 되었다.

젊은 마음과 건강한 정신을 유지하기

활기 넘치는 사람이 발산하는 에너지로 다른 사람들의 마음에서도 열정이 샘솟는 것을 본 적이 있는가? 내가 생각하는 활력이란 주변 사람들을 향해 퍼져나가는, 힘을 북돋우는 내면의 생기다.

나는 오늘 밤 매기의 아흔 번째 생일 파티에 갈 것이다. 매기는 샴페인과 오르되브르(전채)로 뜻 깊은 날을 축하해줄 지인 수백 명을 초대했다. 매기는 셰퍼즈타운 근방에서 전설로 통한다. 10여 년 전 내가 아내와 함께 이 마을로 이사 왔을 때, 매기에 관한 이야기를 들었다. 그녀를 처음 만난 것은 어느 날 산책길에서

다. 그때 매력적인 은발의 숙녀도 마을 주변을 거닐고 있었다. 그녀는 상냥하게 웃으며 인사하고 자신을 소개했다. 우리는 잠시 이야기를 나눈 뒤, 각자 가던 길로 발걸음을 옮겼다. 그런데 몇 발자국 걸어가던 그녀가 돌아보고 환하게 웃으며 말했다. "이제 사람들에게 매기를 만났다고 말할 수 있겠네요." 이후 나는 여러 차례 매기를 만나 대화하는 행운을 누렸다. 매기가 자기 컨트리클럽에서 팻과 나에게 저녁을 대접한 적도 있다.

매기가 언제 나타날지는 알 수 없다. 그녀는 가만히 앉아 있는 법이 없다. 어느 일요일 오후, 뜰에서 일하는데 친근하고 따뜻한 목소리가 들렸다. "나는 사람들이 바깥에 나와 뭔가를 보기 좋게 가꾸는 모습을 구경하는 게 참 좋아요." 나는 풀을 뽑던 손길을 멈추고 동네를 시찰 중이냐고 물었다. "맞아요, 나는 무슨 일이 있는지 살펴보는 게 즐거워요." 세월의 지혜를 쌓은 여성과 나누는 대화는 폭넓고 깊이 있게 이어졌다. 우리는 삶이라는 큰 주제에 대한 이야기를 나눴다. 매기는 자신이 삶을 사랑하는 여러 가지 이유가 있는데, 가장 중요한 이유는 사람들을 좋아하고 어디에나 사람들이 있기 때문이라고 말했다.

매기는 그런 사람이다. 누구라도 그녀를 사랑할 수밖에 없다. 매기는 상당한 재산가인데다 품위 있게 살지만, 살아온 길이 순탄하지만은 않았다. 네 아이를 함께 낳아 키운 남편의 죽음을 포함해 인생의 쓰디쓴 시련도 겪었다. 그러나 매기의 얼굴에는 늘 화색이 돈다. 매기의 열정을 그녀의 눈에서 볼 수 있고, 목소리에서 들을 수 있으며, 그녀가 있는 자리에서 느낄 수 있다. 나는 매기가 오랫동안 우리 곁에 있어주기 바란다.

조도 같이 있는 것만으로 에너지를 전해주는 사람이다. 그와 나는 25년간 좋은 친구로 지내고 있다. 조는 뛰어난 예술가이자 미술 교사이며, 이야기꾼이고 공동체의 설립자다. 그는 삶을 사랑하고, 사람들을 좋아하며, 어디에나 친구가 있다. 그는 친구가 아주 많아서 조의 아내는 이따금 그를 아는 사람이 한 명도 없는, 그래서 수많은 친구들과 남편을 공유할 필요가 없는 곳으로 단둘이 떠나고 싶어한다. 조는 완벽한 장소를 알았다. 라스베이거스라면 그를 아는 사람이 있을 리 없다. 그러나 두 사람이 라스베이거스에 가는 비행기에 오를 때, 기장이 조종실에서 머리를 내밀고 소리쳤다. "어이, 조!"

그는 어디를 가든 사람들을 불러 모은다. 조는 셰퍼즈타운에서 화랑을 운영했고, 지역신문에 만화를 기고했으며, 금요 미술 모임을 시작했다. 영광스럽게도 내 아내가 그 단체의 회원이다. 그의 좌우명은 '지구에서 가볍게 사는 것'이다. 그는 늘 유연한 자세를 유지하며, 적당한 때가 오면 아무런 어려움 없이 새로운 곳으로 간다. 그는 말한다. "보게 되면 보는 거지." 조는 학교 행정이 학생들보다 수익에 관심을 둔다고 느끼자 교수직을 그만두었다. 셰퍼즈타운의 마을 행정이 지역 주민보다 개발자들의 요구를 들어주는 일에 관심을 둔다고 느끼자 마을을 떠났다. 시의회에서 일할 때는 마을을 어린이와 노인, 개와 고양이들이 살기 좋은 곳으로 만들기 위해 노력하는 등 공동체 중심의 가치에 헌신했다.

조는 새로 정착한 지역에서도 예술가와 지역사회가 서로 후원하는 환경을 조성하고자 힘을 쏟고 있다. 그는 76세인데 50세 때만큼이나 생기가 있다. 겉모습도 50세 때와 변함없다. 조는 대의를 위해 끊임없이 노력하는 행동가이며 코치이자 에너지원이다. 그는 자신이 하는 거의 모든 일에서 재미를 찾는다. 시작은 보잘것없었지만, 그것이 그의 성공과 즐거움을 막지는 못했다. 메릴랜드주 이스턴에 가면 유쾌한 관광과 볼거리를 위해 샤프/메이어 갤러리에 들러보기 바란다. 틀림없이 아주 훌륭한 그림 한 점을 손에 들고, 새로 사귄 친구의 배웅을 받으며 그곳을 떠나게 될 것이다.

매기와 조에게는 거금을 줘도 살 수 없는 활력이 있다. 그들은 청춘의 샘을 발견하지 못했지만, 청춘의 열정을 간직하고 삶을 만끽하게 하는 묘약이 무엇인지 알고 있다. 두 사람 다 사교적이고 외향적이지만, 그들의 충만한 에너지의 원천은 친근한 성격만이 아니다. 그들은 내가 아는 한 거의 모든 것에 호기심이 있다. 그들은 결코 배우는 일을 멈추지 않으며, 사람들에 대해 진정으로 관심이 있고, 사람들에게 마음을 쓴다. 중요한 문제에 대해 자기 생각을 말하는 것을 두려워하지 않는다. 유머 감각이 뛰어나고 사람들과 웃기를 좋아하지만, 절대 다른 사람을 비웃지 않는다. 다른 사람을 조롱하는 이에게는 주저 없이 불쾌감을 드러낼 것이다. 그들은 언제나 가족과 친구, 자신을 위해 시간을 마련한다.

조와 매기는 삶을 사랑하지만 죽음을 두려워하지 않는다. 인생이 마냥 즐거운 것이 아니라는 사실을 알지만, 자신에게 다가오는 모든 일을 탄력과 품위, 지혜로 헤쳐간다. 과거의 기억을 소중히 여기면서도 미래를 향해 살아가며, 과거에 얽매이지 않는다. 그들은 낙천적이며 계획과 희망, 미래에 대한 열망을 품고 있다. 신체적·정신적·정서적·영적으로 자신을 돌보며, 다른 이들도 그렇게 할 수 있도록 격려한다. 조는 자기 학생들과 친구들에게 항상 자기 계발서를 추천한다. 매기에게는 늘 주변 세상을 사람들과 동식물, 특히 자신이 아끼는 파랑새가 살기에 더 쾌적하고 아름다운 곳으로 만들 새로운 계획이 있다. 나를 비롯한 많은 이들에게 조와 매기는 노년에 활력을 유지하기 위한 롤모델이다.

조와 매기 같은 사람들, 나와 함께 일했거나 알고 지낸 다른 수백 명을 관찰하면서 노년에 활력을 유지하는 데 핵심적인 역할을 하는 일곱 가지 원칙을 발견했다. 사람마다 다른 원칙을 생각해낼 수 있겠지만, 최소한의 출발점으로 삼으라는 의미에서 이 원칙을 제시한다.

활력 있게 사는 7가지 원칙
1. 죽음과 죽어가는 것에 대한 두려움에서 벗어나라.
2. 정신 건강과 신체 건강, 영적 건강을 관리하라.
3. 삶의 기쁨과 시련을 만났을 때 유연성을 잃지 마라.
4. 공동체에 끊임없이 참여하라(당신이 즐기는 모임의 일원이 돼라).
5. 위험한 일을 하라.
6. 자신의 고유한 본성을 키우고, 그 본성에 충실하라.
7. 삶을 흥미로운 이야기로 보라. 당신 미래의 저자가 돼라.

당신은 현재 이 원칙 하나하나를 삶에서 어떻게 적용하는가? 앞으로 이 원칙을 어떻게 접목하고 싶은가? 다른 어떤 원칙을 추가하고 싶은가?

100세까지 살 것처럼 계획을 세우고, 날마다 마지막 날처럼 살아라

채드가 나를 찾아온 이유는 표면적으로 은퇴와 관련된 문제 때문이었다. 하지만 그와 이야기를 나누며 채드가 은퇴 계획을 구체적으로 세웠다는 사실을 알 수 있었다. 그는 자신의 전문 분야에 관한 상담을 해주고, 로터리클럽 활동을 통해 자원봉사를 하며, 테니스 코트나 골프장에서 친구들과 즐거운 시간을 보낼 생각이었다. 채드가 걱정하는 것은 아내 수지의 달라진 행동이었다. 56세인 수지는 자전거에 단단히 빠진 모양이었다. 자전거 타기는 그녀의 삶을 지배하기 시작했고, 급기야 집착하는 대상이 되었다. 수지는 취미로 자전거 경주를 시작했다가 아마추어 여자부 경주에서 월등히 좋은 성적을 거두는 바람에 남자부 경주까지 참가했다. 주중에는 훈련에, 주말에는 경주에 시간을 쏟아 부었다. 자전거 경주는 수지에게 중요한 일상이 되었고, 그녀는 자전거가 중심인 일상에 방해가 될까 봐 남편이 은퇴하는 것을 원치 않았다.

　채드가 그토록 괴로워한 이유는 자전거에 대한 아내의 집착이 아니라 외도였다. 그녀는 자전거 동호회 남자 중 최소 한 명과 연인 관계였다. 채드의 근심이 깊어진 것은 수지가 남자와 지나치게 오랫동안 통화하고, 몰래 통화하려고 하는 등 수상한 낌새를 알아차렸기 때문이다. 수지는 자전거 여행으로 며칠씩 집을 비우는 일이 잦았고, 갑자기 노화 방지 크림을 바르는 데 열을 올리기도 했다. 채드는 아내의 외도와 자전거에 대한 집착은 자신이 늙어간다는 사실을 부정하고 막으려는 필사적인 노력이라고 믿었다. 수지는 최상의 컨디션을 유지하고 주름을 감춤으로써, 자신이 여전히 남자들에게 매력적인 여자라는 것을 증명함으로써 영원히 젊음을 유지할 수 있다고 생각하는지도 모른다.

채드는 미치도록 화가 나고 불안해서 뭘 어떻게 할지 결정을 내릴 수가 없었다. 그는 상처와 분노를 그대로 표출할까 생각도 했다. 그러나 자신의 감정과 대처 방법에 관해 이야기를 나눈 끝에, 아내의 행동은 용납할 수 없지만 여전히 아내를 사랑하고 있음을 깨달았다. 아내의 그릇된 행동이 자신에게 상처를 주려는 의도가 아니라, 나이 들며 여성으로서 매력을 잃는다는 극심한 공포에 대한 반작용이라는 것도 알았다.

두 사람은 40년 가까이 부부로 사는 동안 힘든 시간을 함께 견디며 두 자녀를 훌륭하게 키웠다. 수지는 좋은 엄마였고, 자전거에 모든 시간과 에너지를 써버리기 전만 해도 내조 잘하는 아내였다. 채드는 가정을 지키기 위해, 아내가 노년으로 접어드는 무시무시한 통과의례를 무사히 마치는 것을 보기 위해 자기가 할 수 있는 모든 일을 하기로 마음먹었다. 마지막으로 만났을 때 채드는 부부 관계 심리 치료사에게 연락한 상태였고, 수지는 내키지 않지만 상담에 참여하기로 동의했다.

이들의 상황이 어떻게 끝날지 섣부른 추측을 하지는 않을 것이다. 나는 상황을 이해하려고 노력하고, 희망을 가지려 한 채드의 태도에 감탄해 마지않는다. 수지가 상담에 참여해서 결혼 생활에 무슨 일이 일어나고 있는지 터놓고 이야기할 자세가 되었다면 한층 희망적이라고 생각한다. 채드의 너그러운 아량과 아내를 향한 사랑, 힘든 상황을 헤쳐가려는 자세로 보아 두 사람이 전문 상담을 통해 상처와 두려움을 이겨내고 함께 의미 있는 삶을 만들어갈 것이다.

나이 들수록 강해져야 한다. 80대인 지금도 팔다리가 유연하고 심장이 힘껏 뛰게 하기 위해 날마다 8킬로미터 이상 걷는 내 친구의 말이다. 당신은 삶의 여정 어디쯤에서 나이 들어가는 자신을 발견하는가? 노화 방지 크림으로 가득 찬 서랍, 숱이 적어지는 머리를 감추는 헤어스타일, 늘씬하고 섹시한 여성에게 어울릴 법한 옷장 같은 것으로 나이 들지 않으려고 처절하게 싸우는가, 아니면 자연의 섭리라고 체념하는가?

나이 듦에 맞서고 죽음의 필연성을 부인하는 것은 심리적 에너지를 낭비하는 일이다. 아무리 좋은 수단을 동원해도 조만간 현실과 정면으로 충돌하는 날이 오고야 말 것이다. 그러나 부인하는 것과 무력하게 체념하는 것 사이에는 절충 지점이 있다. 당신은 나이를 먹어가는 현실과 나이를 먹어감에 따라 신체적 변화를 겪으리라는 사실을 품위 있게 인정할 수 있다. 이곳에 영원히 머무를 수 없다는 현실을 마음 깊이 받아들이고, 현재 더 많은 즐거움을 누리는 법을 배울 수 있다. 활력과 건강을 유지하는 데 도움이 되는 식단 조절과 운동을 꾸준히 할 수 있고, 품위 있고 아름답게 나이 들어가는 데 도움이 될 감정이나 정신 훈련을 할 수 있으며, 자신의 참모습을 찾아 빛을 발하게 할 수도 있다. 노화 방지 크림이나 새로운 헤어스타일로 기분이 좋아질 수 있다면 안 될 이유가 있겠는가? 바꿔 말하면 100세까지 살 것처럼 계획을 세우고, 날마다 마지막 날처럼 살아라.

죽음의 공포를 넘어서기

내가 세계은행에서 진행한 하루짜리 워크숍이 거의 끝나갈 무렵, 60대로 보이는 신사가 말했다. "죽음에 대해서는 아직 말씀하지 않았습니다. 저는 죽는 것이 두렵습니다. 은퇴를 앞둔 지금, 그 생각이 머릿속에서 떠나지 않습니다."

캐럴 소시는 『The Art of Growing Old(나이 듦의 기술)』에서 우리가 붙잡고 씨름하는 패러독스에 대해 이야기한다. "우리는 오래 살고 싶어하지만, 늙고 싶어하지는 않는다." 오래 사는 것과 늙는 것은 떼려야 뗄 수 없는 관계다. 당신은 이 딜레마를 어떻게 해결하겠는가? 은퇴한 목회 상담가이자 신학 교수 소시는 말한다. "죽음의 필연성은 똑바로 보고 아플 때까지 끌어안아야 한다."

화가가 되기 위해 은퇴한 조지는 매일 죽음에 대해 생각한다고 말한다. 죽음을 부정적인 강박관념이 아니라 현실로 받아들인다는 것이다. 그렇기에 정말 중요한 것에 집중할 수 있고, 순간에 감사할 수 있다. 우리가 가진 것은 현재라는 순간뿐이다. 우리는 죽음의 필연성과 마주함으로써 지금 이 순간과 이곳을 제대로 즐길 수 있고, 품위 있게 나이 들어갈 수 있다. 그러나 풍요로운 노년을 위한 중요한 재료가 하나 더 있다. 미래에 대한 희망이다.

나이가 몇 살이든 미래에 대한 희망이 있다면 절망을 이겨내고 강건한 정신을 유지할 수 있다. 매일 뉴스를 시청하고, 가까운 친구나 가족의 죽음에 슬퍼하고, 쇠약해지는 몸 때문에 고통 받는 상황에서 절망에 빠지기는 아주 쉽다. 죽음에 대한 부정적인 이미지를 마음에 품는 것은 죽음에 대한 생각 자체를 두려운 것으로 만들 수 있다. 우리는 테러리스트들이 충격을 주어 사람들을 공황에 빠뜨리고, 고분고분하게 만들기 위해 공포를 사용한다는 것을 안다. 선량한 사람이나 조직이 우리를 조종하고 통제하기 위해 공포 전략을 사용하기도 한다. 종교 단체나 영성 운동도 성장을 위한 씨앗만큼이나 많은 파괴의 씨앗을 뿌릴 수 있다. 특정한 교리나 삶의 방식을 지키지 않으면 신의 분노를 사고 천벌을 받으리라고 생각하며 자란 사람들이 얼마나 많은가? 자기 삶의 이야기를 천국에 들어가거나 다음 생에 더 나은 삶을 얻게 해줄 선행의 목록으로 보는 사람들이 얼마나 많은가? 자선단체 또한 자신들의 대의가 세상에서 가장 긴급한 현안이고, 후한 기부만이 세상을 구할 수 있다며 우리를 설득하려고 애쓴다. 모든 것이 우리에게 달렸고, 아무리 애써도 부족하다는 생각 때문에 비생산적인 죄의식과 근심을 떨치지 못하는 사람들이 또 얼마나 많은가?

내 생각에 공포는 신의 의도와 전혀 상관이 없고, 죽음에 대한 건전한 이해와도 거리가 멀다. 수년간 일하면서 내가 관찰한 바에 따르면, 신을 사랑의 존재라고 믿는 사람들은 죽음에 대한 공포를 환희의 빛으로 받아들이는 경우도 있었다.

나는 수년 동안 죽음 하면 영겁의 시커먼 공간을 떠올렸다. 깊은 땅속에 있는 관에 몸이 갇힌 모습을 생각했다. 이런 생각은 에드거 앨런 포의 이야기에 심취한 탓에 생겨난 것이 아닌가 싶다. 그 결과 이런 부정적인 이미지의 기원이나 실체와 상관없이 훨씬 더 두려웠다. 나는 죽음에 대해 아예 생각하지 않았다. 이런 부인은 한동안 효과가 있었다. 그러나 현실은 나의 발목을 잡았고, 무지막지한 힘으로 정면에서 내리쳤다.

부모의 죽음에서 자신의 죽음과 마주하기

69세였던 어느 날 저녁, 불안이 엄습해왔다. 불안은 나를 붙잡고 놓아주지 않았다. 그러나 내가 생각하기에 불안은 정서적 형태의 극심한 치통과 같다. 나는 치과에 가듯 심리 치료사에게 갔다. 그러나 치통을 다루는 치과 의사와 달리 심리 치료사는 고통을 가라앉히지도, 통증을 유발하는 정서적 충치를 긁어내지도 못한다. 그가 할 수 있는 일은 환자에게 압력을 가하는 것뿐이다. 즉 고통의 원인이 되는 현실을 직시하게 도와준다.

알고 보니 불안이 시작된 시점의 내 나이가 전립샘암으로 돌아가셨을 때의 아버지 나이와 같았다. 내 불안은 아버지가 당신이 수술이 불가능한 상태고, 몇 주밖에 살 수 없다는 것을 안 날 시작되어 아버지의 기일 다음 날 끝났다. 흥미로운 사실은 내 불안이 시작된 날짜와 아버지가 시한부 삶을 선고받은 날짜가 동일하다는 사실을 내가 인식하지 못했다는 점이다. 그렇지만 잠재의식은 기억하고 있었다. 잠재된 지혜가 죽음에 대한 나의 억압된 두려움을 일깨우려고 고통을 일으키는 공황 발작을 통해 관심을 끈 것이다.

나는 심리 치료를 받으면서 죽음에 대한 공포를 이겨내고 새로운 개념을 형성하는 기회를 얻었다. 나는 죽음을 영겁의 시커먼 공간이 아니라 다른 영역으로 전환하는 계기라고 생각하는 법을 배웠다. 죽음에 대한 이미지를 다시 만드는 데 도움이 된 자료는 브라이언 와이스의 『나는 환생을 믿지 않았다(Many Lives, Many Masters)』『Message from the Masters: Tapping into the Power of Love(거장이 보낸 메시지 : 사랑의 힘을 사용하기)』 등이다. 최면요법에 뛰어난 정신과 의사 와이스는 수백 명을 치료했는데, 그들은 최면 상태에서 과거의 삶으로 돌아가는 경험을 했다. 나는 일주일 동안 계속된 와이스 박사의 워크숍에 참석했고, 그곳에서 최면에 걸린 여러 사람들에게 일어나는 놀라운 결과를 목격했다.

치료를 받고 죽음에 대한 개념을 새롭게 정립한 덕분에 전처럼 죽음이 두렵지 않았다. 죽음에 대한 생각을 피하려고 애쓰지도 않는다. 나는 날마다 죽음에 대해 생각한다. 이 생각으로 가장 귀한 재산인 내게 남은 시간과 관련된 우선순위에 집중할 수 있다. 나는 죽고 싶지 않고, 살날이 많이 남았기를 바란다. 단지 죽음이 예전처럼 나의 의식 전체를 장악하지 못한다는 얘기다. 나는 아직도 가끔 죽음에 대해 두려움을 느낀다. 그런 때 심리 치료와 명상, 요가를 통해 배운 것들이 도움이 된다. 이런 활동은 깊이 호흡하고, 이 순간 여기에 머무르고 내 마음이 말하려는 것에 주의를 기울이게 도와준다. 나는 이런 활동을 하면 대개 두려움이 사라진다.

우리의 두려움 중 많은 것들은 마음의 환상에 지나지 않는다. 마음의 환상은 흥미진진한 미래의 가능성을 그리기 위해 긍정적으로 사용되면 기적을 일으킬 수 있지만, 우리를 두려움이 깔린 생각의 어두운 구석으로 몰아갈 수도 있다. 두려움을 막는 치료법 중 하나는 감사하며 사는 것이다. 긴장을 풀고, 관심을 지금 여기로 끌어오고, 이 순간 자신이 가진 것에 감사하는 일에 집중할 때 두려움을 붙들고 있을 수는 없기 때문이다. 명상 수련을 하는 것 역시 의식하는 두려움과 잠재의식의 두려움에서 벗어나는 데 도움이 될 수 있다. 죽음을 앞둔 이들을 돌보는 일을 하는 내 친구들은 말한다. 두려움에서 벗어날 수 있다면, 우리의 마지막 여행은 평화로운 기쁨이 될 수 있다고.

건강관리 하기

우리는 나이 드는 것에 대한 고정관념에 사로잡히기 쉽다. 당신은 '나이에 맞는 행동'에 관한 고정관념을 알 것이다. 가령 80세 할머니가 길에서 폴짝폴짝 뛰어가는 것을 보면 어떤 생각이 드는가? 정신이 온전하지 못한 거라고? 치매 초기일 거라고? 아이들을 데리고 플로리다에 갔을 때 80세인 내 어머니가 그렇게 하셨다. 한가지 더, 우리도 어머니와 함께 뛰었다!

　내 어머니는 아이의 마음을 가진 분으로 폴짝폴짝 뛰기 좋아하셨다. 어머니는 사람들을 모아 지역 돌봄 센터에서 크리스마스캐럴을 부른 다음 날 아침, 92세로 돌아가셨다. 센터에서 어머니는 '천사'로 통했다. 돌아가시기 전날 밤, 고령인 친구 분을 차에 태우고 시내를 돌며 크리스마스 장식을 구경하기도 하셨다. 어머니는 다음 날 급성 뇌졸중으로 돌아가셨다. 그러나 어머니는 마지막 날 아침에도 샤워하고, 옷을 차려입고, 침대를 정리하신 뒤 죽음을 맞이하셨다. 형이 작은 아파트 침실에서 어머니를 발견했다. 어머니는 엷은 미소를 머금고 정성스럽게 정리된 침대에 평화롭게 누워 계셨다. 나는 어머니의 마지막 미소가 평생 잘 살아온 것과 당신이 원하신 대로 품위 있게 세상을 떠나는 것에 대한 감사의 표시라고 생각한다.

우리는 냉장고에서 만든 지 얼마 안 된 젤로(과일 맛과 빛깔과 향을 낸 디저트용 젤리―옮긴이) 샐러드를 발견했다. 젤로는 진한 커피와 더불어 미네소타주의 기본 음식 중 하나다. 우리는 그 젤로를 어머니의 장례식 다음 날 점심으로 먹었다. 그것은 틀림없이 어머니가 작별 선물로 남긴 것이다. 어머니가 우리에게 남긴 또 다른 선물은 잘 죽는 법이다. 어머니는 헬렌 하크니스가『Don't Stop the Career Clock(일하기를 멈추지 마라)』에서 기술한 이상적인 삶, 즉 "오랫동안, 충만하게 사는 것. 그런 다음 자리보전하지 않고 죽는 것"을 몸소 보여주셨다.

우리는 자살하는 경우가 아니면 자신이 얼마나 오래 살고, 어떤 식으로 죽을지 선택할 수 없다. 그러나 어떤 식으로 살아갈지는 선택할 수 있다. 우리의 선택이 수명과 죽음의 방식에 어느 정도 영향을 끼치겠지만, 아직 몸과 마음의 모든 연결 고리를 이해하지 못한다. 우리가 정확히 아는 것은 얼마나 잘 사는지는 자신의 선택에 달렸다는 사실이다.

60대 후반인 사랑스런 친구 잭은 지금 겪는 고통이 젊은 시절에 자신이 선택한 것 때문이라고 생각한다. 그는 엄청난 비만이며, 울혈성 심부전으로 고통 받고 있다. 잭은 내가 아는 똑똑한 사람 중 한 명이다. 그는 독서량이 많고, 머리가 좋으며, 수십 년 동안 여러 사람들과 함께 일하고 자신과 다른 이들에게 어려운 질문을 하며 축적한 지혜로 빛난다. 잭은 지금 입원해 있고 생명이 위태로운 상태다. 그는 최근 나에게 깊이 생각해볼 만한 두 가지 이야기를 해주었다. 하나는 후회, 다른 하나는 희망이다. 후회는 그가 삶에서 잘 관리하지 못한 식단과 운동에 대한 것이었다. 잭은 마음을 좋은 것들로 채워갔지만, 몸은 영양가 없는 음식으로 채웠으며 운동을 몹시 싫어했다. 나는 여러 해 동안 회사 수련회에서 그와 같이 지냈다. 사람들은 모두 바깥에 나가 걷고 뛰며 자연을 즐겼지만, 잭은 소파에 기대앉아 과자를 먹으며 최신 심리학이나 조직 개발에 관한 책을 읽었다.

그는 지금 신체적 건강관리에 대한 잘못된 선택을 한탄하지만, 과거를 되돌릴 수는 없다. 잭은 심각한 건강 악화를 대하는 태도에서 언제나 모범적인 모습이다. 그는 죽는 것이 두렵지 않으며, 죽음의 문제와 잘 화해했다고 말한다. 그가 미칠 듯이 두려워하는 것은 육체적으로 무능력해져서 자신이 그토록 좋아하는 경력 관리 코치 일을 계속할 수 없는 것이다. 그의 최고 관심사는 정신적인 면에서 삶을 향상하는 일이다. 잭은 사람들이 정신적인 장애물을 뚫고 지적으로 활발하게 살도록 도와주는 분야에서 최고의 전문가다. 그러나 애석하게도 자신의 장애물을 뚫고 신체적 건강관리 활동에 참여하는 데는 한 번도 성공하지 못했다.

삶을 위한 PIES

나는 대다수 정신 건강 전문가와 마찬가지로 활력과 건강에 대한 전인적인 접근을 지지한다. 이 접근법을 'PIES 접근법'이라고 부른다. PIES는 신체적 Physical · 지적 Intellectual · 정서적 Emotional · 영적 Spiritual 건강의 머리글자를 따서 만든 말이다. 건강은 우리가 새로운 삶에서 하고 싶거나 되고 싶은 모든 것의 기본 조건이다.

물론 우리가 통제할 수 없는 것도 있다. 우리는 유전자에 관한 한 아무것도 선택할 수 없다. 남들보다 뚱뚱해지기 쉬운 유전자를 물려받은 사람도 있고, 대머리 유전자를 물려받은 사람도 있으며, 만성질환에 걸리기 쉬운 유전자를 타고난 사람도 있다. 그래도 우리는 자신이 받은 것을 감사하는 마음으로 받아들이고, 그 선물의 좋은 관리인이 될 수 있다.

『시간의 역사(A Brief History of Time)』를 쓴 영국의 저명한 물리학자이자 스티븐 호킹은 심한 장애가 있는데도 충만하게 사는 모범적인 인물이다. 호킹 박사가 케임브리지대학원에서 박사 학위를 준비할 때 근위축성측삭경화증(ALS : 일명 루게릭병)이 발병했다. 얼마 지나지 않아 몸에 마비가 왔고, 휠체어에 의지할 수밖에 없는 상태가 되었다. 그러나 그는 계속 연구에 정진했고, 우리 시대 가장 유명한 천체물리학자가 되었다. 호킹은 자신의 병에 대해 이렇게 말한다. "ALS라는 병을 앓는 게 어떤 느낌이냐는 질문을 자주 받는다. 내 대답은 별 느낌이 없다는 것이다. 나는 가능한 한 정상적인 생활을 하려고 노력한다. 내 병에 대해 생각하거나 병 때문에 내가 하지 못한 것을 안타까워하지 않으려고 노력한다. 사실 병 때문에 하지 못한 일도 그리 많지 않다."

나는 원숙미가 느껴지는 얼굴, 세월의 흔적, 나이 지긋한 친구들의 진짜 머리 색깔을 보는 것이 좋다. 일흔이 넘은 사람이 머리를 진하게 염색하면 뭔가 어색해 보인다. 나는 아내의 사랑스럽고 자연스러운 은발이 좋고, 아내가 머리카락을 젊은 시절의 짙은 갈색으로 돌리려고 자신이 받은 선물에 함부로 손대는 일이 없기를 바란다. 젊은 사람들은 풋풋한 모습이 좋아 보이고, 나이 든

어른들에게는 원숙미가 느껴지는 모습이 어울린다는 것이 내 생각이다.

중요한 것은 무엇이 당신을 생기 있고 만족스럽게 하느냐다. 이런저런 성형수술로 기분이 좋아진다면, 그 분야의 새로운 발전의 혜택을 누리지 말라는 법은 없다. 단지 젊은 사람인 척하기 위해 자신을 젊어 보이게 만들려고 애쓰는 것은 옳지 않다고 생각한다. 무엇 때문에 지혜와 성숙을 희생하면서 젊은 시절의 허영과 도전에서 졸업하지 못한 사람인 척하는가? 우리는 나이 먹으면서 더 현명해지고 똑똑해진다. 그러니 인정하고 자랑하자. 물론 약간의 겸손이 필요하다! 젊은이들 모두 진정한 자신이 될 수 있는 노년의 지혜와 자유를, 원하는 것을 할 수 있는 기회를 질투하게 하고 싶은 것은 아니니 말이다. 인정하자. 우리는 그 자유와 기회를 손에 넣었다. 현재 자신의 모습과 앞으로 자신의 모습을 사랑하고 받아들여라. 자신이 아닌 것은 내려놓아라. 또 당신의 PIES를 잘 관리해야 한다는 사실을 잊지 마라.

당신에게 PIES 관리 계획이 없다면, 오늘 당장 세워서 실행에 옮겨라. 훌륭한 PIES 관리의 롤모델이며 중간 과정에서 조언도 해줄 수 있는 사람이 없는지 잘 살펴보라. 내가 해주고 싶은 조언은 요가를 하라는 것이다. 요가는 신체와 정신은 물론 영적으로도 훌륭한 훈련이다. 모든 사람에게 맞는 운동은 아닐 수도 있지만, 나는 요가로 인해 건강관리 계획에 엄청난 발전이 있었다. 요가를 시작하라고 격려해준 아내 덕분이다. 오늘 아침에 훌륭한 선생님과 한 시간 동안 요가를 했는데, 나는 지금 아주 가뿐하고 이 활력의 비결을 사람들과 나누고 싶다.

또 다른 방법은 특히 PIES 계획을 짜는 데 도움이 필요한 사람을 위한 것인데, 지역 대학의 체육 센터나 헬스클럽을 방문해보는 것과 전인적 활력에 관한 정보를 제공하는 인터넷 사이트를 검색해보는 것이다.

PIES 관리하기

특히 노년의 활력을 유지하는 것과 관련된 PIES는 많은 도움이 된다. 다음에 나올 내용은 PIES 계획을 세우고 관리하는 방법에 관한 몇 가지 제안이다.

신체적 건강 신체 건강 계획을 세우고 눈이 오나 비가 오나 어김없이 실천하라. 일주일에 세 번 40분씩 걷기 같은 가벼운 운동도 건강에 도움이 된다는 사실이 입증되었다. 헬렌 하크니스는 『Don't Stop the Career Clock(일하기를 멈추지 마라)』에서 한 달에 여섯 번 고작 30분 걷기 운동을 한 노인이 가만히 앉아 있기만 한 노인에 비해 사망률이 43퍼센트 낮다는 연구 결과를 인용한다. 하크니스에 따르면 이런 사실에도 65세 이상 열 명 중 세 명은 신체 활동을 하지 않는다고 한다.

체력 유지 계획을 세울 때 운동을 즐거운 활동이 되게 하면 그 계획을 지킬 가능성이 한결 높아진다. 어떤 사람들은 올림픽 출전 선수가 될 것처럼 무리한 계획을 세우는 실수를 저지르기도 한다. 이런 계획은 중도에 차질이 생기는 경우가 많다. 적당하고 감당할 만하며, 즐길 수 있는 운동 계획을 세우면 훨씬 잘해낼 수 있을 것이다.

우리 마을에는 여자들의 걷기 운동 모임이 있다. 그들이 지나가는 모습을 자주 볼 수 있는데, 모두 즐기는 듯했다. 그들은 많이 걷고, 얘기하고, 웃는다. 이 모든 것은 어떤 건강관리 계획을 세웠든 건강에 이익이 될 수 있는 활동이다. 그들은 한 명이라도 정해진 시간에 나타나지 않으면 문 앞까지 가서 데리고 나온다.

계획을 끝까지 실천하기 위해 필요하다면 강제성을 부여하라. 당신이 운동하기 위한 유인책으로 헬스클럽에 등록해서 한 달 이용료를 지불할 필요가 있는 사람이라면, 그것을 현명한 투자라고 생각하라. 아내와 나는 요가 수업을 듣는 덕분에 일정한 시간에 꾸준히 요가에 전념할 수 있다. 혼자 규칙적으로 운동하지 못하는 사람이라면, 우리처럼 수업에 등록하거나 일정이 잡힌 활동에 참여해보는 것이 좋다.

많은 대학에는 건강 전문가들이 진행하는 노인 대상 운동 프로그램이 개설되었다. 포크댄스에서 수중발레까지 다양한 활동이 포함되는데, 이런 프로그램을 "일정한 시간에 하는 놀이"라고 얘기하는 노인들도 있다. 어떤 이들은 대학과 연계된 노인주택 지구로 이사 가기도 한다. 다양하고 흥미로운 PIES 관리 기회뿐만 아니라 신체 건강을 위한 운동 프로그램도 이용할 수 있기 때문이다.

지적 건강   지적 활동을 계속하는 것이 정상적인 뇌 기능과 활기찬 심리 상태를 유지하고, 알츠하이머병이나 치매를 예방한다는 증거가 점점 많아지고 있다. 당신은 무엇에 호기심이 있는가? 십

자군이 정말로 무엇인지 늘 알고 싶었는가? 중국어를 배우고 완리창청萬里長城을 탐방하기를 간절히 바랐는가? 시대를 통틀어 가장 위대한 작곡가들의 이름을 대고 그들의 걸작 중 몇 곡을 마음속으로 연주해볼 수 있는가?

늘 무언가에 대한 지적 호기심을 느꼈다면 지금이야말로 공부할 기회다. 공부할 방법은 수없이 많다. 인터넷을 이용한 원격 교육, 대학의 평생 교육원, 엘더호스텔, 오메가연구소, 캐니언 랜치, 고스트 랜치, 창의적문제해결연구소 같은 단체들이 제공하는 프로그램 등이 있다. 정식 교육기관에서 자기가 가장 잘 아는 과목을 가르치거나, 사적인 모임에서 다른 사람들에게 조언하는 활동을 통해서도 계속 공부할 수 있다.

배우는 일은 나이와 상관없이 할 수 있는 인간의 능력 중 하나다. CNN 뉴스에 따르면, 로즈 '마마 G' 길버트(88세)는 로스앤젤레스에서 최고령 교사지만 여전히 학생들에게 문학과 시, 삶에 대한 흥미를 심어주고 있다. 어린 학생들의 정신에 힘을 불어넣고자 하는 열정을 위해 마마 G는 매일 아침 역기를 들고 요가를 하며 건강을 유지한다.

경영 간부로 일하다 퇴직한 도널드 M.(66세)은 라이프 코치 훈련원에서 자격 연수를 수료했다. 현재는 기업의 관리자를 대상으로 까다로운 직원을 대하는 일, 새로운 계획을 추진하는 과정에서 행정 문제를 처리하는 일, 과중한 업무를 조절하는 일 등 수많은 문제를 다루는 법을 지도하고 조언한다. 알고 싶은 분야가 무엇이든, 배움과 정신적 성장을 지속할 수 있는 방법은 많다. 새로운 분야에 대해 공부하는 것이든, 흥미 있는 특정 분야에서 앞서나가는 것이든 당신의 정신이 최고조로 작동할 때 삶은 한층 재미있어진다.

정서적 건강 50세가 넘으면 우리 삶에는 정서적인 충격을 주는 새로운 문제들이 생긴다. 어제 나는 케이트(74세)와 대화를 나누었다. 최근 그녀의 남편이 알츠하이머병 진단을 받은 뒤, 두 사람의 관계와 그들이 즐겨온 자유분방한 생활 방식에 급격한 변화가 생겼다. 70대인 또 다른 친구는 아내에게서 더 젊은 남자와 신나게 살기 위해 자신을 떠날 거라는 사실을 통보받고, 깊은 우울증에 빠졌다. 서른 살 먹은 당신의 딸이 악성 유방암 진단을 받았다면 어떻게 하겠는가? 당신이 60대의 목사인데 환멸과 불안으로 신앙을 완전히 잃었다면 어디로 가겠는가? 누구나 한번쯤 이런 문제에 부딪힐 수밖에 없다. 불확실한 미래 어디쯤엔가 죽음의 신이 숨어 있다는 것도 안다.

50세가 넘으면 젊었을 때보다 심각한 정서적 스트레스 요인에 대처하는 데 높은 심리 조절 능력이 필요해진다. 운 좋은 사람들은 유연성과 품위, 지혜로 삶의 어려운 문제에 대처할 수 있는 유전자를 타고나기도 했다. 그러나 불행히도 우리는 노년의 삶에서 부딪힐 수밖에 없는 난관을 이겨내기에는 준비가 부족하다. 젊은 시절에 우리는 일상적인 삶의 요구를 해결하느라 마음의 여유가 없었거나, 삶의 어두운 면을 지나치게 두려워했을 것이다. 그래서 노년의 심각한 문제와 그에 따른 정서적 스트레스를 관리하기 위해 지금 우리에게 필요한 기술을 개발하지 못했는지도 모른다.

나이 듦의 정서적 측면에 관한 대학원 과정을 시작할 수 있다면 어떨까? 그 과정에서 우리는 나이 드는 것의 좋은 점과 나쁜 점을 제대로 이해하고 관리하는 법을 배울 수 있을 것이다. 가령 시련의 시기에 접어들어도 그것을 이겨낼 수 있도록 정신적인 근육을 키우려면 무엇부터 해야 할까? 더 높은 감정 조절 능력을 어디에서 훈련할 수 있을까? 희망과 긍정적인 마음, 연민을 키우는 가장 좋은 방법은 무엇일까?

노년기를 위해 꼭 필요한 삶의 기술을 개발할 수 있게 도와준 사람들이나 프로그램을 중간에 만난 운 좋은 사람들도 있을 것이다. 그러나 우리는 대부분 이런 기술을 알아서 배워야 한다. 다행히 우리는 훌륭한 책(일부는 참고 문헌에 있다), 지혜로운 멘토, 행동 관리의 대가가 나오는 라디오·TV·인터넷 프로그램, 성인교육 기회, 전문 심리학자와 목회 상담자 등을 찾기 쉬운 시대에 살고 있다.

어떤 길을 택하든 반드시 기억해야 할 사항은 지금 당장 시작해야 한다는 것이다. 위기 상황에 완전히 빠질 때까지 기다리지 마라. 지금 감정 조절 능력을 개발하면 앞으로 직면할 어려운 문제의 충격을 줄이고, 노년의 삶에서 누릴 수 있는 흥미진진한 가능성을 극대화하는 데 도움을 받을 수 있을 것이다. 계획을 세울 때 삶의 시련에서 얻은 지혜와 날카로운 통찰력을 갖춘 멘토에게 도움을 구할 것을 강력하게 권한다.

영적 건강 어릴 때 밤하늘을 올려다보며 "우주의 시작과 끝은 어디인가?" "별과 행성이 궤도에서 벗어나지 못하게 하는 힘은 무엇인가?" 같은 질문의 답을 찾으려고 애쓴 것을 기억한다. 한번은 어머니에게 신이 어디에서 왔는지 물었더니, 어머니는 신은 항상 있었고 앞으로도 그럴 거라고 말씀하셨다. 그러나 나는 그 말이 무슨 뜻인지 도무지 이해할 수가 없었다. 설명할 수 없는 것들이 존재한다는 사실을 쉽게 이해하는 사람들도 있다. 그러나 나 같은 사람에게는 신비롭고 불가사의한 자연의 만물은 놀랍도록 매혹적인 것인 동시에, 고통스러울 만큼 혼란스러운 것이다. 우주, 영성, 삶의 본질에 관한 의문은 나에게서 떠나지 않았지만, 청년 시절 반복되는 일상에 정신 팔려 그런 질문에 관해 생각할 시간이 거의 없었다. 노년기에 접어들면서 나는 머릿속이 우주의 신비에 관한 의문으로 다시 넘쳐나는 것을 느꼈다.

제대로 된 명상과 묵상, 기도를 수반하는 영적인 훈련은 자기 삶의 목표를 찾는 것과 생의 위대한 신비를 받아들이는 면에서 도움이 될 수 있다. 독실한 기독교인이든, 이슬람교도든, 유대인이든, 불교 신자든, 이교도든, 무신론자든 핵심 목표를 찾는 일은 당신에게 힘과 에너지를 주고, 삶을 신성한 여행으로 누릴 수 있게 해줄 것이다.

내 아내 팻은 자신을 초월한, 더 큰 목표를 갖고 싶어하는 이들을 위한 롤모델이다. 앞에서 말했듯이 아내는 50대 초반에 목회자로서 소명을 깨닫고, 홍보 담당자에서 목사로 진로를 바꿨다. 팻은 한 지방 교회에서 부목사로 일했는데, 3년 뒤에는 또 다른 소명을 느꼈다. 아내는 62세인 지금도 무임 목사로 장로회에서 각종 위원회 활동이나 초청 설교를 하는 등 즐겁게 일하고 있다. 그러나 요즈음 팻의 소명은 공식적인 목회 활동을 넘어서 다른 방식의 목회, 예컨대 손자·손녀 돌보기, 그림 그리기, 글쓰기 등을 통한

봉사로 옮겨가고 있다.

팻은 작업실에서 색상이 화려한 추상적 꽃이나 풍경을 자주 그린다. 아내는 자신의 그림이 창조물의 아름다움과 신비에 대한 찬사가 되기를 소망한다. 팻은 조상들이 남긴 편지 300통을 바탕으로 책을 집필하는 작업에 몰두하기도 한다. 남북전쟁 당시 조상들은 날마다 삶과 죽음의 신성함을 피부로 느꼈고, 그런 상황에도 "신의 자비로 그 일을 하루빨리 해낼 수 있다"고 믿었다.

그렇지만 죄의식 때문에 자신을 희생하거나, 다른 사람들에게 맞는 길을 따라가거나, 검증되지 않은 완벽한 삶을 위한 처방을 맹목적으로 고집하면 진정한 영적 성장을 기대하기 힘들 것이다. 영적인 성장을 촉진하기 위해 기술을 배우고, 연습하고, 다양한 자료를 공부하는 것도 좋지만, 내면의 지혜에 귀 기울일 줄 알아야 한다. 그래야 영적 여정이 펼쳐질 때, 그게 자신만의 여정임을 알 수 있다.

당신은 다음의 PIES 관리 계획을 참고하여 자신만의 계획을 세울 수 있다. 이 계획을 반드시 참고로 사용해야 한다. 그렇지 않으면 효과가 없을 것이다. 당신에게 맞는 계획이 아니기 때문이다.

자신의 계획을 글로 작성해서 잘 보이는 곳에 붙여둘 것을 권한다. 당신의 계획을 다른 이들에게 얘기할 수도 있다. 자기 계획을 다른 사람에게 분명히 밝히면 끝까지 실천하려는 의지가 강해질 것이다. 남들 모르게 자기 머릿속에만 간직하면 그 계획은 막연한 상태에 머무르고, 좋은 의도로 끝나기 쉽다.

| PIES 관리하기 : 활력을 위한 계획의 예 |

신체적인 면에서

- 식단 : 건강에 좋은 음식만 먹을 것이다. 내 몸과 마음에 영양분을 주는 것만 입안에 넣는다. 인스턴트나 패스트푸드 절대 금지. 매일 물 6~8잔. 술은 적당히, 하루에 와인 1~2잔, 친목 모임에서는 세 잔 정도.
- 운동 : 주 3회 45분 이상씩 걷기. 자전거 타기 1~2시간이나 헬스클럽에서 한 시간 운동하기로 대체 가능. 주 2회 요가 한 시간씩.

지적인 면에서

- 직업 : 라이프 코치로서 계속 활동하기 위해 성인 발달이나 긍정의 심리학에 관한 최근 연구 동향을 부지런히 파악할 것이다. 전문가 회의에 참석하고, 비상근으로 계속 일할 것이다.
- 개인적 성장 : 역사와 세계종교에 관한 공부를 위해 주목할 만한 인물들의 전기를 읽고, 지방대학에서 세계종교 과정을 수강할 것이다. 독서 토론 클럽에 적극적으로 참여할 것이다.

정서적인 면에서

- 마음가짐 : 내 삶의 수많은 축복에 감사하며 살아갈 것이다.
- 인간관계 : 아내와 가족은 내게 귀한 보물과 같다. 그들의 삶에서 지지하고 사랑해주는 긍정적인 존재가 되기 위해 항상 노력할 것이다. 우정도 중요하다. 한 달에 세 번 이상 친구들과 관계를 즐기고 유지하기 위한 시간을 마련할 것이다.

- 개인적 성장 : 일의 성과에 집착한 나머지 아내와 주변 사람들에게 화내고 짜증 부린 일이 많았음을 인정한다. 나의 인간관계는 눈앞에 놓인 업무보다 중요하다. 나는 자신과 다른 사람들에게 도움이 되지 않는 집착을 버리고 속박에서 벗어나, 이 순간의 기쁨을 만끽하며 더 충만하게 살 준비가 되었다.

영적인 면에서

- 개인적 성장 : 요가를 규칙적으로 계속할 것이고, 우리 지역 교회를 후원할 것이다. 주 3회 20분씩 명상하고, 더 자주 일을 멈추고 장미 향을 맡을 것이다.
- 목표 : 가족과 친구들에게 유머와 진심 어린 감사, 모범적인 삶을 보여줌으로써 최선을 다해 그들을 지원할 것이다. 직업적으로는 고객이 진정한 잠재력을 발견하고 발휘할 수 있도록 온 힘을 다해 도울 것이다. 마지막 때가 오면 만족스럽게 살았다는 커다란 기쁨을 안고 이 세상을 떠날 생각이다.

유연성 유지하기

50세가 넘으면 여러 방면에서 변화가 시작된다. 예정된 변화도 있지만, 느닷없이 찾아오는 변화도 많다. 데이비드는 10년 전 대학 총장직을 수락할 때 65세가 되면 퇴직하리라는 것을 알았다. 그가 미처 예상하지 못한 것은 상당한 애착을 느끼던 일을 그만두는 것이 견딜 수 없이 힘들 거라는 사실이다. 그는 아내와 함께 플로리다에 마련한 꿈의 집이 무섭게 휘몰아치는 토네이도로 거의 폐허가 될 것도 상상 못 했다.

우리는 한 치 앞도 내다볼 수 없다. 언젠가 내 고객이 그렇게 말했다. 그는 퇴직해서 아내와 세계 여행을 할 날만 손꼽아 기다리고 있었다. 하지만 아내가 돌연 암으로 사망하자, 그의 모든 계획은 물거품이 되고 말았다. 루스는 사업을 하던 남편이 사업체를 팔자, 남편과 더 많은 시간을 함께할 수 있을 거라고 기대했다. 그러나 남편의 만성적인 일중독이 비상근 사업과 프리메이슨 단체에서 본격적인 활동으로 옮겨가자, 그녀는 버림받은 기분이 들어 낙담했다. 팸은 58세가 되면 회사에서 하던 일을 그만두고 남편과 함께 상담 활동을 시작할 계획이었다. 그러나 남편이 파킨슨병 진단을 받는 바람에 정년까지 회사에 남아야 했다.

어쩔 수 없는 일이다. 우리는 모두 역경을 겪을 것이다. 구부러지고 잡아당겨져서 어떤 식으로든 '다른 모양'이 될 것이다. 힘든 상황이 닥친 순간이 우리의 패기와 의지를 찾고 발견하는 때다. 유연하게 제 모습을 되찾거나, 영원히 구부러진 채로 있거나 둘 중 하나다.

50세 이후의 시간은 계속되는 변화와 전환으로 가득하며, 이런 변화는 나이가 들수록 규모가 커지는 경향이 있다. 이런 변화 중에는 은퇴, 부모의 죽음, 자녀의 결혼, 손자·손녀의 출생, 검버섯, 70세가 되는 것 등 예상하고 대비할 수 있는 것들이 있다. 암, 사랑하는 이의 죽음, 별거나 이혼, 심각한 사고, 병든 배우자의 간병인이 되는 것 등 절대 일어나지 않았으면 하는 변화도 있다.

그런가 하면 노화하는 신체, 불안한 내면의 자각, 테러 공격, 죽음과 심각한 질병에 대한 두려움 등 우리가 애써 외면하는 변화도 있다. 기대하지 않은 행운이 찾아오는 경우도 있다. 골프의 여왕이 되거나, 어여쁜 손자·손녀와 사랑에 빠질 수도 있다. 속 썩이던 자식이 어엿하게 장성한 모습을 볼 수도 있고, 숨겨진 재능을 발견할 수도 있으며, 오래전 사랑을 만나 결혼할 수도 있다. 우리의 상황이 어떻든 50대에 접어들면 변화와 전환에 대처할 수 있는 정신적 성향, 전략과 기술로 무장해야 한다.

당신이 유연성을 갖춘 사람이라면 참 잘된 일이다! 당신은 노후 생활의 기쁨을 즐길 준비가 된 것이고, 용기와 품위로 거친 시련을 이겨낼 능력을 갖춘 셈이다. 시간이 갈수록 현명하고 강해질지도 모른다. 그러나 '다시 튀어 오르는' 회복력을 보강할 필요가 있다고 느낀다면, 여기 당신을 위한 몇 가지 제안이 있다.

- **아무 잘못이 없는데 '나쁜' 일들이 일어날 때, 당신이 괴롭힘을 당하는 것이 아님을 기억하라** 좋지 않은 일이 생길 때 자신이 피해자라는 생각에 빠지지 말고, 그 일을 해결하려고 노력하라. 우리는 모두 이런저런 시련에 부딪히게 마련이다. 사랑하는 사람을 떠나보내는 아픔을 겪고 있다면 애도하고 겪어야 할 일은 겪어라. 그런 다음 다시 시작하라. 테니스 엘보(테니스를 지나치게 하거나 팔을 심하게 자주 비틀어 생기는 팔꿈치 부위의 염증—옮긴이)가 생겼다면 당구를 시작하라. 아끼는 개가 죽었다면 땅에 묻어준 다음 다른 동물 친구를 찾아라. 당신의 아이나 손자가 어려운 시간을 겪어야 하는 상황이라면

힘들었던 순간과 그 시간 덕분에 어떻게 성장할 수 있었는지 떠올려라. 힘든 시간과 마주하고 그에 대처하는 법을 배우지 않는 사람은 좋은 시간을 감사히 여길 줄도 모른다. 당신의 얼굴에 성격을 드러내는 주름이 생긴다면, 그 선 안에 새겨진 아름다움과 지혜를 찾아보라. 시련은 찾아올 것이고 그 시간은 고통스럽겠지만, 당신에게는 그것을 이겨내고 회복할 능력이 있다는 사실을 기억하라. 당신은 탄력 있는 몸과 마음, 영혼으로 만들어졌다. 내면의 지혜로 삶의 고통스러운 시간을 헤쳐 나가라.

- 살다 보면 롤러코스터를 타듯 신나게 미끄러지기도 하고, 오르막길을 힘겹게 올라가기도 하며, 중간에 평탄한 길이 펼쳐지기도 한다는 사실을 기억하라 좋은 일도 있고 나쁜 일도 있다는 옛말에는 위대한 지혜가 담겨 있다. 삶에서 물러나지 말고 삶에 몸을 맡겨라. 무언가를 '해야 한다'는 중압감, 인생이 다 좋거나 나쁘거나 둘 중 하나라는 믿음에 짓눌려 달아나지 마라. 삶은 좋기만 한 것도, 나쁘기만 한 것도 아니다. 인생은 어느 날엔 활화산 같은 감정이 한꺼번에 터지기도 하고, 어느 날엔 땅속 깊은 곳에서 하나씩 작은 결정을 만들기도 하는 매력적인 여행이다. 이 모든 것이 삶의 일부다. 나는 우리 모두 멋진 여행을 하기 위해 태어난 것이라고 믿는다. 그러니 안전띠를 단단히 매고 비가 오든 햇볕이 쨍쨍하든, 평지를 가든 울퉁불퉁한 길을 가든 순간순간을 누려라. 삶의 롤러코스터만큼 빠르거나 느리게, 깊은 곳이나 높은 곳까지 우리를 데려다줄 놀이기구는 없다.

- **뛰어난 유머 감각을 유지하는 것은 탄력의 필수 요소다** 세상 모든 것에서 유머를 발견할 줄 아는 사람은 자신에 대해 지나치게 심각하게 생각하는 일이 없고, 의기소침한 상태에 너무 오래 갇혀 지내는 법도 없다. 삶에서 일어나는 모든 심각한 일 한가운데서 유머를 본다는 것은 대단히 어려운 일이다. 그렇다고 마음이 찢어질 듯 아플 때 농담을 하라는 말이 아니다. 힘든 시간을 겪을 때 자신의 바깥으로 걸어 나가서 보다 넓은 시각으로 상황을 관망할 수 있는 능력을 키우라는 것이다. 그런 유리한 지점을 확보하면 인생의 우여곡절을 이겨내기가 한결 수월해진다. 우리는 모두 삶이라는 무대에 선 배우다. 우리의 연극이 사람들의 관심을 끌 만큼 알찬 공연이 되기 위해서는, 그 속에 희극적 요소와 비극적 요소가 있어야 한다. 희극과 비극 중 어느 하나에 초점을 맞춘 인생은 따분하고 지루할 뿐, 살아 있는 느낌이 없다. 희극이든 비극이든 훌륭한 드라마 속 등장인물은 배우고 성장한다. 삶이 비극을 내어놓거든 그것과 함께하라. 절망의 눈물이 마른 뒤 벌어진 상처에서 시선을 떼고 냉철한 관점으로 당신의 희극적 감각을 되찾아라.

- **탄력을 유지하는 또 다른 비결은 관계와 공동체에 관한 것이다** 우리는 모두 천성적으로 관계를 지향한다. 내성적 성향이 강한 사람도 마찬가지다. 우리는 모두 이런저런 방식으로 모인 공동체다. 관계를 맺고 공동체에 속한 것은 탄력을 길러준다. 그러나 지원을 아끼지 않는 공동체여야 우리의 탄력을 강화하고 확대할 수 있다.

공동체에 속하기

아내와 나는 현재 골프 주택 지구에 살고 있다. 하루 중 어느 때든 창밖을 내다보면 개와 함께 산책하거나, 자전거를 타거나, 친구들과 담소를 나누거나, 카트를 타고 돌아다니거나, 한가로이 거닐거나, 이웃에게 손짓하며 말을 건네는 사람들을 볼 수 있다. 이곳은 다정한 사람들이 있는 다정한 곳이다. 우리는 1년에 몇 차례 함께 모여 바비큐 파티를 하거나, 클럽 회관에서 생일을 축하하기도 하고, 축일 행사로 길거리 파티를 열기도 한다. 늘 골프 시합이 벌어지고, 만면에 미소를 띤 채 시합을 하러 가는 사람들을 볼 수 있다. 관심이 있으면 카드놀이나 테니스 모임, 정원 가꾸기 동호회 등에 들어갈 수도 있다. 아니면 테라스에 앉아 지나가는 이웃에게 손을 흔들어줄 수도 있다.

이곳은 모이는 것을 즐기고, 사람들과 교류할 수 있는 기회를 잘 활용하며, 서로 돌보는 사람들이 함께하는 공동체다. 연로한 이웃의 집 차고 진입로에 눈이 쌓여 드나들 수 없을 때면, 어디에선가 다른 이웃이 삽을 들고 나타나 눈을 치우고 겨울 안개 속으로 신비스럽게 사라진다. 아픈 사람이 생기면 마을에 소식이 퍼지고, 문간에 음식이 쌓인다. 공동체 소식지를 통해 누가 골프 시합이나 테니스 경기에서 우승했는지, 마을의 장래 계획이 어떻게 진행되는지, 어떤 행사가 있을지 등 마을 소식을 알 수 있다. 이웃이 세상을 떠나면 함께 애도하고, 그분의 숭고한 삶에 대한 추억을 나눈다. 이곳에서는 벽난로 앞에 앉아 고독을 즐기며 혼자 시간을 보낼 수도 있고, 클럽에서 친구들과 맥주를 마실 수도 있다.

나는 목요일 오후에 '영감태기' 회원들과 포켓볼을 치고, 팻은 금요일에 미술 모임 사람들과 그림을 그리고 점심 식사도 한다. 이곳에서는 제집처럼 편안함을 느낄 수 있다. 사람들은 자신보다 큰 무언가에 소속된 느낌이 든다.

어딘가에 소속되기를 원하는 것은 인간의 기본적 욕구다. 소속되면 가치와 관심사를 공유하는 사람들과 함께한다는 느낌이 든다. 나이 드는 것의 가장 잘 알려진 위험은 고립감과 외로움이다. 때로는 혼자서 하는 놀이에 빠지고, 그저 TV나 컴퓨터 앞에서 시간을 보내고 싶어진다. 물론 혼자 시간을 보내는 것 역시 기본적 욕구이며, 자아실현을 위해 꼭 필요한 요소다. 그러나 우리는 혼자 있는 시간과 다른 사람과 함께하는 시간이 적절한 균형을 이뤄야 행복을 느낀다. 혼자 있는 시간이 너무 많으면 인간관계의 범위가 점점 좁아지고 에너지가 줄어든다. 공동체에서 사는 일은 우리의 범위를 확장하고, 에너지를 신선하고 밝게 유지해준다.

아낌없이 지원해주는 공동체에 사는 것 말고도 공동체에 속할 수 있는 방법은 많다. 직업 협회에 들어갈 수도 있고, 로터리클럽 같은 국제단체의 지부에 가입할 수도 있으며, 독서나 정원 가꾸기 동호회에 가입하거나, 뜻이 맞는 자선단체나 종교 단체에서 봉사할 수도 있다.

많은 교회에서 노인들을 위한 서비스와 프로그램을 제공한다. 예를 들어 내가 다니는 교회에서는 혈압 진료, 유언장 작성에 관한 강습회, 다양한 영적·신학적 주제에 대한 발표와 토론 등 성인교육 프로그램을 운영한다. 다른 교회에서는 마을 신문에 '모든 가족 구성원을 위한 것'을 제공한다는 광고를 싣기도 했다.

당신이 공동체에 속하는 것을 내켜하지 않던 사람이라면 나이 들면서 생각을 바꿔보는 게 좋을 것이다. 독서를 무척 좋아한다면 인근의 초등학교나 도서관에서 시각장애인이나 아이들을 위해 책을 읽어주는 봉사를 할 수도 있다. 사회, 정치, 종교, 지적 활동, 창조 활동, 신체 활동 중 당신의 관심사가 어느 쪽으로 기울든 상관없다. 나가서 참여하라. 홀로 늙어가지 마라. 공동체의 일원이 되면 활력과 원기를 한결 더 느낄 수 있을 것이다.

위험한 목표 세우기

우리 중에는 노년기에 접어들면서 자신을 자극할 목표가 필요한 사람도 있고, 목표 지향적인 삶에서 자유로워질 필요가 있는 사람도 있다. 즉흥적인 기질을 타고난 사람이라면 은퇴는 당신이 늘 꿈꾸던 자유를 얻는 기회가 될 것이다. 그런 경우라면 자신이 원하는 일을 마음껏 하고, 내키는 곳 아무 데나 가보라. 자유롭게 흘러가는 인생의 강으로 풍덩 뛰어들어라. 이와 반대로 추구할 대상, 맞혀야 할 과녁, 올라야 할 새로운 산이 필요하다면 당신은 목표를 세워야 한다. 그러나 아무 목표는 안 된다.

은퇴한 내과 의사 롭은 위험이 따르는 목표를 세우는 것이 좋다고 생각한다. 공중보건의로 성공적인 경력을 쌓은 그는 방글라데시, 아이티, 인도네시아 오지 같은 곳에서 일했고, 여러 차례 위험한 순간을 경험했다. 그러나 그가 말하는 위험은 육체적인 것이 아니다. 그는 최근 음악 학사 학위를 따기 위해 대학에 입학했다. 음악을 매우 좋아하고 목소리도 잘 단련되었지만, 그는 교과 학습이 예상보다 힘에 부친다는 사실을 절감하고 있다. 그는 음악학 과정이 특히 힘들다고 느끼며, 강사를 포함한 학급 전체에서 자신이 가장 연장자라는 사실이 좋은 점수를 보장해주지 못한다는 사실도 안다. 수줍은 웃음을 지으며 최근 본 시험에서 자신이 가장 낮은 점수를 받았을 거라고 말하지만, 낙제하지는 않았다. 그의 진정한 성공은 기대한 수준에 이를 수 있다는 확신이 없는 상황에도 최선을 다했다는 점이다. 의학적으로 낙후된 지역의 수천 명을 구한 치료법을 개발한 이 용감무쌍한 의학박사가 생각하는 위험한 삶이란 바로 이런 것이다. 그다음으로 그가 도전하는 위험한 과제는 작은 독창회와 독주회에 참여하는 것이다.

나는 롭에게 전문적인 음악 능력을 키워서 무엇을 할 생각이냐고 물었다. 그는 남성 아카펠라 그룹과 대학 합창단, 교회 성가대에서 노래를 부르고 있다. 그러나 그의 간절한 바람은 다른 사람을 위해 음악을 만드는 것과 피아노를 배워 언젠가 "모처에 있는 작은 바에서 연주하는 것"이다. 그는 자신의 기쁨은 목표를 성취하는 것보다 목표를 추구하는 데 있다고 말한다. 그는 다음 시험에서 낙제할 수도 있고, 자신에게 필요한 재능이 없다는 사실을 깨달을 수도 있고, 후두염이 발병할 수도 있다. 그러나 그런 위험이 없다면 짜릿한 행복 또한 느끼지 못할 것이다.

야심찬 목표는 모험하고 새로운 땅을 탐험해보라고 우리를 부추긴다. 많은 사람들이 수년간 노동한 것에 대한 여유로운 보상을 기다리는 노년의 삶에서는 특히 그렇다. 인생에서 확실한 것은 없다. 위험한 시도를 감행하는 것을 두려워할 이유가 있겠는가? 롭의 말처럼 우리는 자신에게 필요한 능력이 있다는 사실을 깨닫고, 인생의 새로운 장소에 도착하는 데 성공할지도 모른다. 그다음에 뭐가 있냐고? '미션 임파서블'은 무궁무진하다.

진정한 본성의 길로 나아가기

우리는 인생의 전반부를 대부분 '자리 잡는 일'로 보낸다. 인생의 후반부에는 더 깊어진 자기 이해에서 나오는 지혜를 자유롭게 이용할 수 있다. 전반부에는 주로 우리의 '같음'에 집중한다. 후반부에는 우리의 고유함과 다름에 찬사를 보내고, 잠재력을 최대한 실현할 기회를 얻을 수 있다. 우리가 세상과 나눌 수 있는 이보다 좋은 선물이 있겠는가?

　당신이 이 책을 통해 노년기에 어떻게 자아실현을 할지 비전을 세웠기 바란다. 미래에 대한 비전은 분명히 당신만의 비전일 것이다. 아무도 그것을 똑같이 따라 할 수는 없다. 당신이 신비로운 직관력을 갖춘 사람이라면 조정하고 조직하는 유형과 다른 길을 택할 것이다. 당신이 숨은 실력자 유형에 속한다면 모험 추구자와 다른 길을 갈 것이다. 당신이 가장 큰 가치를 두는 것이 창의성이라면 당신이 노력하는 분야는 전통을 충실히 지키는 일에 최고의 가치를 두는 사람과 확연히 다를 것이다.

라비, 자신의 길을 찾다

어떤 사람들은 신중하게 계획을 세워 자신을 개혁해간다. 그러나 때로는 통제할 수 없는 어떤 힘이 어딘지 모를 해변으로 우리를 쓸어가는 일도 있다. 로버타 라비 크로포드가 지금의 자기 일을 찾은 것도 그런 힘 때문이다.

젊어서 라비는 일반 학교의 음악 교사였지만, 40대에 심각한 만성피로 증상으로 정상적인 활동이 힘들어졌다. 그녀는 자신의 몸 상태로는 정규 교사직을 해나갈 수 없다는 사실을 깨달았다. 라비는 어린 시절의 꿈을 되찾기로 했고, 오케스트라 지휘 박사 과정을 밟았다. 공부를 하자 건강이 더 좋아지는 것 같기도 했다. 그러나 어느 연주회에서 말 그대로 악보를 넘길 수 없던 그 순간, 그녀의 꿈은 갑작스럽게 끝나고 말았다. 몸속 무언가가 그녀의 손이 악보를 넘기지 못하게 막은 것만 같았다.

꿈이 실현되지도 못한 채 별안간 끝난다면 당신은 어떻게 하겠는가? 라비는 깊은 우울과 환멸에 빠졌다. 그녀가 할 수 있는 일이라고는 북미 인디언의 피리를 불며 자신의 몸이 어째서 결정적인 순간에 협조하지 않았는지 곱씹는 것뿐이었다. 신기하게도 피리 연주가 자신감에 심각한 상처를 받은 마음이 살아나게 해주었다. 라비는 예전의 열망을 향해 나아가지 못하게 막은 것이 무의식에서 나온 지혜였음을 깨달았다. 그녀는 오케스트라 지휘는 자아실현을 위한 길이라기보다 어린 시절 꿈에 대한 집착에 가까웠다는 것을 알았다. 라비는 다른 사람이 작곡한 악보를 공부하는 데 시간을 보내고 싶은 마음이 없었다. 작곡가의 의도대로 정확하게 연주하기 위해 여러 시간을 보내고 싶지도 않았다. 남들이 흔히 가는 길은 그녀의 길이 아니었다. 몸과 마음이 그 길을 허락하지 않았다.

선물로 받은 파비앙 마망Fabien Maman의 『The Role of Music in the Twenty-First Century(21세기의 음악의 역할)』이라는 책이 라비의 인생을 바꾸었다. 마망은 다양한 동양의학 원리를 치료에 적용하여 타마도('영혼의 길'이라는 뜻으로, 소리와 색으로 명상하고 치료하는 신비주의 단체—옮긴이) 과정을 개발했다. 라비는 이 책을 읽고 깊이 감동한 나머지 마망에게 배우기 위해 프랑스로 떠났고, 마침내 음악 치료사이자 자격을 갖춘 타마도 치료사로서 새로운 인생을 시작했다.

라비에게 자신의 길을 찾는 일은 탐사와 실험, 즉흥연주, 자기 느낌에 대한 신뢰, 끈기 등이 수반되는 과정이었다. 그녀는 내면의 소리를 믿고 따라도 자신이 원하는 것을 얻지 못할 수 있다고 말한다. 그러나 그렇게 원하는 것 대신 얻는 무언가가 훨씬 더 좋은 것일 수도 있다. 그녀는 남들이 잘 가지 않는 길을 걸으며 만족스런 삶을 찾았다. 그 과정에서 자신만의 음악을 만들고, 그것을 사람들과 나누는 방법을 배웠다.

당신이 변화의 길에 있다면 보통은 단계별로 점진적인 변화를 시도하는 편이 현명하다. 새로운 상황에 놓인 기업의 경영진이나 목사들이 너무 빨리 많은 것을 바꾸려고 하면 결국 완전한 실패로 끝나기 쉽다. 교회나 사업 현장에 새로운 비전을 도입할 때는 관련 당사자들을 철저하게 훈련하고, 앞으로 일어날 일과 그 원인에 대해 그들과 자주 상의하면서 변화를 추진해나가야 성공하기 쉽다. 마찬가지로 당신의 인생에서 새로운 비전을 실현할 때도 단계에 따라 계획을 세우면 성공할 확률이 높아진다. 당신의 삶과 관련된 모든 사람들이 그 계획을 이해하고 당신을 돕도록 세부적인 계획을 세워야 할 것이다.

개인 공간 마련하기

브래들리는 더 많은 시간을 관심 있는 여러 분야에 쏟고 싶었기 때문에 은퇴를 손꼽아 기다렸다. 그러나 재닛은 브래들리를 위해 잘된 일이라고 생각하면서도 남편의 새로운 삶이 안정된 자신의 일상에 어떤 영향을 미칠지 걱정스러웠다. 교직에서 몇 년 일찍 퇴직한 재닛은 남편이 하루 종일 집에서 지낼 시간이 닥쳐온다는 생각에 불안했다.

재닛은 친한 친구들과 은퇴에 관해 가벼운 대화를 나누던 중 자신의 걱정을 털어놓았다. 이전에 그녀는 자신의 이런 걱정이 브래들리에게 상처를 주고, 은퇴에 대한 그의 기대를 망칠까 봐 그 얘기를 하지 않으려고 했다. 다행히 전문 상담가 친구의 도움으로 재닛이 걱정하는 부분을 해결할 방법을 찾아보았다. 서로 얘기를 나눈 끝에, 브래들리의 기대를 꺾지 않으면서 재닛의 염려를 해결할 수 있는 현명한 결정을 했다.

두 사람은 자신만의 공간이 반드시 필요하다는 것을 깨달았다. 브래들리는 침실 중 하나를 개조해 개인 사무실로 쓰기로 했다. 그곳에서 그는 재정을 관리하거나 주식 투자를 하고, 세계 곳곳의 인터넷 체스 실력자들과 컴퓨터로 게임을 할 계획이다. 브래들리는 재닛의 개인적인 영역이자 요리를 통해 예술성을 표현하는 작업실인 주방에는 함부로 드나들지 않겠다고 약속했다. 저녁 식사 전에 독서와 명상을 하는 고요한 시간이 재닛에게는 더없이 소중한 시간임을 이해하고 존중하겠다는 약속도 했다. 그는 아내가 방해받지 않고 평화로운 휴식을 즐길 수 있도록 그 시간에는 거실을 비워주기로 했다. 브래들리와 재닛은 오븐에 음식을 넣은 뒤 함께 칵테일을 마시며 그날 있었던 일을 얘기하기 위해 30분을 떼어두었다.

이런 단순한 일에 합의하자, 남편의 은퇴에 대한 재닛의 불안감이 사라졌다. 그들은 인생의 새로운 장으로 매끄럽게 이동할 수 있게 해줄 새로운 일상의 틀을 세웠다. 브래들리는 자신만의 즐거운 일정을 짜면서 흥미로운 일거리를 수없이 찾아냈다. 각자의 요구에 대해 터놓고 이야기를 나누고, 따로 혹은 함께 즐길 수 있는 일을 창의적으로 찾아내려는 노력을 한 덕분에 두 사람 모두 자신의 생활에 만족할 수 있었다.

개인 공간을 마련하는 일은 자신만의 길을 가는 데 중요한 단계가 될 수 있다. 개인 공간은 당신이 당신일 수 있는 안전한 곳이다. 초대받지 않은 사람은 아무도 들어올 수 없는 지극히 사적인 공간이라면 최적이다. 크거나 화려하지 않아도 괜찮다. 사무실로 쓰는 작은 공간, 작업장, 화실, 개인 정원, 자신과 세계를 바라보는 고유한 방식을 반영하는 외딴 구석도 좋다.

당신의 이야기를 저술하기

당신이 자신의 삶에 관한 책을 쓴다면 제목을 무엇으로 하겠는가? 그 책의 줄거리는 운명적으로 정해져 있는가, 아니면 당신이 미래의 장을 직접 쓸 수 있다고 생각하는가?

삶을 매력적인 이야기로 볼 때 당신의 인생은 더 흥미롭고 의미 있을 것이다. 죽음을 앞둔 사람을 돌보는 심리 치료사와 목회 상담가들은 환자나 신도들이 자기 삶을 한 편의 이야기로 여기게 돕는다. 그것은 자신의 삶을 의미 있는 관점에서 그려보는 데 도움이 된다. 자신의 삶이 한 편의 이야기나 한 권의 책이라는 생각을 하면 당신이 자신보다 큰 어떤 것의 일부였다는 사실을 알 수 있다. 당신의 이야기를 나눔으로써 그동안 잘 살아왔으며, 앞으로 펼쳐야 할 새로운 장이 남아 있다는 것을 깨달을 수도 있다. 클라리사 핀콜라 에스테스 Clarissa Pinkola Estes 는 『The Gift of Story: A Wise Tale about What Is Enough(이야기의 선물)』에 이런 말을 썼다. "우리 중 아무도 영원히 살 수는 없다. 그러나 이야기는 영원할 수 있다. 이야기를 하는 데는 옳은 방법도, 틀린 방법도 없다."

자신의 삶이 흥미로운 이야기라고 생각한 적이 없다면 지금부터 시작하면 된다. 다양한 경험을 넣어 태피스트리(다채로운 선염 색사先染色絲로 그림을 짜넣은 직물—옮긴이)를 짤 수 있도록 이야기 가닥을 찾는 것이다.

당신의 삶을 기록한 책은 자기 개혁의 순간들로 가득한가, 아니면 당신은 꾸준하게 발전하고 성취하는 안정된 과정을 거쳐왔는가? 당신의 일과 직업, 조직에서 직함이 당신 이야기의 핵심적 특색을 이루는가, 아니면 가족이나 공동체, 취미나 오락이 주된 주제인가? 그 책에서 당신은 고집 세고 의지가 강한 성과 지향적인 인물인가, 아니면 루실 볼처럼 바보 같고 우스꽝스러운 코미디언인가? 당신은 보잘것없이 시작해서 자수성가한 사람인가, 아니면 물려받은 재산이 중요한 부분을 차지하는 사람인가? 당신은 한 줄기 햇살이었나, 아니면 파멸의 구름이었나? 당신의 삶은 롤러코스터를 타는 스릴 넘치는 모험이었나, 아니면 시종일관 똑같은 풍경을 지나치는 길고도 지루한 도보 여행이었나?

래리 맥머트리의 소설 『Somebody's Darling(누군가의 연인)』에서 등장인물 중 한 명이 말한다. "삶은 잘 쓴 대본 같아야 한다. 사건들은 앞뒤가 맞아야 하고, 인물들은 서로 잘 보완해줘야 하며, 줄거리는 분명해야 하고, 클라이맥스를 지난 뒤에는 그 모든 것들이 그만한 가치가 있었다는 느낌을 남겨야 한다." 댄 P. 맥애덤스Dan P. McAdams가 『The Stories We Live By: Personal Myths and the Making of the Self(살아가는 이야기 : 개인적 신화와 자아 형성)』에서 "좋은 삶은 좋은 이야기와 같아서 좋은 결말이 필요하다"고 한 것도 같은 맥락이다.

당신은 지금 삶의 특별한 지점에 서 있다. 당신은 풍부한 개인의 역사가 있지만, 아직 당신의 이야기는 끝나지 않았다. 이 책에 나온 과정을 거치면서 당신의 개인적인 이야기가 보다 풍부해지고 구체적인 것이 되었으면 한다. 수년 동안 많은 인생 이야기를 들어오면서 내가 느낀 사실은 지금까지 써온 줄거리에 얽매일 필요가 없다는 것이다. 훌륭한 역사학자들이 과거에 대한 자신의 해석을 바로잡기 위해 새로운 정보와 통찰을 사용하듯, 당신도 과거 인생 이야기를 바로잡기 위해 자신에 대한 새롭고 확장된 개념을 사용할 수 있다. 그런 다음 자신의 미래를 위한 새로운 시나리오를 구상해볼 수 있다. 결국 당신만이 당신의 인생 이야기를 쓸 수 있는 것이다.

모든 것을 말하고 끝내면 당신의 이야기는 만족스러울까? 이 질문에 큰 소리로 긍정의 대답을 하라. 그러면 그렇게 될 것이다!

| 에필로그 |

스스로 인생을 써나가는 작가가 돼라

"새로운 재주를 배우기에 너무 늙은 개는 지금껏 늘 있었다."
— 작자 미상

"12년 전 친구에게 은퇴 후 무엇을 해야 할지 도무지 모르겠다고 고백할 때, 나는 분명히 겁에 질려 있었다. 하지만 은퇴는 인생의 두 번째 장이 열리는 것에 불과하다는 친구의 말을 듣고 큰 깨달음을 얻었다."
— 은퇴에 대한 염려를 회상하는 수의사

"존재하는 것은 변하는 것이며, 변하는 것은 성숙하는 것이다. 성숙하는 것은 계속 자신을 창조해가는 것이다."
— 앙리 베르그송(프랑스 출신 철학자이자 1972년 노벨 문학상 수상자)

인생은 생각하기
나름이다

당신은 자신의 삶을 어떻게 생각하는가? 자신이 버스에 탄 승객쯤 된다고 생각하는가, 아니면 자기 배를 조종하는 선장이라고 생각하는가? 자신이 어떤 통제할 수 없는 힘이 만들어놓은 이야기의 주인공에 불과하다고 생각하는가, 아니면 스스로 인생 이야기를 써나가는 작가라고 생각하는가? 당신은 노년에 접어들어 빛을 잃고 잊혀간다고 생각하는가, 아니면 인생이 마련한 만찬에 초대받은 즐거움을 누리고 있다고 생각하는가?

인생을 어떻게 경험하느냐는 자신의 생각에 따라 좌우된다. 같은 일을 두 사람이 경험하더라도 그것을 어떻게 인식하느냐에 따라 그 사건이 각자의 삶에 미치는 영향이 다르다. 이를테면 허리케인 카트리나를 경험한 많은 사람들은 엄청난 재난에 비탄과 우울함에 빠졌다. 그들은 자신을 불쌍한 희생자로 생각하며 운명을 원망했다. 하지만 새로운 의지를 가지고 제자리로 돌아가 어느 때보다 열심히 재건의 노력을 기울인 생존자들도 있다. 엄청난 규모의 재난은 그 지역 주민들이 새로운 곳으로 이주해 새 인생을 꾸려가는 계기가 되기도 했다.

우리는 내면을 통해 바깥세상을 바라보고 이를 현실로 인식한다. 자아 인식이 없다면 우리가 존재한다는 사실조차 깨닫지 못할 것이다. 의식이 있고 깨어 있는 인간으로서 우리는 모두 경험을 바탕으로 자기 인생의 책을 쓰고 있다.

마음속으로 인생을 어떻게 생각하느냐에 따라 정서적 안정이 좌우되고, 미래를 창의적으로 통제하고 싶은 의지가 결정된다. 지금 이 책을 읽는 당신은 아마도 자신을 혁신하고 새로운 미래를 만들어가기 위해 투자하는 사람일 것이다. 미래에 일어날 일을 모두 통제할 수는 없지만, 인생에서 일어나는 일에는 대부분 당신이 어떻게 반응할지 선택할 수 있다.

마음은 미래의 열정적인 꿈을 품는 가장 강력한 도구다. 열정적인 꿈이 있다는 것은 그만큼 당신이 꿈을 실현할 가능성이 커진다는 뜻이며, 하루하루 혹은 인생 전반에 걸쳐 긍정적인 측면을 즐길 가능성이 높다진다는 의미다. 나는 가끔 고객에게 인생의 사명이 무엇인지 물어본다. 어떤 사람은 "견뎌내는 거요!"라고 답했고, 어떤 사람은 "훌륭한 남편과 아버지, 할아버지가 되는 것 그리고 창의적인 글을 쓰는 것이오"라고 대답했다. 두 사람 중 누가 더 재미있게 살아갈 것 같은가?

당신은 지금껏 어떻게 살아왔다고 생각하는가? 그 모습이 용감한 탐험가인가, 신중한 보수주의자인가, 억세게 운 좋은 사람인가, 아니면 멋진 군인인가? 당신은 풍성하게 즐기며 살아왔는가, 나쁜 환경에서 겨우 생존해왔는가, 아니면 남들보다 앞서기 위해 바쁘게 살아왔는가? 당신의 인생 이야기는 성공 스토리인가, 재미없이 살아가는 이야기인가, 아니면 고난과 영광이 뒤섞인 이야기인가? 당신이 느끼기에 자신의 과거가 일관성과 지속성이 있는가, 아니면 혼돈과 혼란으로 얼룩졌는가?

당신의 과거 이야기가 어떻게 느껴지든지 과거일 뿐이며, 그 과거는 오로지 당신의 마음속에 존재한다. 당신의 과거가 마음에 들지 않는다면, 다른 식으로 생각해보자. 과거를 다르게 생각해보는 과정은 당신이 원하는 미래를 만들어가는 데 중요할지 모른다. 특히 당신이 과거의 부정적인 경험 때문에 떨쳐버리고 싶은 예전 '당신'의 모습에 꽁꽁 얽매인 상태라면 더욱 그런 과정이 필요하다. 이제 자신을 놓아주어 새로운 인생을 써나가는 주인공이 되어라. 그리고 최고로 멋진 인생 이야기를 가득 채워라.

지적 창조

이 책의 주제 중 하나는 당신의 미래가 어떤 모습일지 정확히 알 수 없지만, 당신이 미래에 어떤 것을 가져다줄지는 알 수 있다는 사실이다. 당신은 향후 몇 년 동안 삶을 선택하고 심리 상태를 챙김으로써 미래를 위한 기초를 닦을 수 있다. 미래에 대해 아무런 결정도 하지 마라. 그러면 인생은 두서없는 일들로 채워질 것이다. 인생에 대한 당신의 생각을 통제하려고 노력하지 마라. 그러면 당신은 모든 일에 일일이 반응하며 살아갈 것이다. 인생을 특정한 방향이나 정확한 궤도로 억지로 올려놓을 수는 없지만, 적어도 당신은 지적 창조를 통해 미래를 공동으로 만들어가는 사람이 될 수 있다. 그런 의미에서 우리는 미래의 결과에 영향을 미치는 모든 기회에 지적 창조를 활용할 수 있다.

며칠 전 공원에서 세 살 된 손자가 자기 딴에는 꽤 복잡해 보이는 놀이기구를 처음으로 타보려고 안간힘을 쓰고 있었다. 무사히 꼭대기까지 올라선 손자는 발판에 서서 "할아부지, 봐봐. 내가 해냈어!"라고 소리 질렀다. 손자는 자신을 자랑스럽게 생각했고, 온 세상이 자기를 알아주기 바랐다! 나 또한 손자가 대견했다. 그러다 나는 노후에 접어든 사람들도 놀이터에서 미래를 설계한다면 얼마나 좋을까 생각했다. 우리도 놀이터에서 어린아이처럼 경이롭고 천진난만하게 "다들 좀 보라고, 내가 해냈어!"라고 말할 수 있다면 하고 말이다.

이 책에서 나는 인생의 새로운 장을 열며 나를 흥분시킨 많은 사람들의 일화를 소개했다. 건강 때문에 오케스트라 지휘자를 그만두고 음악 치료사가 된 라비를 기억하는가? 조는 활력 없는 군사 분석가 일을 그만두고 예술가이자 선생, 지역 개발자로 다시 태어나 신나게 살고 있다. 내 바람은 이런 일화를 통해 당신이 일과 삶, 전체적인 안녕을 성취해가는 다양한 가능성을 발견하는 데 영감을 받았으면 하는 것이다.

자기 인생을 써나갈 수 있는 사람은 자신밖에 없다. 자신만이 인생의 다음 장이 현재나 과거에 비해 얼마만큼 달라질지 가늠해볼 수 있다. 당신은 인생의 다음 장이 과거와 비슷하게 흘러갈 거라고 생각하는가, 아니면 확 바뀌어 새로운 방향으로 나아갈 거라고 생각하는가? 인생의 다음 장에서 일은 얼마나 중요할까? 당신이 그리는 밑그림 속에서 사랑, 재미, 기부, 전체적인 안녕은 어떤 역할을 할까?

> **인생 스토리 바꾸기**
>
> 인생의 다음 장을 생각해보면서, 당신의 미래상을 가장 잘 묘사하는 것은 무엇인지 다음 보기에서 골라라.
>
> ← — — — — — — — — — — — — — — — →
>
> | 나는 가능한 한 지금 하는 일과 인생대로 살아갈 것이다. | 직장을 그만둬도 내 전문 분야에서 상담 일을 계속할 것이다. | 은퇴한 뒤 새롭게 익힌 지식과 재능을 활용하고 싶다. | 은퇴한 뒤에는 완전히 즐기며 살 예정이다. | 나를 완전히 탈바꿈해 다른 삶을 즐기고 싶다. |

새롭게
살아가는 법

독자들이 자신을 바꾸는 일에 더 관심을 기울이도록, 마지막으로 자신이 사랑한 직업을 버리고 노후에 새롭고 충만한 삶을 찾은 사람의 일화를 소개한다. 짐 박사는 인생의 새로운 장을 열기 40년 전에 수의사로 일했다. 활짝 웃는 얼굴과 반짝이는 눈에서 그가 웨스트버지니아의 산지를 돌아다니며 수의사로 활동한 일을 정말 사랑했다는 것이 드러났다. 그는 자신이 근무한 이동식 동물 병원에 대해 자부심에 가득 차서 이야기했다. 그 차량에는 냉·온수가 나오고, 엑스레이와 수술 도구가 갖춰졌으며, 일회용 변기까지 있었다고 한다. 짐 박사는 차를 농장에 세워두고 가축의 건강 상태를 진단하는 일부터 수술까지 완전한 의료 서비스를 제공할 수 있었다. 그는 자율성을 즐겼고, 자신이 의료 서비스를 제공한다는 사실에 감사했다. 하지만 그에게도 때가 찾아왔다. 육체적으로 감당하기 힘든 업무, 한밤중에 받는 응급 전화, 사교 활동의 제약 등이 문제였다. 짐 박사는 인생에서 그토록 만족감을 얻은 일을 그만둘 때가 왔음을 직감했다.

수년간 진심으로 좋아한 일을 그만두기란 쉽지 않았다. 짐 박사는 고된 일에서 은퇴할 때가 왔다는 사실에 엄청난 상실감이 몰려왔다고 그때를 회상했다. 그는 앞으로 무슨 일을 해야 할지, 어떤 사람이 되어야 할지 혼란스러웠다. 마지막 진료를 하고 최첨단 이동식 병원 차량을 주차장에 세우고 나오면서 그는 막막했다. 짐 박사는 깊은 근심을 상의할 친구를 찾았다. 친구는 그의 말을 경청했고, 이번 기회를 그저 인생의 새로운 장이 열렸다고 생각해보라고 조언해주었다. 벌써 수년이 지난 일이지만, 짐 박사는 그 대화를 통해 놀라운 깨달음을 얻었다고 믿는다. 그에게 변화는 새로운 가능성을 발견하는 기회가 되었다.

다행히 짐 박사는 현명한 친구에게 도움을 청함으로써 새로운 인생을 여는 데 큰 도움을 받았다. 그는 최근에 지역을 대표하는 '뛰어난 역사학자'로 선정되어 꽤 많은 보조금을 받았다. 웨스트버지니아에서 가장 오래된 마을인 셰퍼즈타운의 역사 연구를 진전시키라는 취지의 보조금이었다. 셰퍼즈타운은 짐 박사가 수 세대에 걸친 자기 가족의 역사를 탐구할 수 있는 곳이다. 그는 셰퍼즈타운의 역사와 장로교회에 관한 책을 여러 권 썼고, 최근에는 다른 책을 집필하고 있다. 짐 박사는 앞으로도 남북전쟁의 역사를 공부하는 학생이자, 지역의 전통을 전파하는 인기 있는 작가로 살아갈 것이다. 아울러 다양한 모임에서 강연하고, 역사의 일화를 소개하는 칼럼을 쓰며, 로터리클럽 활동도 병행할 것이다. 당신은 낮이 긴 여름날 짐 박사가 집에서 멀지 않은 미국독립전쟁 기념 묘지나 강 건너편에 있는 앤티텀 전적지를 거닐거나, 셰퍼즈타운의 다른 역사 유적지를 방문하는 모습을 볼 수 있을 것이다.

짐 박사는 지금 하는 일을 사랑하고, 새로운 인생의 장을 예전 직업을 되풀이하는 삶과 절대 맞바꾸고 싶지 않다고 말한다. "지금 자신을 혁신하는 법을 모른다면, 당신은 지금껏 고대해온 보람 있는 일을 놓치는 것입니다." 변화의 시기가 왔을 때 믿을 만한 친구나 전문가에게 현명한 조언을 들어보라. 그들은 당신이 변화무쌍한 미래를 새롭고 아름다운 꿈으로 바꿔야 한다는 사실을 깨닫도록 도울 것이다. 이 책을 쓴 내 바람도 마찬가지다.

당신도 짐 박사처럼 인생의 새로운 장을 써나가는 데 필요한 것을 발견했기 바란다. 당신이 진심으로 열정을 가지고 할 수 있는 일 말이다. 미래를 개척하고 당신의 인생을 써나가는 데 지금까지 읽은 내용을 다시 한 번 상기하는 의미에서, 앞으로 변화의 순간이 올 때마다 다음 구절을 마음에 새겨두면 도움이 될 것이다.

1. **인생은 한 권의 책과 같다** 인생에서 변화를 경험하고 자신을 새롭게 만드는 과정은 책을 읽는 것과 같다. 하지만 인생이라는 책에서 당신은 그저 독자일 수는 없다. 당신은 인생이라는 책을 써나가는 가장 훌륭한 작가다. 그렇기 때문에 다가올 미래의 페이지를 우연에 맡기며 아무렇게나 쓰기보다 잘 쓰는 방법을 배우고 싶을 것이다.

2. **우리는 모두 흥미로운 존재다** 삶의 의미와 목적을 느끼려면 자신이 누구인지, 자신에게 무엇이 중요한지 깨달아야 한

다. 당신은 흥미롭고 중요한 사람이다. 세상에서 당신을 대신할 사람은 아무도 없고, 당신이 줄 선물을 대신 줄 수 있는 사람도 없다. 당신과 똑같은 인생 이야기를 할 수 있는 사람도, 쓸 수 있는 사람도 없다. 지금까지 당신의 인생 이야기가 마음에 들지 않는다면, 자신을 바꾸고 세상을 보는 시선을 달리해야 한다. 그러기 위해서는 인생이라는 책에서 자신을 주인공으로 생각하는 연습이 필요하다. 이 주인공은 어떤 점 때문에 흥미로운가? 이 주인공은 지금 영웅의 인생을 걷고 있는가? 그렇지 못하다면 이유가 무엇인가? 인생을 성공적으로 항해한다는 의미는 충분히 도전해서 모든 사람들에게 영웅의 자리를 인정받는 것이다.

3. **당신은 예전의 직함보다 중요한 존재다** 직장을 그만두었거나 그만둘 상황이 되었을 때는 잃는 것도 있고, 얻는 것도 있다. 직장을 그만두면 자유과 기회가 생기는 대신, 직업 세계의 명함은 잃는다. 하지만 옛 직함에 매달리면 자신이 누구인지 제대로 보지 못한다. 직함이란 딱지일 뿐이다. 딱지란 사람이 수행하는 역할을 나타내는 일종의 약칭이다. 예전에 사람들이 당신에게 붙여놓은 딱지 밑이나 위에 무엇이 있는지 보고 싶지 않은가? 변하지 않는 인물들이 나오는 이야기는 따분하고 지루하다. 그렇다면 당신이 주인공인 인생이라는 책에서 옛 직함이 사라졌을 때, 어떻게 변하고 성장하길 원하는가?

4. **과거의 가치가 미래에는 쓸모없을 수도 있다** 대다수 사람들은 젊었을 때의 가치를 가지고 일이나 인생을 결정하며, 그 후에는 좀처럼 과거를 돌아보지 않는다. 어른이 된 당신이

낮이 긴 여름날 짐 박사가 집에서 멀지 않은 미국독립전쟁 기념 묘지나 강 건너편에 있는 앤티텀 전적지를 거닐거나, 셰퍼즈타운의 다른 역사 유적지를 방문하는 모습을 볼 수 있을 것이다.

짐 박사는 지금 하는 일을 사랑하고, 새로운 인생의 장을 예전 직업을 되풀이하는 삶과 절대 맞바꾸고 싶지 않다고 말한다. "지금 자신을 혁신하는 법을 모른다면, 당신은 지금껏 고대해온 보람 있는 일을 놓치는 것입니다." 변화의 시기가 왔을 때 믿을 만한 친구나 전문가에게 현명한 조언을 들어보라. 그들은 당신이 변화무쌍한 미래를 새롭고 아름다운 꿈으로 바꿔야 한다는 사실을 깨달도록 도울 것이다. 이 책을 쓴 내 바람도 마찬가지다.

당신도 짐 박사처럼 인생의 새로운 장을 써나가는 데 필요한 것을 발견했기 바란다. 당신이 진심으로 열정을 가지고 할 수 있는 일 말이다. 미래를 개척하고 당신의 인생을 써나가는 데 지금까지 읽은 내용을 다시 한 번 상기하는 의미에서, 앞으로 변화의 순간이 올 때마다 다음 구절을 마음에 새겨두면 도움이 될 것이다.

1. 인생은 한 권의 책과 같다   인생에서 변화를 경험하고 자신을 새롭게 만드는 과정은 책을 읽는 것과 같다. 하지만 인생이라는 책에서 당신은 그저 독자일 수는 없다. 당신은 인생이라는 책을 써나가는 가장 훌륭한 작가다. 그렇기 때문에 다가올 미래의 페이지를 우연에 맡기며 아무렇게나 쓰기보다 잘 쓰는 방법을 배우고 싶을 것이다.

2. 우리는 모두 흥미로운 존재다   삶의 의미와 목적을 느끼려면 자신이 누구인지, 자신에게 무엇이 중요한지 깨달아야 한

다. 당신은 흥미롭고 중요한 사람이다. 세상에서 당신을 대신할 사람은 아무도 없고, 당신이 줄 선물을 대신 줄 수 있는 사람도 없다. 당신과 똑같은 인생 이야기를 할 수 있는 사람도, 쓸 수 있는 사람도 없다. 지금까지 당신의 인생 이야기가 마음에 들지 않는다면, 자신을 바꾸고 세상을 보는 시선을 달리해야 한다. 그러기 위해서는 인생이라는 책에서 자신을 주인공으로 생각하는 연습이 필요하다. 이 주인공은 어떤 점 때문에 흥미로운가? 이 주인공은 지금 영웅의 인생을 걷고 있는가? 그렇지 못하다면 이유가 무엇인가? 인생을 성공적으로 항해한다는 의미는 충분히 도전해서 모든 사람들에게 영웅의 자리를 인정받는 것이다.

3. **당신은 예전의 직함보다 중요한 존재다** 직장을 그만두었거나 그만둘 상황이 되었을 때는 잃는 것도 있고, 얻는 것도 있다. 직장을 그만두면 자유과 기회가 생기는 대신, 직업 세계의 명함은 잃는다. 하지만 옛 직함에 매달리면 자신이 누구인지 제대로 보지 못한다. 직함이란 딱지일 뿐이다. 딱지란 사람이 수행하는 역할을 나타내는 일종의 약칭이다. 예전에 사람들이 당신에게 붙여놓은 딱지 밑이나 위에 무엇이 있는지 보고 싶지 않은가? 변하지 않는 인물들이 나오는 이야기는 따분하고 지루하다. 그렇다면 당신이 주인공인 인생이라는 책에서 옛 직함이 사라졌을 때, 어떻게 변하고 성장하길 원하는가?

4. **과거의 가치가 미래에는 쓸모없을 수도 있다** 대다수 사람들은 젊었을 때의 가치를 가지고 일이나 인생을 결정하며, 그 후에는 좀처럼 과거를 돌아보지 않는다. 어른이 된 당신이

생각하는 가치는 젊었을 때와 다를 것이다. 자기 혁신의 기초는 지금이나 몇 년 안에 무엇이 자신에게 성공일지 우선순위를 정하는 일이다. 당신에게 그 성공이 인간관계든, 건강이든, 창의적인 본성이든, 영적인 삶이든 아무것도 당연하게 생각하지 마라. 이렇게 의식적으로 삶의 우선순위를 정하면 당신의 시간과 열정과 재능을 어디에, 어떻게 쏟을지 결정할 수 있다. 지금 당신에게 가장 중요한 것, 가장 소중한 가치를 간과하면 부지불식간에 가장 쓸데없는 곳에 시간을 낭비하는 자신의 모습을 발견할 것이다. 지금 가장 소중한 가치가 무엇인지 제대로 판단하면 앞으로 만족스럽고 충만한 일을 하며 살아갈 가능성이 한층 더 높아질 것이다.

5. 숨어 있는 재능을 개발하기에 늦은 때란 없다 모지스 할머니(미국의 '할머니 화가'로 불리는 여성으로, 70세에 그림을 시작해 78세에 이웃의 작은 구멍가게에서 첫 전시회를 열었다—옮긴이)는 노년이 되어 예술적 재능을 발휘했고, 베토벤은 청각 장애를 이겨내고 역사상 가장 아름다운 음악을 작곡했다. 새로운 방식으로 활용할 당신의 가장 큰 재능은 무엇인가? 예전에는 시간이 없어서 못 했지만 앞으로 개발하고 싶은 당신의 숨은 재능은 무엇인가? 당신도 화가나 음악가, 역사학자, 교사가 되고 싶은 마음이 꿈틀거리지 않는가?

6. 나이 든 개도 새 재주를 배울 수 있다 옛 직장에서 성공을 가져다준 행동이 새로 맞은 인생에서는 그만큼 역할을 못 할 수 있다. 행동은 동기와 습관이 표출된 것이다. 사람들은 당신의 행동을 보고 반응하지, 당신의 동기에 반응하는 것이 아니

다. 당신의 행동을 조금만 고치면 자신과 주변 사람들의 삶이 더욱 풍요로워질 것 같은가? 그렇다면 길은 주변 사람들에게 당신의 행동에 대해 질문하는 것뿐이다. 당신이 계속 간직할 만한 긍정적인 점이 무엇인지, 고쳐야 할 부정적인 점은 무엇인지 질문하라. 행동을 바꿔가다 보면 당신은 주변 사람들에게 더 재미있는 사람으로 인식될 것이고, 그 과정에서 다른 사람들과 관계에 더욱 재미를 느낄 것이다. 내가 발견한 작지만 유익한 행동의 변화는 매일 감사 기도를 드리는 것이다. 아내와 나는 저녁 식사 전에 소리 내어 기도하는 것을 좋아한다.

7. 새로운 인생이 활짝 열리는 곳으로 이사하라 당신이 골프 선수라면 근처에 골프장이 있는 지역으로 이사하고 싶을 것이다. 당신이 선원이라면 바닷가 근처에 집을 얻을 것이다. 하지만 당신이 작가가 되고 싶거나 붓과 캔버스를 가지고 자신을 표현하고 싶은 사람이라면, 그 열정을 보다 쉽게 실현할 만한 지역을 찾고 싶을 것이다. 이때 완벽한 은퇴 주거지가 있다는 영리한 광고를 경계해야 한다. 충만하고 의미 있는 삶이 중요하다고 생각한다면, 단순히 안전하고 편리하다고 당신에게 딱 맞는 노후 주거지가 될 수는 없다. 이상적인 주거지는 당신이 열정을 발휘하고, 지지를 얻을 수 있으며, 비슷한 생각을 하는 사람들이 모인 곳이어야 한다.

마지막으로 위의 구절만큼 중요한 사실이 있다. 지금 당신의 모습은 당신이 아는 모든 사람들을 잘 만나왔다는 증거고, 당신의 과거와 행위의 훌륭한 결과물이며, 당신이 용감하게 세운 꿈의 집

합체라는 사실을 기억하라. 당신이 인생의 많은 분야에서 성취하지 못했다면 지금 이 자리까지 오지 못했을 것이다. 당신은 아장아장 걷고 옹알옹알 말을 배우며 성장했다. 당신은 어린이, 학생, 청소년 시기를 지나 중년까지 왔다. 그리고 인생의 단계마다 새로운 시기를 잘 헤쳐나가야 했다. 당신은 이 모든 과정을 훌륭하게 통과했다. 이제 당신은 과거의 모든 경험과 능력을 짜내 자신의 새로운 모습을 즐기는 데 쓸 기회를 맞이했다.

   삶의 순간순간 당신의 인생 이야기가 펼쳐진다. 그 이야기는 당신과 당신이 사는 세상을 어떻게 그리고 있는가? 그 속에 가능성으로 가득한 세상이 보이는가? 부디 그러길 바란다. 상담 전문가로 일하면서, 내 인생을 경험하는 동안 나는 수없이 다음과 같은 진실을 깨달았기 때문이다. 순간순간 자신이 할 수 있는 최선의 모습으로 살면, 인생은 틀림없이 그만큼 더 풍성해진다.

| 참고 문헌 |

"Anima and Animus." *Midlife Metamorphosis*. Accessed on 11/14/07 at www.lessons4living.com/anima_and_animus.htm.

Baker, Dan, and Cameron Stauth. *What Happy People Know: How the New Science of Happiness Can Change Your Life for the Better*. Emmaus, PA: Rodale Inc., 2003.

Becker, Ernest. *The Denial of Death*. New York: The Free Press, 1973.

Bolles, Dick. *The Three Boxes of Life and How to Get Out of Them: An Introduction to Life Planning*. Berkeley, CA: Ten Speed Press, 1978.

Borchard, David. *Will the Real You Please Stand Up : Find Passion in Your Life and Work*. Pittsburgh: SterlingHouse Publisher, 2006.

Branden, Nathaniel. *Six Pillars of Self-Esteem*. New York: Bantam Books, 1994.

Brehony, Kathleen A. *Awakening at Mid-life: A Guide to Reviving Your Spirit, Recreating Your Life, and Returning to Our Truest Self*. New York: Riverhead Books, 1996.

Brewi, Janice, and Anne Brennan. *Celebrate Mid-Life*: Jungian *Archetypes and Mid-Life Spirituality*. New York: Crossroads, 1989.

Bridges, William. *The Way Of Transition: Embracing Life's Most Difficult Moments*. New York: Perseus Books, 2001.

Briggs-Myers, Isabel. *Gifts Differing*. Palo Alto, CA: Consulting Psychologists Press, Inc., 1980.

Brizendine, Louann. *The Female Brain*. New York: Broadway Books, 2006.

Buckingham, Marcus, and Donald Clifton. *Now, Discover Your Strengths*. New York: The Free Press, 2001.

Cameron, Julia. *The Artists Way: A Course in Discovering and Recovering Your Creative Self*. New York: Jeremy P. Tarcher, 1992.

Cohen, Gene. *The Creative Age: Awakening Human Potential in the Second Half of Life*. New York: Avon Books, 2000.

de Mille, Agnes. *Martha: The Life and Work of Martha Graham*. New York: Random House, 1991.

Dychtwald, Ken, and Joe Flower. *Age Wave: The Challenges and Opportunities of an Aging America*. Los Angeles: Jeremy P. Tarcher, 1989.

Dychtwald, Ken, and Daniel Kadlec. *The Power Years*. Hoboken, NJ: John Wiley & Sons, 2005.

Erikson, Erik. *The Life Cycle Completed (Extended Version)*. New York: W.W. Norton & Company, 1997.

Estes, Clarissa Pinkola. *The Gift of Story: A Wise Tale about What Is Enough*. New York: Ballantine Books, 1993.

Ferlinghetti, Lawrence. *A Coney Island of the Mind*. New York: New Directions Publishing Company, 1958.

Goldman, Connie, and Richard Mahler. *Secrets of Becoming a Late Bloomer*. Hazelden, MN: Center City, 1995.

Goleman, Daniel. *Emotional Intelligence: Why It Can Matter More Than IQ*. New York: Bantam Books, 1995.

Handy, Charles. *Beyond Certainty: The Changing Worlds of Organizations*. Boston: Harvard Business School Press, 1986.

Handy, Charles. *The Hungry Spirit: A Quest for Purpose in the Modern World*. New York: Broadway Books. 1999.

Harkness, Helen. *Don't Stop the Career Clock: Rejecting the Myths of Aging for a New Way to Work in the 21st Century. Palo Alto*, CA: Davies-Black, 1999.

Heilbrun, Carolyn G. *The Last Gift of Time: Life Beyond Sixty*. New York: Ballantine, 1997.

Herrmann, Ned. *The Creative Brain*. Lake Lure, NC: Brain Books, 1988.

Herrmann, Ned, *The Whole Brain Business Book: Unlocking The Power of Whole Brain Thinking in Organizations and Individuals.* New York: McGraw-Hill, 1996.

Hoffman, Ellen. *The Retirement Catch-Up Guide: 54 Real-Life Lessons to Boost Your Future Resources Now.* New York: Newmarket Press, 2000.

Hudson, Frederic. *The Adult Years: Mastering the Art of Self-Renewal* (revised edition). San Francisco: Jossey-Bass, 1999.

Hudson, Frederic, and McLean, Pamela. *Life Launch: A passionate Guide to the Rest of Your Life.* Santa Barbara, CA: The Hudson Institute Press, 1995.

Hyas, Lotte, "Menopausal Women's Positive Experience of Growing Older." *Maturitas: The European Menopause Journal* (June 20, 2006), pp. 245-251. www.maturitas.org/article/PIIS37851220500352X/abstract (accessed 11/11/07).

Johnston, Dan. "Anima and Animus." Awakenings. www.lessons4living.com (accessed 11/14/07).

Keirsey, David. *Please understand me II; Temperament, Character, Intelligence.* Del Mar, CA: Prometheus Nemesis Book Company, 1998.

Koenig, Harold. *Purpose and Power in Retirement: New Opportunities for Meaning and Significance.* Radnor, PA: Templeton Foundation Press, 2002.

Kubler-Ross, Elisabeth. *On Life After Death.* Berkeley, CA: Celestial Arts, 1991.

Kubler-Ross, Elisabeth. *The Wheel of Life: A Memoir of Living and Dying.* New York, Touchstone, 1998.

Lawton, Kim, June 20, 2006, interview with Bishop Jefferts Schori, *Religion & Ethics Newsweekly*, available at www.pbs.org/wnet/religionandethics/week943/exclusive.html (accessed January 9, 2008).

Leider, Richard. *The Power of Purpose: Creating Meaning in Your Life and Work.* San Francisco: Berrett-Hoehler Publishers, 1997.

Leider, Richard, and Shapiro, David. *Repacking Your Bags: Lighten Your Load for the Rest of Your Life.* San Francisco: Barrett-Hoehler Publishers, 1995.

Levinson, Daniel. *The Seasons of a Man's Life*. New York: Ballantine Books, 1975.

Manchester, William, *The Last Lion: Winston Spencer Churchill: Alone, 1932-1940*(Boston: Little, Brown, 1988).

McAdams, Dan P. *Stories We Live By: Personal Myths and the Making of the Self*. New York: William Morrow, 1993.

McMurtry, Larry. *Somebody's Darling*. New York: Simon and Schuster, 1978.

Morris Massey, *What You Are is Where You Were When*, video program available through Morris Massey Videos and DVDs at Enterprise Media LLC, 91 Harvey Street, Cambridge, MA 02140.

Pink, Daniel. *A Whole New Mind: Why Right-Brainers Will Rule the Future*. New York: Riverhead Books, 2006.

"Profile: Katharine Jefferts Schori," *BBC News* (June 19, 2006), available at http://news.bbc.co.uk/go/em/fr/-/2/hi/americas/5094988.stm (accessed January 9, 2008).

Sarton, May. *At Seventy*. New York: W.W. Norton & Co., 1984.

Saussy, Carroll. *The Art of Growing Old*. Minneapolis: Augsburg Fortress Publishers, 1998.

Schlossberg, Nancy. *Retire Smart Retire Happy: Finding Your True Path in Life*. Washington, DC: American Psychological Association, 2005.

Seligman, Martin. *Authentic Happiness: Using the New Positive Psychology to Realize Your Potential For Lasting Fulfillment*. New York: Simon & Schuster, 2002.

Sheehy, Gail. *New Passages: Mapping Your Life Across Time*. New York: Random House, 1995.

Sheehy, Gail. *Sex and the Seasoned Woman: Pursuing the Passionate Life*. New York: Ballantine, 2007.

Sher, Barbara. *I Could Do Anything: If I Only Knew What It Was*. New York: Dell Press, 1994.

Tieger, Paul, and Barbara Barron-Tieger. *Do What You Are: Discover the Perfect Career for You through the Secrets of Personality Type*. New York & London: Little Brown, 1992.

Trafford, Abigail. *My Time: Making the Most of the Bonus Decades after Fifty*. New York: Basic Books, 2004.

Viorst, Judith. *Necessary Losses: The Loves, Illusions, Dependencies and Impossible Expectations that All of Us Have to Give Up in Order to Grow*. New York: Simon and Schuster, 1986.

Waldroop, James, and Timothy Butler. *Maximum Success: Changing the Twelve Behavior Patterns that Keep You from Getting Ahead*. New York: Currency/Doubleday, 2000.

Waxman, Barbara, and Robert Mendelson. *How to Love Your Retirement*. Atlanta: Hundreds of Heads Books, LLC, 2006.

Weiss, Brian. *Message from the Masters: Tapping into the Power of Love*. New York: Warner Books, 2000.